書き込

漢字検定3級問題集

成美堂出版

# もくじ



第1章

## 学習ドリル 配当漢字表＆練習問題

…囲を集中学習! まちがえたら冒頭
…漢字表に戻って徹底的に覚えよう!



第2章

## 実力チェック!! 本試験型テスト

合格は140点以上。まちがえたところは
別冊の解答・解説でしっかり復習しよう!



巻末資料 理解を深める資料集



別冊 解答・解説

学習ドリルの練習問題と本試験型テストの
解答は別冊に詳細な解説入りでまとめて掲載!

# 3級の出題範囲　徹底攻略

## 出題される漢字は1623字

漢字検定3級では、常用漢字のなかの**1623字**が出題範囲となり、4級から**284字**増えました。

漢字を読ませる問題では**6〜9割**、漢字を書かせる問題では**2〜5割**で3級の漢字が使われており、それ以外は下級の漢字です。

ただし、下級の漢字でも**中学校で習う読み**や**熟字訓・当て字**、**特別な音訓**（⬇本冊P132）が出題されています。

## ✪ 3級の問題番号と出題内容※1

| 問題番号 | 出題内容 |
|---|---|
| 大問(一) | 読み |
| 大問(二) | 同音・同訓異字 |
| 大問(三) | 漢字識別 |
| 大問(四) | 熟語の構成 |
| 大問(五) | 部首 |
| 大問(六) | 対義語・類義語 |
| 大問(七) | 漢字と送りがな |
| 大問(八) | 四字熟語 ◀ 漢字二字を書くように変更 |
| 大問(九) | 誤字訂正 |
| 大問(十) | 書き取り |

■部分は4級からの変更点

## 3級の要注意問題の対策

### 「熟語の構成」の見分け方

**熟語の構成**の問題は、二字の熟語の上下の漢字がどのような関係にあるかを**5つの選択肢《し》から答える**、普段あまり目にしないタイプの問題です。

熟語の構成には次のようなパターンがあり、それぞれ見分けられるようにしておけば得点しやすい問題です。

**ア** 同じような意味の漢字を重ねたもの

（例）脅威（きょうい）　脅：おどすこと ＝ 威：おどすこと

上の字と下の字、それぞれの漢字の意味を考え、同じような意味であればこの構成。

**イ** 反対または対応の意味を表す字を重ねたもの

（例）賢愚（けんぐ）　賢：かしこい ⇔ 愚：おろか

上の字と下の字、それぞれの漢字の意味を考え、反対または対応する意味であればこの構成。

**ウ** 上の字が下の字を修飾しているもの

（例）暫定（ざんてい）　暫：しばらくの間　定：定める

上の字から下の字に読むと意味がわかるものはこの構成。

**エ** 下の字が上の字の目的語・補語になっているもの

（例）棄権（きけん）　権：権利（を）　棄：捨てる

下の字に「て・に・を・は」をつけ、下の字から上の字に読むことができればこの構成。

**オ** 上の字が下の字の意味を打ち消しているもの

（例）未遂（みすい）　遂：なしとげて　未：いない

上の字が打消しの意味を表す「不」「未」「無」「非」であればこの構成。

※1 本書は出題が予想される形式で構成しています。実際の試験は、公益財団法人 日本漢字能力検定協会の審査基準の変更の有無にかかわらず、出題形式や問題数が変更されることもあります。

## ✪ 3級の審査基準

| 領域・内容 | | | 程度 |
| --- | --- | --- | --- |
| 読むことと書くこと | 四字熟語 | 部首 | 常用漢字(※2)のうち約1600字を理解し、文章の中で適切に使える。 |
| 小学校学年別漢字配当表のすべての漢字と、その他の常用漢字約600字の読み書きを習得し、文章の中で適切に使える。<br>●音読みと訓読みを正しく理解していること。<br>●送り仮名や仮名遣いに注意して正しく書けること。<br>●熟語の構成を正しく理解していること。<br>●熟字訓、当て字を理解していること。<br>（例）乙女＝おとめ　風邪＝かぜ　など<br>●対義語・類義語、同音・同訓異字を正しく理解していること。 | 四字熟語を理解している。 | 部首を識別し、漢字の構成と意味を理解している。 | |

※2 常用漢字とは、平成22年11月30日内閣告示による「常用漢字表」に示された2136字をいう

### 「部首」の覚え方

**選択肢《し》から正しい部首を選ぶ**問題のため、必ずしも正確に部首の形を覚えておく必要はありませんが、漢字によっては**非常に紛らわしい部首**もあるので注意が必要です。

部首の問題には大きくわけて次の4つのパターンがあります。

**1** 「へん」や「つくり」が部首のもの
（例）○獲―犭　○卸―卩

**2** 別の部首と間違えやすいもの
（例）哀―×亠 ⇩ ○口

**3** 部首を覚えていないと答えられないもの
（例）○卑―十　○寿―寸

**4** 漢字それ自体が部首のもの
（例）○斤―斤

**1**は見分けやすいですが、**2**～**4**は漢字の部首を把握していなければ解答することは難しいでしょう。本冊**P140「覚えておきたい部首」**を参照してください。

### 「誤字訂正」の誤字の見つけ方

**誤字訂正**の問題は、文章の中で間違って使われている**同じ読みの漢字一字を正しい漢字に直す**、難易度の高い問題です。

誤った漢字と正しい漢字は、次の3つのパターンに分けられます。

**A** 同じ部首をもつ場合
（例）×経維　○経緯（けいい）
―部首が同じで似ている字

**B** 同じ要素をもつ場合
（例）×発屈　○発掘（はっくつ）
―似た形がある字

**C** 誤字と正字に関係性のない場合
（例）×設致　○設置（せっち）
読み以外の共通点はない

以上の**A**～**C**を意識しながら文章を読み、違和感のある漢字を探すとよいでしょう。

# 3級の採点基準

## 2〜10級は常用漢字で答える

**【書き】** 2〜10級の解答については、**常用漢字表**（内閣告示）の漢字で答えなければなりません。その他の漢字や旧字体で解答すると、まちがいになります。たとえば、「真」を「眞」と書いたり、「門」「歴」を「门」「厂」と書くと誤りになります。

**【読み】** 音読みも訓読みも常用漢字表が採点の基準です。常用漢字表にない読みを書くと正答とはみなされません。

**【部首】** 漢字検定での部首の解答は、2級以下の漢字がすべて掲載されている**『漢検要覧2〜10級対応 改訂版』**（公益財団法人日本漢字能力検定協会発行）収録の**「部首一覧表と部首別の常用漢字」**によります。部首は辞書によって多少異なる場合もありますので、よく注意してください（第1章学習ドリルそれぞれの冒頭にある**「3級配当漢字表」**を参照）。

**【かなづかい】** **現代仮名遣い**（内閣告示）によります。

**【送りがな】** **送りがなの付け方**（内閣告示）によります。

**【字体】** 字体は、**教科書体**（小学校の教科書で使用されている字の形）が基本です。本書の問題・解答・資料も教科書体を使用しています。

## 文字は正しくていねいに

筆順（点や画）を正しく書くことが大切です。くずした字を書いたり乱雑な書き方をしたりすると、採点の対象外となります。楷書で、ていねいに書くようにしてください。「はねる」「とめる」「長・短」「続ける・はなす」など、一画一画、細かいところまで気を配りましょう。

記号で答える問題は、本書では記号を書き込みますが、本番の試験ではマークシートをぬりつぶして答えます。はみ出したり、あいまいなぬりかたをしたりすると採点の対象にならないことがあるので注意してください。

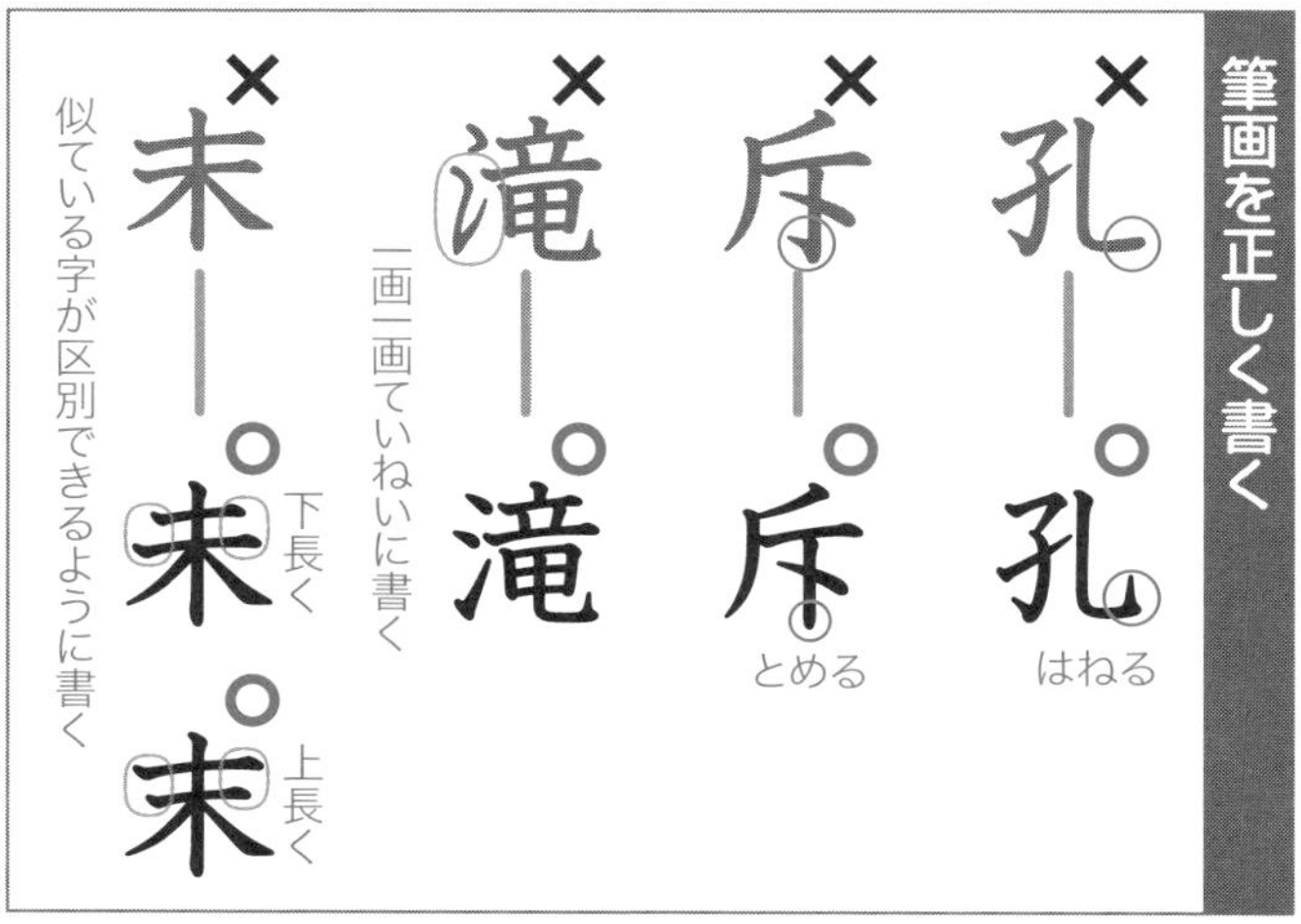


## 合格基準は正解率70％

合格基準は、1級〜2級は80％程度、準2級〜7級は70％程度、8〜10級は80％程度となっています。「3級」合格を目指す人は、140点程度が合格の目安になります。

# ３級の実施要項

## 受検資格

年齢や学歴、国籍にかかわらず、希望すれば、だれでも、どの級からでも受検することができます。

## 主な申し込み方法

受検のしかたには、「個人受検」と「団体受検」があります。また、通常の（紙の）検定のほかに、コンピュータを使って受検するシステム（漢検ＣＢＴ）も実施されています。ここでは「個人受検」の申し込み方法について説明します。

［申し込み方法］　受検の申し込みには、さまざまな方法があります。

**●インターネットで申し込む**

日本漢字能力検定協会のホームページ（http://www.kanken.or.jp/）から申し込みます。

**●コンビニエンスストアで申し込む**

コンビニエンスストアの各店舗に設置された端末機で申し込みます。

［申し込み期間］　検定日のおよそ３か月前から１か月前までとなっています。

**問い合わせ先**

**公益財団法人　日本漢字能力検定協会**
**【本部】**
〒605-0074
京都市東山区祇園町南側551番地
TEL　075-757-8600
FAX　075-532-1110
ホームページにある「よくある質問」を読んで該当する質問がみつからなければメールフォームでお問合せください。電話でのお問合せ窓口は**0120-509-315（無料）**です。

## 検定日・合否の通知など

［検定実施日］　毎年、おおむね６月、10月、２月の年３回行われています（漢検ＣＢＴは、検定日にかぎらず実施されています）。スケジュールなどについては、協会に直接問い合わせるか、協会のホームページで確認してください。

［検定会場］　全国の主要都市で行われています。願書に記載されている検定会場から、自分の希望する会場を選びます。

［検定時間］　３級は60分間。開始時間の異なる級を選べば、２つ以上の級を受検することができます。

［合否の通知］　検定実施後、約５日後に漢検ホームページで標準解答がＷＥＢ公開されます。約30日後に漢検ホームページでＷＥＢ合否結果が公開され、受検者自身で合否結果を確認できるようになります。約40日後には、検定結果資料と標準解答が郵送されます。

**検定当日の注意点**

| | |
|---|---|
| **【持ち物】** | 受検票、HB・B・2Bの鉛筆（シャープペンシルも可）、消しゴムを忘れずに持っていってください。ボールペンや万年筆、こすって消せるペンの使用は認められていません。ルーペ持ち込み可。 |
| **【交通】** | 自動車やバイクでの来場は、原則として認められていません。公共の交通機関を使用してください。 |
| **【時間】** | 事前に説明などがあるため、検定開始の15分前には検定会場に入ってください。 |


本書は、原則として2023年５月現在の情報に基づいています。試験制度は変更されることがありますので、必ずご自身で、試験実施団体が発表する最新の情報をご確認ください。

# 本書の見方と使い方

## STEP 1 第1章 学習ドリルで配当漢字を覚える！

配当漢字表

3級配当漢字の試験に出る要素を完全収録！

練習問題

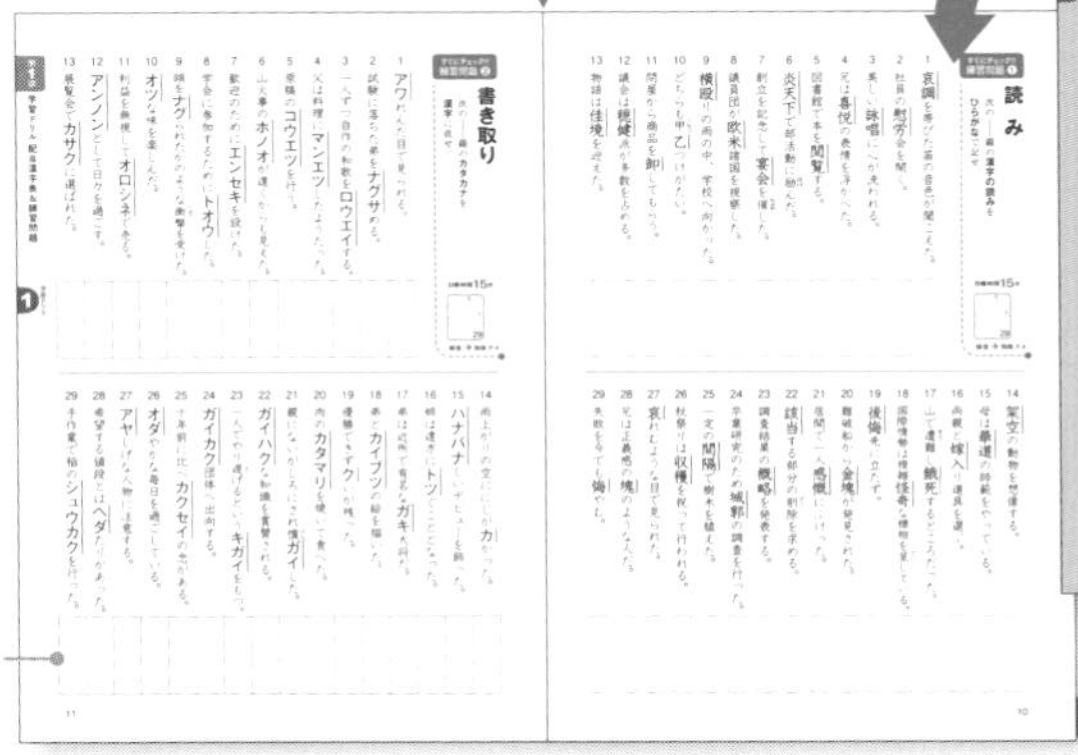

第1章では3級配当漢字284字を11に分け、それぞれ練習問題を解いていくことで覚えられるように構成しています。

目標時間をめやすにドンドン書き込んで答えていこう！

## STEP 2 第2章 本試験型テストにチャレンジ！

本試験型テスト

第2章は本試験同様の出題形式のテストを12回分掲載。まずは、時間通りに解いて合格点をめざしましょう。まちがえたら別冊の解説で納得するまでしっかり復習しましょう。

実際の本試験の出題形式で出題！　解いていけば本番に強くなる！

**別冊 解答・解説**

学習ドリルの練習問題も本試験型テストも別冊の解答で答え合わせ。

## STEP 3 巻末資料 頻出語句満載！ 理解が深まる資料集でレベルアップ！

巻末には、過去に多く出題された漢字や熟語を分野別に解説。本書のテストの復習はもちろん、本番前の予習に活用してください。

同音異字

部首

四字熟語

過去の本試験の出題傾向を調べ、よく出題されるものをまとめて掲載！

# 第1章
# 学習ドリル 配当漢字表 & 練習問題

出題範囲を集中学習!
まちがえたら
冒頭の配当漢字表に
戻って徹底的に覚えよう!

# 学習ドリルの進め方

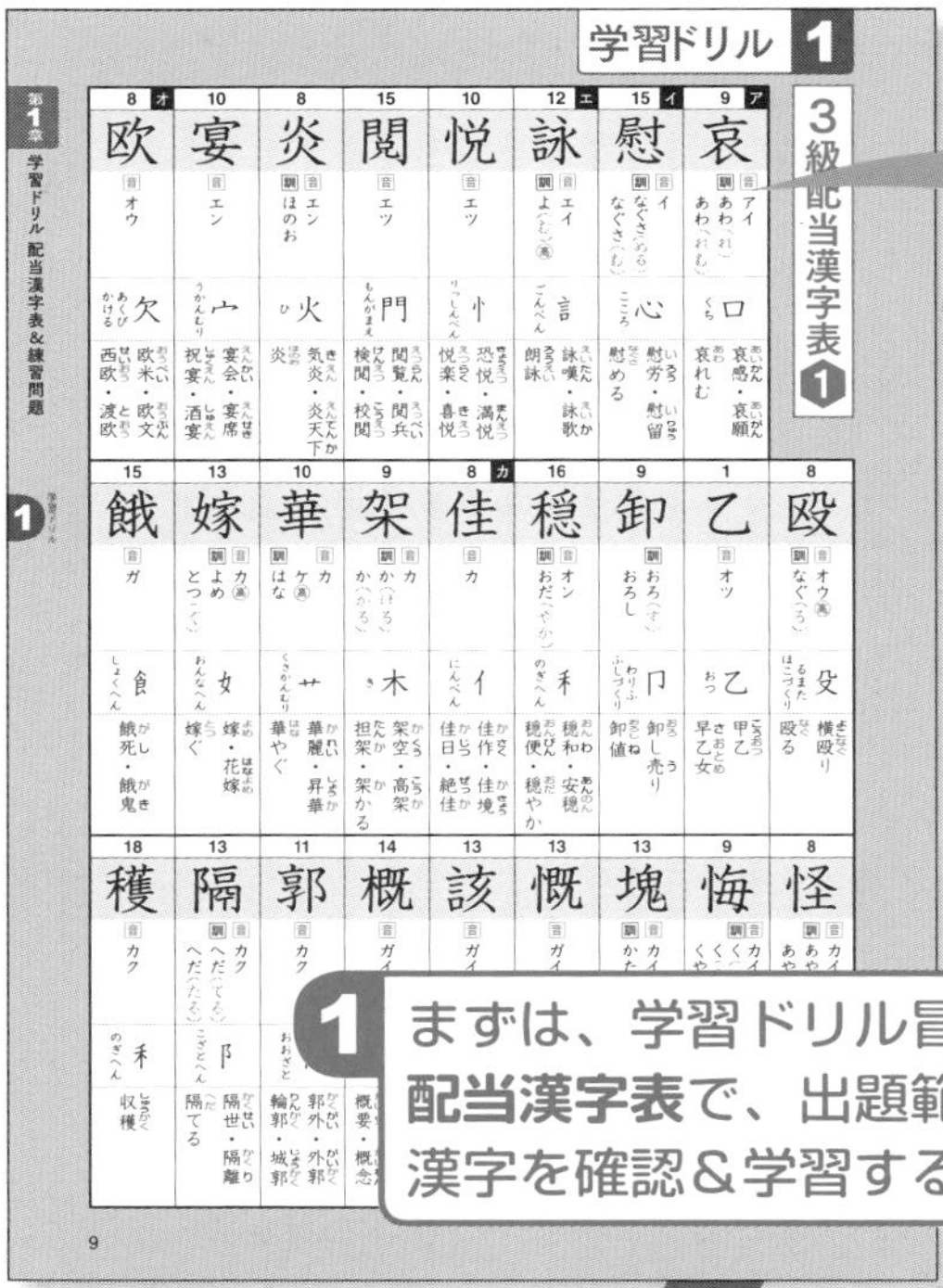


## 配当漢字表の見方

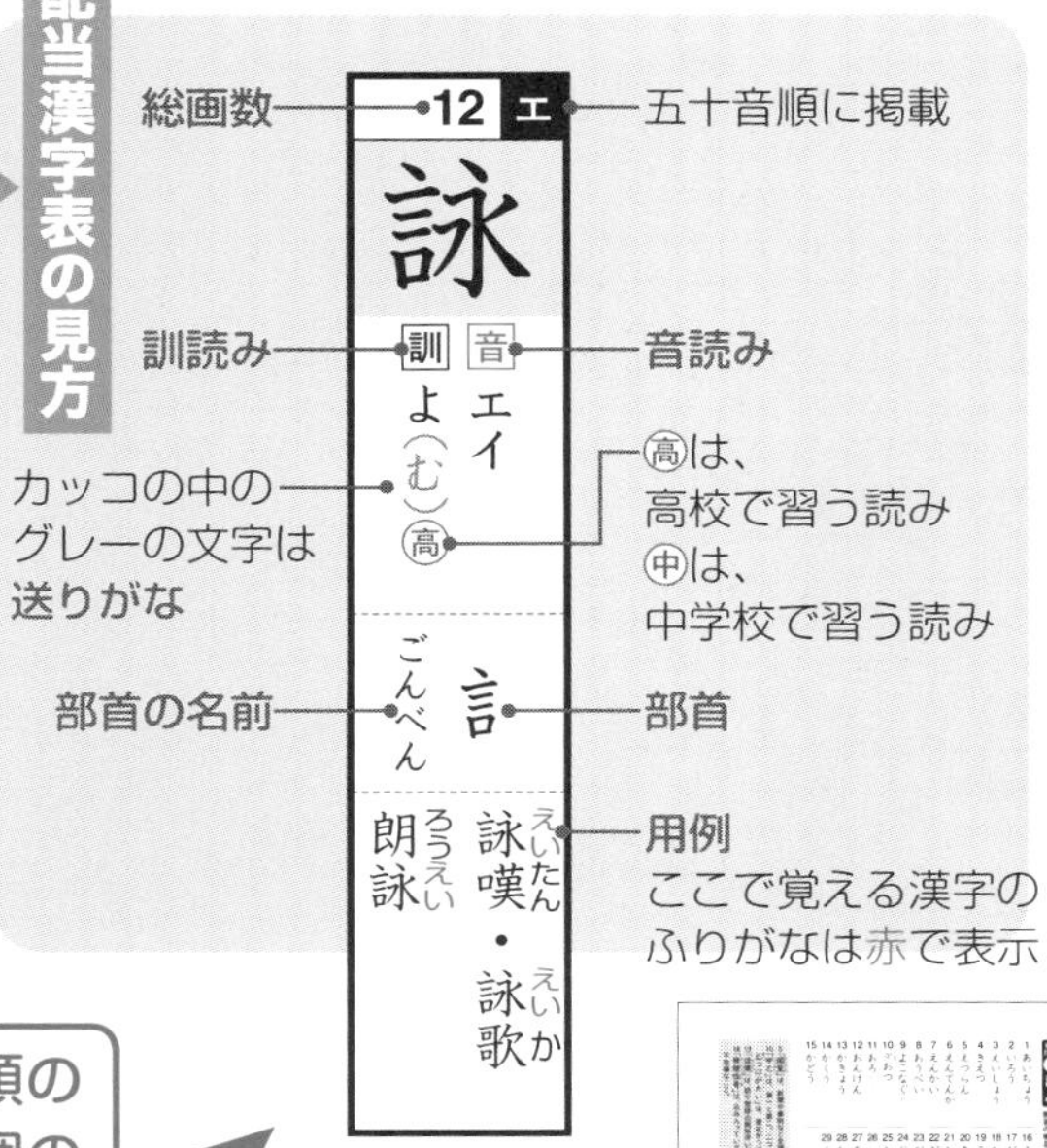


**1** まずは、学習ドリル冒頭の**配当漢字表**で、出題範囲の漢字を確認&学習する！

**別冊 解答・解説**

**3** 別冊で答え合わせ。まちがえたら**配当漢字表**で再確認！

**2** **練習問題**では配当漢字表の漢字を出題形式別に出題。どの出題方法でも対応できるようになる！

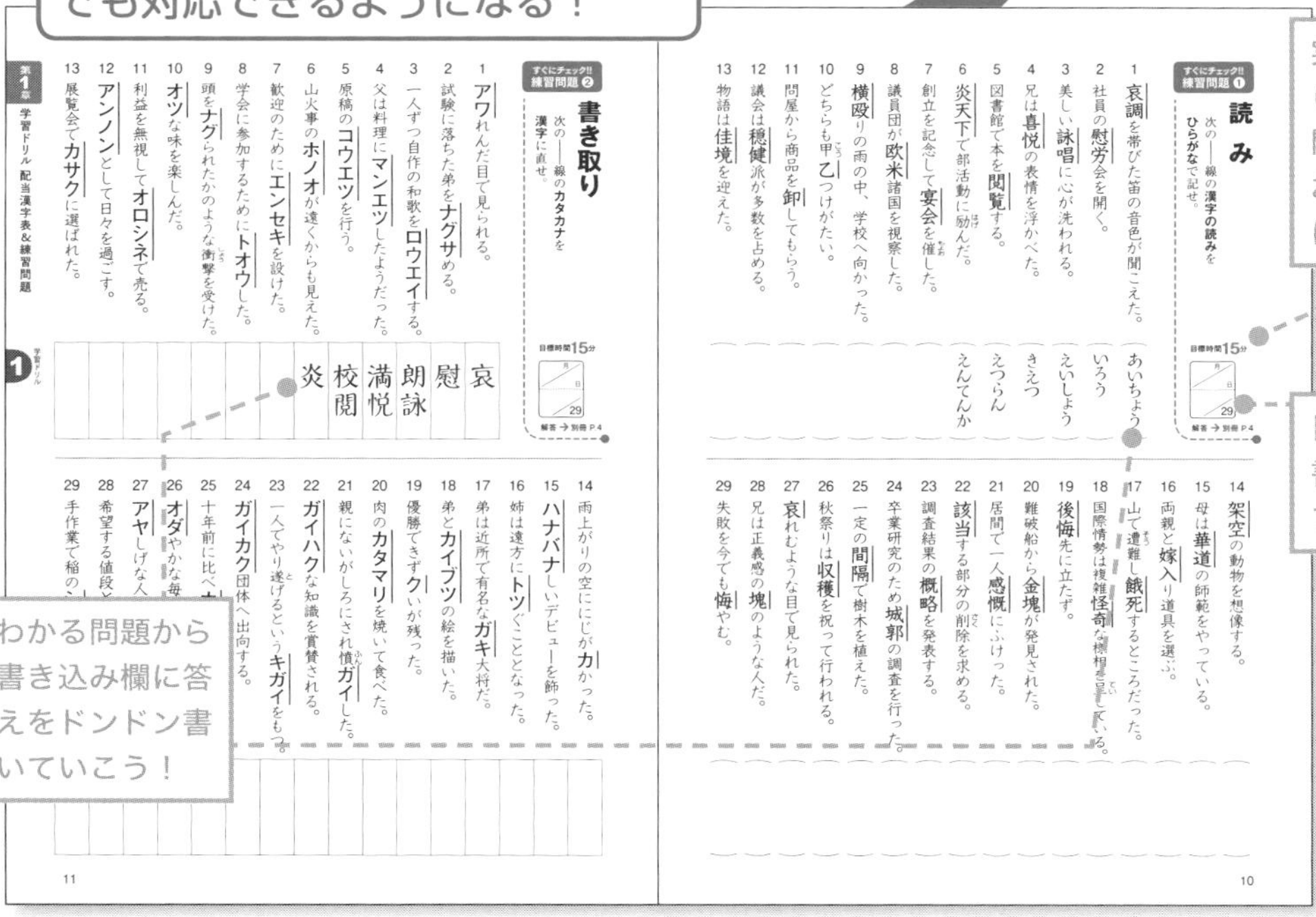


実際の試験の時間(60分)から目標時間を換算。時間どおりに解けば本番に強くなる！

日付と採点結果を書いて、実力アップを実感しよう！

わかる問題から書き込み欄に答えをドンドン書いていこう！

「まとめテスト」1、2、3には誤字訂正や四字熟語の問題も収録！

# 3級配当漢字表 1





| 索引 | 画数 | 漢字 | 音 | 訓 | 部首 | 用例 |
|---|---|---|---|---|---|---|
| ア | 9 | 哀 | アイ | あわ(れ)・あわ(れむ) | 口 くち | 哀感《あいかん》・哀願《あいがん》 哀《あわ》れむ |
| イ | 15 | 慰 | イ | なぐさ(める)・なぐさ(む) | 心 こころ | 慰労《いろう》・慰留《いりゅう》 慰《なぐさ》める |
| エ | 12 | 詠 | エイ | よ(む)高 | 言 ごんべん | 詠嘆《えいたん》・詠歌《えいか》 朗詠《ろうえい》 |
| | 10 | 悦 | エツ | | 忄 りっしんべん | 恐悦《きょうえつ》・満悦《まんえつ》 悦楽《えつらく》・喜悦《きえつ》 |
| | 15 | 閲 | エツ | | 門 もんがまえ | 閲覧《えつらん》・閲兵《えっぺい》 検閲《けんえつ》・校閲《こうえつ》 |
| | 8 | 炎 | エン | ほのお | 火 ひ | 気炎《きえん》・炎天下《えんてんか》 炎《ほのお》 |
| | 10 | 宴 | エン | | 宀 うかんむり | 宴会《えんかい》・宴席《えんせき》 祝宴《しゅくえん》・酒宴《しゅえん》 |
| オ | 8 | 欧 | オウ | | 欠 あくび・かける | 欧米《おうべい》・欧文《おうぶん》 西欧《せいおう》・渡欧《とおう》 |
| | 8 | 殴 | オウ高 | なぐ(る) | 殳 るまた・ほこづくり | 横殴《よこなぐ》り 殴《なぐ》る |
| | 1 | 乙 | オツ | | 乙 おつ | 甲乙《こうおつ》 早乙女《さおとめ》 |
| | 9 | 卸 | | おろ(す)・おろし | 卩 わりふ・ふしづくり | 卸《おろ》し売《う》り 卸値《おろしね》 |
| | 16 | 穏 | オン | おだ(やか) | 禾 のぎへん | 穏和《おんわ》・安穏《あんのん》 穏便《おんびん》・穏《おだ》やか |
| カ | 8 | 佳 | カ | | 亻 にんべん | 佳作《かさく》・佳境《かきょう》 佳日《かじつ》・絶佳《ぜっか》 |
| | 9 | 架 | カ | か(ける)・か(かる) | 木 き | 架空《かくう》・高架《こうか》 担架《たんか》・架《か》かる |
| | 10 | 華 | カ・ケ高 | はな | 艹 くさかんむり | 華麗《かれい》・昇華《しょうか》 華《はな》やぐ |
| | 13 | 嫁 | カ高 | よめ・とつ(ぐ) | 女 おんなへん | 嫁《よめ》・花嫁《はなよめ》 嫁《とつ》ぐ |
| | 15 | 餓 | ガ | | 飠 しょくへん | 餓死《がし》・餓鬼《がき》 |
| | 8 | 怪 | カイ | あや(しい)・あや(しむ) | 忄 りっしんべん | 怪談《かいだん》・怪盗《かいとう》 怪奇《かいき》・怪《あや》しい |
| | 9 | 悔 | カイ | く(いる)・く(やむ)・くや(しい) | 忄 りっしんべん | 悔恨《かいこん》・後悔《こうかい》 お悔《く》やみ |
| | 13 | 塊 | カイ | かたまり | 土 つちへん | 塊状《かいじょう》・金塊《きんかい》 団塊《だんかい》・欲《よく》の塊《かたまり》 |
| | 13 | 慨 | ガイ | | 忄 りっしんべん | 慨嘆《がいたん》・感慨《かんがい》 |
| | 13 | 該 | ガイ | | 言 ごんべん | 該当《がいとう》・該博《がいはく》 |
| | 14 | 概 | ガイ | | 木 きへん | 概況《がいきょう》・気概《きがい》 概要《がいよう》・概念《がいねん》 |
| | 11 | 郭 | カク | | 阝 おおざと | 郭外《かくがい》・外郭《がいかく》 輪郭《りんかく》・城郭《じょうかく》 |
| | 13 | 隔 | カク | へだ(てる)・へだ(たる) | 阝 こざとへん | 隔世《かくせい》・隔離《かくり》 隔《へだ》てる |
| | 18 | 穫 | カク | | 禾 のぎへん | 収穫《しゅうかく》 |

すぐにチェック!!
練習問題 1

# 読み

次の――線の**漢字の読み**を**ひらがな**で記せ。

目標時間15分

月 日

/29

解答 → 別冊 P.4

1 **哀調**を帯びた笛の音色が聞こえた。
2 社員の**慰労**会を開く。
3 美しい**詠唱**に心が洗われる。
4 兄は**喜悦**の表情を浮かべた。
5 図書館で本を**閲覧**する。
6 **炎天下**で部活動に励《はげ》んだ。
7 創立を記念して**宴会**を催《もよお》した。
8 議員団が**欧米**諸国を視察した。
9 **横殴**りの雨の中、学校へ向かった。
10 どちらも甲《こう》**乙**つけがたい。
11 問屋から商品を**卸**してもらう。
12 議会は**穏健**派が多数を占める。
13 物語は**佳境**を迎えた。

14 **架空**の動物を想像する。
15 母は**華道**の師範をやっている。
16 両親と**嫁入**り道具を選ぶ。
17 山で遭《そう》難し**餓死**するところだった。
18 国際情勢は複雑**怪奇**な様相を呈《てい》している。
19 **後悔**先に立たず。
20 難破船から**金塊**が発見された。
21 居間で一人**感慨**にふけった。
22 **該当**する部分の削《さく》除を求める。
23 調査結果の**概略**を発表する。
24 卒業研究のため**城郭**の調査を行った。
25 一定の**間隔**で樹木を植えた。
26 秋祭りは**収穫**を祝って行われる。
27 **哀**れむような目で見られた。
28 兄は正義感の**塊**のような人だ。
29 失敗を今でも**悔**やむ。

すぐにチェック!! 練習問題 ❷

## 書き取り

次の——線の**カタカナ**を**漢字**に直せ。

目標時間15分

月 日 / 29

解答 → 別冊 P.4

1 **アワ**れんだ目で見られる。
2 試験に落ちた弟を**ナグサ**める。
3 一人ずつ自作の和歌を**ロウエイ**する。
4 父は料理に**マンエツ**したようだった。
5 原稿の**コウエツ**を行う。
6 山火事の**ホノオ**が遠くからも見えた。
7 歓迎のために**エンセキ**を設けた。
8 学会に参加するために**トオウ**した。
9 頭を**ナグ**られたかのような衝《しょう》撃を受けた。
10 **オツ**な味を楽しんだ。
11 利益を無視して**オロシネ**で売る。
12 **アンノン**として日々を過ごす。
13 展覧会で**カサク**に選ばれた。

14 雨上がりの空ににじが**カ**かった。
15 **ハナ**のあるプレーで人々を魅了《みりょう》した。
16 姉は遠方に**トツ**ぐこととなった。
17 弟は近所で有名な**ガキ**大将だ。
18 弟と**カイブツ**の絵を描いた。
19 優勝できず**ク**いが残った。
20 肉の**カタマリ**を焼いて食べた。
21 親にないがしろにされ憤《ふん》**ガイ**した。
22 **ガイハク**な知識を賞賛される。
23 一人でやり遂《と》げるという**キガイ**をもつ。
24 **ガイカク**団体へ出向する。
25 十年前に比べ**カクセイ**の念がある。
26 **オダ**やかな毎日を過ごしている。
27 **アヤ**しげな人物に注意する。
28 希望する値段とは**ヘダ**たりがあった。
29 手作業で稲の**シュウカク**を行った。

すぐにチェック!! 練習問題 ❸

# 同音・同訓異字

次の――線の**カタカナ**にあてはまる漢字をそれぞれの**ア～オ**から**一つ**選び、**記号**を記せ。

目標時間 5 分

月　日　／9

解答 → 別冊 P.4

1 現代の世相を**ガイ**嘆する。

2 新たな**ガイ**念を生み出した。

3 塩**ガイ**を防ぐ。

（ア 害　イ 該　ウ 慨　エ 概　オ 街）

4 谷に橋が**カ**かった。

5 **カ**学の授業を受ける。

6 **カ**激な思想に影響を受けた。

（ア 架　イ 化　ウ 華　エ 過　オ 佳）

7 申込書に**オウ**印する。

8 **オウ**来に自転車を停めた。

9 **オウ**州へ視察に向かった。

（ア 欧　イ 王　ウ 横　エ 押　オ 往）

すぐにチェック!! 練習問題 ❹

# 部首

次の漢字の**部首**を**ア～エ**から**一つ**選び、**記号に○**をせよ。

目標時間 6 分

月　日　／12

解答 → 別冊 P.4

1 哀（ア 衣　イ 亠　ウ 口　エ ノ）

2 慰（ア 示　イ 尸　ウ 寸　エ 心）

3 宴（ア 女　イ 宀　ウ 日　エ 冖）

4 殴（ア 又　イ 匚　ウ 殳　エ 几）

5 卸（ア 卩　イ 止　ウ 二　エ 丨）

6 餓（ア ノ　イ 戈　ウ 扌　エ 飠）

7 郭（ア 阝　イ 子　ウ 口　エ 亠）

8 穫（ア 隹　イ 艹　ウ 禾　エ 又）

9 閲（ア 兄　イ 門　ウ 口　エ 儿）

10 穏（ア 禾　イ ノ　ウ 心　エ 爫）

11 悔（ア 毋　イ ノ　ウ 一　エ 忄）

12 概（ア 旡　イ 乚　ウ 木　エ ノ）

# 3級配当漢字表 2

| 漢字 | 画数 | 音 | 訓 | 部首 | 用例 |
|---|---|---|---|---|---|
| **カ** | | | | | |
| 岳 | 8 | ガク | たけ | 山 やま | 山岳《さんがく》・岳父《がくふ》・岳人《がくじん》・赤岳《あかだけ》 |
| 掛 | 11 | | か(ける)・か(かる)・かかり | 扌 てへん | 仕掛《しか》ける・掛《か》ける |
| 滑 | 13 | カツ・コツ | すべ(る)・なめ(らか) | 氵 さんずい | 潤滑《じゅんかつ》・円滑《えんかつ》・滑《すべ》る・滑《なめ》らか |
| 肝 | 7 | カン | きも | 月 にくづき | 肝心《かんじん》・肝要《かんよう》・肝《きも》を冷《ひ》やす |
| 冠 | 9 | カン | かんむり | 冖 わかんむり | 冠水《かんすい》・栄冠《えいかん》・冠《かんむり》を曲《ま》げる |
| 勘 | 11 | カン | | 力 ちから | 勘案《かんあん》・勘弁《かんべん》・勘定《かんじょう》 |
| 貫 | 11 | カン | つらぬ(く) | 貝 かいこがい | 一貫《いっかん》・貫通《かんつう》・縦貫《じゅうかん》・貫《つらぬ》く |
| 喚 | 12 | カン | | 口 くちへん | 喚起《かんき》・喚声《かんせい》・喚問《かんもん》・召喚《しょうかん》 |
| 換 | 12 | カン | か(える)・か(わる) | 扌 てへん | 換気《かんき》・交換《こうかん》・席《せき》を換《か》わる |
| 敢 | 12 | カン | | 攵 のぶん ぼくづくり | 敢然《かんぜん》・敢行《かんこう》・勇敢《ゆうかん》・果敢《かかん》 |
| 緩 | 15 | カン | ゆる(い)・ゆる(やか)・ゆる(む)・ゆる(める) | 糸 いとへん | 緩和《かんわ》・緩慢《かんまん》・緩《ゆる》い・緩《ゆる》やか |
| **キ** | | | | | |
| 企 | 6 | キ | くわだ(てる) | 人 ひとやね | 企業《きぎょう》・企画《きかく》・悪事《あくじ》を企《くわだ》てる |
| 忌 | 7 | キ | い(む)高・い(まわしい)高 | 心 こころ | 忌避《きひ》・忌中《きちゅう》・忌引《きび》き |
| 軌 | 9 | キ | | 車 くるまへん | 軌道《きどう》・軌跡《きせき》・軌範《きはん》・常軌《じょうき》 |
| 既 | 10 | キ | すで(に) | 旡 なし ぶ すでのつくり | 既刊《きかん》・既製《きせい》・既知《きち》・既《すで》に |
| 棋 | 12 | キ | | 木 きへん | 棋士《きし》・棋譜《きふ》・棋力《きりょく》・将棋《しょうぎ》 |
| 棄 | 13 | キ | | 木 き | 放棄《ほうき》・投棄《とうき》・遺棄《いき》・廃棄《はいき》 |
| 騎 | 18 | キ | | 馬 うまへん | 騎士《きし》・騎手《きしゅ》・騎馬《きば》・騎兵《きへい》 |
| 欺 | 12 | ギ | あざむ(く) | 欠 あくび かける | 詐欺《さぎ》・人《ひと》を欺《あざむ》く |
| 犠 | 17 | ギ | | 牛 うしへん | 犠牲《ぎせい》・犠打《ぎだ》・犠牲者《ぎせいしゃ》 |
| 菊 | 11 | キク | | 艹 くさかんむり | 菊人形《きくにんぎょう》・野菊《のぎく》・白菊《しらぎく》 |
| 吉 | 6 | キチ・キツ | | 口 くち | 不吉《ふきつ》・吉報《きっぽう》・吉凶《きっきょう》・吉日《きちじつ》 |
| 喫 | 12 | キツ | | 口 くちへん | 喫煙《きつえん》・喫茶《きっさ》・喫水《きっすい》・満喫《まんきつ》 |
| 虐 | 9 | ギャク | しいた(げる)高 | 虍 とらがしら とらかんむり | 虐待《ぎゃくたい》・虐殺《ぎゃくさつ》・残虐《ざんぎゃく》・自虐《じぎゃく》 |
| 虚 | 11 | キョ・コ高 | | 虍 とらがしら とらかんむり | 虚勢《きょせい》・虚栄《きょえい》・空虚《くうきょ》・虚脱《きょだつ》 |
| 峡 | 9 | キョウ | | 山 やまへん | 峡谷《きょうこく》・峡湾《きょうわん》・海峡《かいきょう》・山峡《さんきょう》 |
| 脅 | 10 | キョウ | おど(す)・おど(かす)・おびや(かす)高 | 肉 にく | 脅威《きょうい》・脅迫《きょうはく》・脅迫罪《きょうはくざい》・脅《おど》す・脅《おど》し文句《もんく》 |

すぐにチェック!!
練習問題 ①

# 読み

次の――線の**漢字の読み**を**ひらがな**で記せ。

目標時間15分

月 日 / 29

解答 → 別冊 P.5

1 岳父の後を継いで選挙に出馬した。
2 客席から掛け声が上がった。
3 飛行機が滑走路から飛び立った。
4 肝心の演奏者が現れない。
5 台風で田や畑が冠水した。
6 事情を勘案して違反を見逃す。
7 自分の意志を貫く。
8 皆の注意を喚起する。
9 皆でプレゼントの交換をした。
10 勇敢に立ち向かう。
11 春になり寒さが緩む。
12 友人たちと卒業旅行を企画する。
13 祖母の一周忌を迎える。

14 新しい事業が軌道に乗る。
15 初めて見る風景なのに既視感があった。
16 プロ棋士を目指して上京する。
17 拠点を放棄する。
18 騎兵が突撃を行った。
19 巧《たく》みな言葉で人を欺く。
20 犠牲《せい》者が多数出ている模様だ。
21 菊の花を花瓶《びん》に生ける。
22 今年の吉凶を占う。
23 旅館で海の幸を満喫する。
24 虐待を受けた動物を救う。
25 虚勢を見破る。
26 海峡の間をフェリーが結ぶ。
27 脅威を感じ警戒する。
28 夏休みに肝試し大会が開かれた。
29 一貫して批判を続ける。

すぐにチェック!!
練習問題 ❷

# 書き取り

次の――線のカタカナを漢字に直せ。

目標時間15分

月 日

29

解答 → 別冊 P.5

1 父と谷川ダケに山登りに行った。
2 弟にカけ算を教える。
3 山頂からスキーでスベり降りる。
4 思いもしない出来事にキモを冷やす。
5 古代のカンムリが出土した。
6 補習授業を受け落第をカンベンしてもらう。
7 自分の意志を曲げずにツラヌく。
8 証人カンモンを要求する。
9 東京駅で新幹線に乗りカえる。
10 カカンに追加点をねらいに行く。
11 入学の条件がカンワされた。
12 キカク会議で提出した案が採用された。
13 身内に不幸がありキビきを申請《せい》する。

14 ジョウキを逸《いっ》した振る舞いに驚く。
15 キチの技術を使って新製品を作る。
16 兄とショウギを打つ。
17 不法トウキを取り締《し》まる。
18 弟は競馬のキシュとして大成した。
19 詐《さ》ギの容疑で捕まえる。
20 ギダにより進塁《るい》する。
21 ノギクを摘んで母への土産にする。
22 朝からフキツな予感がしている。
23 キッサ店で打ち合わせを行った。
24 ジギャク的になる必要はない。
25 友人にキョエイ心を見破られた。
26 カイキョウの両岸をつなぐ橋をつくる。
27 違法なオドしには屈しない。
28 表面をナメらかに仕上げる。
29 仲間と悪事をクワダてる。

すぐにチェック!!
練習問題③

## 同音・同訓異字

次の——線の**カタカナ**にあてはまる漢字をそれぞれの**ア～オ**から**一つ**選び、**記号**を記せ。

目標時間 5分

月　日　/9

解答→別冊 P.5

1 インフルエンザの注意**カン**起を行う。

2 部屋の**カン**気をする。

3 一**カン**して無罪だと主張する。

（ア 冠　イ 貫　ウ 換　エ 肝　オ 喚）

4 格上相手に果**カン**に攻撃する。

5 制限の一部を**カン**和する。

6 **カン**暖の差が激しい。

（ア 勘　イ 乾　ウ 緩　エ 寒　オ 敢）

7 **キ**業の広報部門に勤める。

8 常**キ**を逸《いっ》した行動。

9 **キ**抜な格好で人目を引く。

（ア 起　イ 企　ウ 軌　エ 奇　オ 忌）

すぐにチェック!!
練習問題④

## 部首

次の漢字の**部首**を**ア～エ**から**一つ**選び、**記号に○**をせよ。

目標時間 6分

月　日　/12

解答→別冊 P.5

| | 漢字 | ア | イ | ウ | エ |
|---|---|---|---|---|---|
| 1 | 岳 | ノ | 一 | 山 | 丨 |
| 2 | 掛 | 卜 | 土 | 扌 | 丶 |
| 3 | 冠 | 儿 | 寸 | 丶 | 冖 |
| 4 | 企 | 一 | 止 | 人 | ノ |
| 5 | 棄 | 十 | 木 | 亠 | 厶 |
| 6 | 喫 | 刀 | 大 | ノ | 口 |
| 7 | 菊 | 艹 | 勹 | 米 | 木 |
| 8 | 喚 | 冂 | 口 | 大 | ノ |
| 9 | 換 | ノ | 大 | 扌 | 冂 |
| 10 | 忌 | 心 | 己 | し | 小 |
| 11 | 犠 | 羊 | 戈 | 王 | 牜 |
| 12 | 虚 | 一 | 广 | 丶 | 虍 |

# 3級配当漢字表 3

| 行 | 漢字 | 画数 | 音 | 訓 | 部首 | 用例 |
|---|---|---|---|---|---|---|
| キ | 凝 | 16 | ギョウ | こ(る)<br>こ(らす) | 冫 にすい | 凝視《ぎょうし》・凝縮《ぎょうしゅく》<br>凝《こ》る・凝《こ》らす |
| | 斤 | 4 | キン | | 斤 きん | 斤量《きんりょう》・斤目《きんめ》<br>一斤《いっきん》 |
| | 緊 | 15 | キン | | 糸 いと | 緊急《きんきゅう》・緊張《きんちょう》<br>緊密《きんみつ》・緊迫《きんぱく》 |
| ク | 愚 | 13 | グ | おろ(か) | 心 こころ | 愚問《ぐもん》・愚作《ぐさく》<br>愚《おろ》か者《もの》 |
| | 偶 | 11 | グウ | | 亻 にんべん | 偶然《ぐうぜん》・偶数《ぐうすう》<br>偶発《ぐうはつ》・配偶者《はいぐうしゃ》 |
| | 遇 | 12 | グウ | | 辶 しんにょう しんにゅう | 遭遇《そうぐう》・待遇《たいぐう》<br>処遇《しょぐう》・境遇《きょうぐう》 |
| ケ | 刑 | 6 | ケイ | | 刂 りっとう | 刑罰《けいばつ》・刑法《けいほう》<br>刑事《けいじ》・求刑《きゅうけい》 |
| | 契 | 9 | ケイ | ちぎ(る) 高 | 大 だい | 契約《けいやく》・契印《けいいん》<br>契機《けいき》・黙契《もっけい》 |

| 漢字 | 画数 | 音 | 訓 | 部首 | 用例 |
|---|---|---|---|---|---|
| 啓 | 11 | ケイ | | 口 くち | 啓発《けいはつ》・啓示《けいじ》<br>拝啓《はいけい》・謹啓《きんけい》 |
| 掲 | 11 | ケイ | かか(げる) | 扌 てへん | 掲示《けいじ》・前掲《ぜんけい》<br>掲揚《けいよう》・掲《かか》げる |
| 携 | 13 | ケイ | たずさ(える)<br>たずさ(わる) | 扌 てへん | 携行《けいこう》・必携《ひっけい》<br>仕事《しごと》に携《たずさ》わる |
| 憩 | 16 | ケイ | いこ(い)<br>いこ(う) 高 | 心 こころ | 休憩《きゅうけい》・小憩《しょうけい》<br>憩《いこ》う・憩《いこ》い |
| 鶏 | 19 | ケイ | にわとり | 鳥 とり | 鶏舎《けいしゃ》・鶏卵《けいらん》<br>鶏肉《けいにく》・鶏《にわとり》 |
| 鯨 | 19 | ゲイ | くじら | 魚 うおへん | 捕鯨《ほげい》・鯨《くじら》<br>鯨肉《げいにく》 |
| 倹 | 10 | ケン | | 亻 にんべん | 倹約《けんやく》・勤倹《きんけん》 |
| 賢 | 16 | ケン | かしこ(い) | 貝 かいこがい | 賢明《けんめい》・先賢《せんけん》<br>賢《かしこ》い |
| 幻 | 4 | ゲン | まぼろし | 幺 いとがしら | 幻覚《げんかく》・幻想《げんそう》<br>幻滅《げんめつ》・幻《まぼろし》 |

| 行 | 漢字 | 画数 | 音 | 訓 | 部首 | 用例 |
|---|---|---|---|---|---|---|
| コ | 孤 | 9 | コ | | 子 こへん | 孤高《ここう》・孤児《こじ》<br>孤島《ことう》・孤独《こどく》 |
| | 弧 | 9 | コ | | 弓 ゆみへん | 弧状《こじょう》<br>円弧《えんこ》 |
| | 雇 | 12 | コ | やと(う) | 隹 ふるとり | 雇用《こよう》・解雇《かいこ》<br>雇《やと》う |
| | 顧 | 21 | コ | かえり(みる) | 頁 おおがい | 回顧《かいこ》・顧問《こもん》<br>顧《かえり》みる |
| | 娯 | 10 | ゴ | | 女 おんなへん | 娯楽映画《ごらくえいが》 |
| | 悟 | 10 | ゴ | さと(る) | 忄 りっしんべん | 覚悟《かくご》・悟道《ごどう》<br>悟《さと》り・悟《さと》る |
| | 孔 | 4 | コウ | | 子 こへん | 孔版《こうはん》・気孔《きこう》<br>鼻孔《びこう》 |
| | 巧 | 5 | コウ | たく(み) | 工 たくみへん | 巧妙《こうみょう》・精巧《せいこう》<br>技巧《ぎこう》・悪巧《わるだく》み |
| | 甲 | 5 | コウ<br>カン | | 田 た | 甲乙《こうおつ》・甲虫《こうちゅう》<br>甲板《かんぱん》・甲高《かんだか》い |

すぐにチェック!!
練習問題 ①

# 読み

次の——線の**漢字の読み**を**ひらがな**で記せ。

目標時間15分

月　日

/29

解答→別冊 P.6

1 思わず父の顔を**凝視**する。

2 パンを**一斤**買う。

3 **緊急**事態を告げる。

4 **愚**かな考えを起こす。

5 **偶然**友人と会った。

6 **不遇**な少年期を過ごす。

7 **刑務官**に採用された。

8 就職を**契機**に独り暮らしを始める。

9 思想家の言葉に**啓発**される。

10 選手が国旗を**掲**げて行進する。

11 自分の書いた記事が**掲載**される。

12 非常食を**携帯**して山に登る。

13 **休憩**時間を長めにとる。

14 **鶏**の世話を行う。

15 大学で**鯨**の研究を行う。

16 **倹約**して車の資金をためる。

17 先生から**賢**いと褒《ほ》められる。

18 **幻**の魚を発見する。

19 **孤独**な人生を歩む。

20 打球は**弧**を描いてスタンドへ飛び込んだ。

21 新たに人を**雇**う。

22 今までの人生を**回顧**する。

23 現代は様々な**娯楽**がある。

24 **覚悟**を決めて事に当たる。

25 事の重大性を**悟**る。

26 植物の葉には**気孔**がついている。

27 **巧**みに馬を操る。

28 どちらも**甲**乙つけがたい文章だ。

29 **賢者**の言動を記す。

すぐにチェック!! 練習問題❷

# 書き取り

次の——線のカタカナを漢字に直せ。

目標時間15分

月 日

29

解答 → 別冊 P.6

1 気体をギョウシュクして液体にする。
2 競走馬はキンリョウを背負って走る。
3 両国はキンチョウ状態にある。
4 グモンを発したことを恥じる。
5 グウハツ的に事故は起こった。
6 タイグウの改善を要求する。
7 罪人にケイバツを科す。
8 ケイヤクの通り納品する。
9 神のケイジを受けた。
10 ケイジ板のお知らせを読む。
11 水筒《とう》をケイコウして山に登る。
12 公園は皆のイコいの場だ。
13 ケイシャの増築を計画する。

14 ホゲイ船に乗り込む。
15 キンケン力行に励《はげ》む。
16 上司としてケンメイな判断を下す。
17 ゲンソウ的な風景が広がっていた。
18 コトウには珍しい生き物が多い。
19 海岸線は緩やかなコを描いている。
20 コヨウ問題の改善に取り組む。
21 自らの人生をカエリみる。
22 ゴラクの少ない時代に生まれる。
23 苦しい修業の末にサトりを開いた。
24 コウシの教えを論語から学ぶ。
25 セイコウな船の模型を壊してしまう。
26 姉のカンダカい声が聞こえる。
27 燃費の改善のため工夫をコらす。
28 母は長年教職にタズサわっている。
29 新たに社員をヤトうことが決まった。

すぐにチェック!!
練習問題❸

# 同音・同訓異字

次の――線の**カタカナ**にあてはまる漢字をそれぞれの**ア〜オ**から**一つ**選び、**記号**を記せ。

目標時間 5 分

月 日 /9

解答 → 別冊 P.6

1 母は食パンを一**キン**買った。
2 **キン**急事態を告げるサイレンが鳴った。
3 **キン**カトレーニングを趣味にしている。
（ア 緊　イ 金　ウ 筋　エ 近　オ 斤）

4 入り口で**ケイ**帯品をチェックする。
5 一時間休**ケイ**をとる。
6 **ケイ**示板にポスターをはる。
（ア 鶏　イ 啓　ウ 携　エ 憩　オ 掲）

7 **コ**独な人生を送った。
8 **コ**客情報が流出する。
9 **コ**用の増加を目指す。
（ア 孤　イ 雇　ウ 個　エ 顧　オ 弧）

すぐにチェック!!
練習問題❹

# 部首

次の漢字の**部首**を**ア〜エ**から**一つ**選び、**記号に○**をせよ。

目標時間 6 分

月 日 /12

解答 → 別冊 P.6

| | | ア | イ | ウ | エ |
|---|---|---|---|---|---|
| 1 | 緊 | 臣 | 又 | 糸 | 小 |
| 2 | 鶏 | 大 | 鳥 | 爫 | 灬 |
| 3 | 弧 | 弓 | ノ | 爪 | ノ |
| 4 | 雇 | 隹 | 尸 | 一 | ノ |
| 5 | 顧 | 戸 | 一 | 頁 | 隹 |
| 6 | 凝 | ノ | ヒ | 冫 | 疋 |
| 7 | 愚 | 丶 | 田 | 心 | 冂 |
| 8 | 偶 | イ | 田 | 冂 | 心 |
| 9 | 携 | 扌 | イ | 隹 | ノ |
| 10 | 憩 | 舌 | 心 | 自 | 十 |
| 11 | 鯨 | 亠 | 口 | 小 | 魚 |
| 12 | 賢 | 又 | 貝 | 臣 | 八 |

# 3級配当漢字表 4

| 漢字 | 画数 | 音 | 訓 | 部首 | 用例 |
|---|---|---|---|---|---|
| **コ** | | | | | |
| 坑 | 7 | コウ | | 土 つちへん | 坑道《こうどう》・金坑《きんこう》 炭坑《たんこう》 |
| 拘 | 8 | コウ | | 扌 てへん | 拘束《こうそく》・拘留《こうりゅう》 拘置所《こうちしょ》 |
| 郊 | 9 | コウ | | 阝 おおざと | 郊外《こうがい》 近郊《きんこう》 |
| 控 | 11 | コウ（高） | ひか（える） | 扌 てへん | 控訴《こうそ》 控《ひか》え・控《ひか》える |
| 慌 | 12 | コウ（高） | あわ（てる） あわ（ただしい） | 忄 りっしんべん | 慌《あわ》てる 慌《あわ》ただしい |
| 硬 | 12 | コウ | かた（い） | 石 いしへん | 硬貨《こうか》・硬式《こうしき》 硬《かた》い・硬《かた》さ |
| 絞 | 12 | コウ（高） | しぼ（る） し（める） し（まる） | 糸 いとへん | 絞《しぼ》り 絞《し》める |
| 綱 | 14 | コウ | つな | 糸 いとへん | 要綱《ようこう》・綱紀《こうき》 綱渡《つなわた》り |
| 酵 | 14 | コウ | | 酉 とりへん | 酵母《こうぼ》・酵素《こうそ》 発酵《はっこう》 |
| 克 | 7 | コク | | 儿 ひとあし にんにょう | 克服《こくふく》・克明《こくめい》 克己《こっき》・相克《そうこく》 |
| 獄 | 14 | ゴク | | 犭 けものへん | 獄中《ごくちゅう》・獄死《ごくし》 地獄《じごく》・投獄《とうごく》 |
| 恨 | 9 | コン | うら（む） うら（めしい） | 忄 りっしんべん | 痛恨《つうこん》・遺恨《いこん》 恨《うら》めしい |
| 紺 | 11 | コン | | 糸 いとへん | 濃紺《のうこん》・紫紺《しこん》 紺色《こんいろ》 |
| 魂 | 14 | コン | たましい | 鬼 おに | 商魂《しょうこん》・闘魂《とうこん》 魂胆《こんたん》・魂《たましい》 |
| 墾 | 16 | コン | | 土 つち | 墾田《こんでん》・開墾《かいこん》 |
| **サ** | | | | | |
| 債 | 13 | サイ | | 亻 にんべん | 負債《ふさい》・債権《さいけん》 債務《さいむ》・国債《こくさい》 |
| 催 | 13 | サイ | もよお（す） | 亻 にんべん | 催眠《さいみん》・主催《しゅさい》 開催《かいさい》・催《もよお》す |
| 削 | 9 | サク | けず（る） | 刂 りっとう | 添削《てんさく》・削減《さくげん》 削《けず》る・荒削《あらけず》り |
| 搾 | 13 | サク（高） | しぼ（る） | 扌 てへん | 搾取《さくしゅ》 搾《しぼ》る・乳搾《ちちしぼ》り |
| 錯 | 16 | サク | | 金 かねへん | 交錯《こうさく》・錯覚《さっかく》 錯誤《さくご》・錯乱《さくらん》 |
| 撮 | 15 | サツ | と（る） | 扌 てへん | 撮影《さつえい》 撮《と》る・早撮《はやど》り |
| 擦 | 17 | サツ | す（る） す（れる） | 扌 てへん | 擦過傷《さっかしょう》・塗擦《とさつ》 擦《す》る・擦《す》れる |
| 暫 | 15 | ザン | | 日 ひ | 暫定《ざんてい》 暫時《ざんじ》 |
| **シ** | | | | | |
| 祉 | 8 | シ | | 礻 しめすへん | 福祉《ふくし》 |
| 施 | 9 | シ セ（高） | ほどこ（す） | 方 ほうへん かたへん | 施設《しせつ》・実施《じっし》 面目《めんぼく（もく）》を施《ほどこ》す |
| 諮 | 16 | シ | はか（る） | 言 ごんべん | 諮問《しもん》 総会《そうかい》に諮《はか》る |

すぐにチェック!!
練習問題 ❶

# 読み

次の――線の**漢字の読み**を**ひらがな**で記せ。

目標時間15分

月 日 /29

解答 → 別冊 P.7

1 祖父は炭坑で働いていた。

2 不当に拘束される。

3 大都市の近郊で農業を営む。

4 塩分を控えた食事をとる。

5 慌てて対策を打ち出す。

6 硬い石を使って石器を作る。

7 水でぬらしたタオルを絞る。

8 綱引きで白組が勝った。

9 大豆を発酵させてミソを作った。

10 苦手な科目を克服した。

11 無実の罪で投獄される。

12 両者の間に遺恨を残す結果となった。

13 紺色の上着をはおって出かける。

14 母の一族は皆商魂たくましい。

15 墾田を私有地として認める。

16 負債を全て清算した。

17 全国大会が開催された。

18 大学の定員を削減する。

19 専用の機械を使って牛の乳を搾る。

20 突然の出来事に錯乱状態となった。

21 映画の撮影に協力する。

22 いつの間にか擦り傷ができていた。

23 暫定的に集合時間を決める。

24 福祉事業に寄付をする。

25 全国で試験を実施する。

26 主催者として参加者に気を配る。

27 諮問機関を設置する。

28 大会で優勝して面目を施した。

29 会議に諮るよう提案を行う。

すぐにチェック!! 練習問題❷

# 書き取り

次の――線のカタカナを漢字に直せ。

目標時間15分

月 日 /29

解答→別冊 P.7

1 鉱山のコウドウで落盤が起こる。
2 コウチショで弁護士に接見する。
3 コウガイに一軒家を建てる。
4 姉はヒカえめな性格をしている。
5 父はアワただしく出張に出かけた。
6 コウシキ野球の大会で優勝する。
7 真綿で首をシめるように追いつめられる。
8 ツナワタり的に問題を解決する。
9 コウソの働きにより食物を消化する。
10 弟はコッキシンに満ちている。
11 ジゴクのさたも金次第。
12 サカウラみによる犯行と断定された。
13 父にはノウコンのジャケットが似合う。



14 死者のタマシイを慰める。
15 新たな田畑のカイコンが奨励《しょうれい》された。
16 アメリカのコクサイを買い求める。
17 地元でマラソン大会がカイサイされた。
18 祖母の家でカツオ節のケズり方を習う。
19 不当なサクシュを受けたと訴える。
20 天が降ってくるようなサッカクを受けた。
21 サツエイ中は私語を慎む。
22 病院でサッカショウの消毒をしてもらう。
23 ザンジ休息をとるよう指示する。
24 社会フクシについて議会で討論する。
25 国会議員が軍のシセツを訪問した。
26 シモン委員会の設立を要求する。
27 コウキの引き締《し》めを行う。
28 花の大規模な展示会がモヨオされる。
29 兄と野鳥の写真をトる。

すぐにチェック!! 練習問題 ③

## 同音・同訓異字

次の――線のカタカナにあてはまる漢字をそれぞれのア～オから一つ選び、記号を記せ。

目標時間 5 分

月 日 /9

解答 → 別冊 P.7

1 最後の抵コウもむなしく敗戦した。
2 不当なコウ束を受けた。
3 コウ外の一軒家に住んでいる。
（ア 抗 イ 功 ウ 硬 エ 郊 オ 拘）

4 両者の間には遺コンが残った。
5 コン色のシャツが父のお気に入りだ。
6 村を挙げて土地を開コンする。
（ア 紺 イ 魂 ウ 墾 エ 根 オ 恨）

7 国サイの金利が低下した。
8 万国博覧会が開サイされる。
9 昔の料理をサイ現する。
（ア 際 イ 催 ウ 最 エ 再 オ 債）

---

すぐにチェック!! 練習問題 ④

## 部首

次の漢字の部首をア～エから一つ選び、記号に○をせよ。

目標時間 6 分

月 日 /12

解答 → 別冊 P.7

1 郊（ア 八 イ 阝 ウ 亠 エ ノ）
2 絞（ア 父 イ 糸 ウ 亠 エ 八）
3 酵（ア 酉 イ 耂 ウ 土 エ 子）
4 克（ア 十 イ 口 ウ し エ 儿）
5 獄（ア 言 イ 犬 ウ 大 エ 犭）
6 搾（ア 扌 イ 穴 ウ ノ エ 冖）
7 撮（ア 耳 イ 扌 ウ 曰 エ 又）
8 擦（ア 扌 イ 又 ウ 宀 エ 示）
9 慌（ア 忄 イ 亠 ウ 儿 エ 匚）
10 綱（ア 山 イ 幺 ウ 冂 エ 糸）
11 魂（ア 鬼 イ ノ ウ 厶 エ 田）
12 墾（ア 一 イ 豸 ウ 日 エ 土）

すぐにチェック!! 練習問題❶

## 漢字と送りがな

次の――線のカタカナを漢字一字と送りがな（ひらがな）に直せ。

目標時間 5分

月 日 /10

解答→別冊 P.8

1 アワレな少女を養子に引き取った。

2 落ち込んでいる弟をナグサメル。

3 飼っている犬はとてもオダヤカな性格だ。

4 アヤシイ宗教の勧誘《ゆう》を断る。

5 机の表面はナメラカな手触りだった。

6 ユルヤカに社会制度が変化していった。

7 犯人が人質をオドカシた。

8 新薬の研究にタズサワッテいる。

9 両親はアワタダシク出かけて行った。

10 ライバルに勝利し面目をホドコシた。

| 1 | 2 | 3 | 4 | 5 | 6 | 7 | 8 | 9 | 10 |
| --- | --- | --- | --- | --- | --- | --- | --- | --- | --- |
| | | | | | | | | | |

---



すぐにチェック!! 練習問題❷

## 対義語・類義語

次の□のひらがなを対義語（↕）、類義語（＝）になるよう漢字一字を記せ。

目標時間 7分

月 日 /14

解答→別冊 P.8

1 経歴 ＝ □《えつ》歴

2 平安 ＝ 安□《のん》

3 悪日 ↕ □《か》日

4 実在 ↕ □《か》空

5 感動 ＝ 感□《がい》

6 快調 ＝ 円□《かつ》

7 大事 ＝ □《かん》要

8 未知 ↕ □《き》知

9 保持 ↕ 放□《き》

10 凶日 ↕ □《きち》日

11 濃縮 ＝ □《ぎょう》縮

12 火急 ＝ □《きん》急

13 愚者 ↕ □《けん》者

14 追加 ↕ □《さく》減

すぐにチェック!!
練習問題③

## 誤字訂正

次の各文にまちがって使われている**同じ読みの漢字が一字**ある。**上に誤字を、下に正しい漢字**を記せ。

目標時間 3 分

月 日 /6

解答→別冊 P.8

1 過度に佳美な服装での来場は慎むよう主催者からお達しがあった。 □ □

2 困難な任務に仲間が次々と脱落していく中で兄は一人気概を示した。 □ □

3 室内で化学薬品を取り扱う場合は必ず喚気に注意しながら行う。 □ □

4 仕事の依頼がどんどん増えてきて商売が起道に乗ったように思える。 □ □

5 神の掲示を受けた男は周囲の者達にその内容を説教した。 □ □

6 詩作を趣味とする祖母に宿題として提出する詩の添錯をしてもらう。 □ □

すぐにチェック!!
練習問題④

## 四字熟語

次の□のカタカナに従って、**漢字一字**を記せ。

目標時間 7 分

月 日 /14

解答→別冊 P.8

1 喜怒□《アイ》楽

2 気□《エン》万丈

3 平□《オン》無事

4 □《カイ》力乱神

5 終始一□《カン》

6 勇猛果□《カン》

7 □《カン》急自在

8 自暴自□《キ》

9 一□《キ》当千

10 大安□《キチ》日

11 □《グ》者一得

12 質素□《ケン》約

13 □《コッ》己復礼

14 和□《コン》洋才

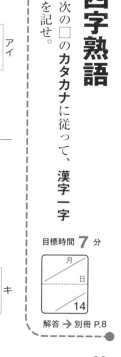

# 3級配当漢字表 5

シ

| 漢字 | 画数 | 音 | 訓 | 部首 | 用例 |
|---|---|---|---|---|---|
| 侍 | 8 | ジ | さむらい | 亻 にんべん | 侍従《じじゅう》・侍医《じい》 侍所《さむらいどころ》 |
| 慈 | 13 | ジ | いつく(しむ)高 | 心 こころ | 慈愛《じあい》・慈母《じぼ》 慈善《じぜん》・慈悲《じひ》 |
| 軸 | 12 | ジク | | 車 くるまへん | 主軸《しゅじく》・機軸《きじく》 基軸《きじく》・掛《か》け軸《じく》 |
| 疾 | 10 | シツ | | 疒 やまいだれ | 疾走《しっそう》・疾駆《しっく》 疾風《しっぷう》・悪疾《あくしつ》 |
| 湿 | 12 | シツ | しめ(る) しめ(す) | 氵 さんずい | 湿布《しっぷ》・湿原《しつげん》 湿潤《しつじゅん》・湿《しめ》る |
| 赦 | 11 | シャ | | 赤 あか | 赦免《しゃめん》・恩赦《おんしゃ》 大赦《たいしゃ》・容赦《ようしゃ》 |
| 邪 | 8 | ジャ | | 阝 おおざと | 邪推《じゃすい》・無邪気《むじゃき》 邪悪《じゃあく》・風邪《かぜ》 |
| 殊 | 10 | シュ | こと | 歹 かばねへん いちたへん がつへん | 特殊《とくしゅ》・殊勝《しゅしょう》 殊《こと》・殊《こと》に |
| 寿 | 7 | ジュ | ことぶき | 寸 すん | 長寿《ちょうじゅ》・寿命《じゅみょう》 喜寿《きじゅ》・寿《ことぶき》 |
| 潤 | 15 | ジュン | うるお(う) うるお(す) うる(む) | 氵 さんずい | 潤滑油《じゅんかつゆ》・潤沢《じゅんたく》 潤《うるお》う・潤《うる》む |
| 遵 | 15 | ジュン | | ⻌ しんにょう しんにゅう | 遵法《じゅんぽう》・遵守《じゅんしゅ》 |
| 如 | 6 | ジョ ニョ高 | | 女 おんなへん | 突如《とつじょ》・欠如《けつじょ》 躍如《やくじょ》・如才《じょさい》 |
| 徐 | 10 | ジョ | | 彳 ぎょうにんべん | 徐行《じょこう》 徐徐《じょじょ》に |
| 匠 | 6 | ショウ | | 匚 はこがまえ | 師匠《ししょう》・名匠《めいしょう》 巨匠《きょしょう》・宗匠《そうしょう》 |
| 昇 | 8 | ショウ | のぼ(る) | 日 ひ | 昇華《しょうか》・昇降口《しょうこうぐち》 昇格《しょうかく》・昇《のぼ》る |
| 掌 | 12 | ショウ | | 手 て | 掌中《しょうちゅう》・掌握《しょうあく》 車掌《しゃしょう》・合掌《がっしょう》 |
| 晶 | 12 | ショウ | | 日 ひ | 結晶《けっしょう》・液晶《えきしょう》 水晶《すいしょう》 |
| 焦 | 12 | ショウ | こ(げる) こ(がす) こ(がれる) あせ(る)高 | 灬 れんが れっか | 焦点《しょうてん》・焦燥《しょうそう》 焦《こ》がす |
| 衝 | 15 | ショウ | | 行 ぎょうがまえ ゆきがまえ | 衝動《しょうどう》・折衝《せっしょう》 衝突《しょうとつ》・緩衝《かんしょう》 |
| 鐘 | 20 | ショウ | かね | 金 かねへん | 早鐘《はやがね》・鐘楼《しょうろう》 鐘《かね》 |
| 冗 | 4 | ジョウ | | 冖 わかんむり | 冗談《じょうだん》・冗長《じょうちょう》 冗費《じょうひ》・冗漫《じょうまん》 |
| 嬢 | 16 | ジョウ | | 女 おんなへん | 愛嬢《あいじょう》・令嬢《れいじょう》 案内嬢《あんないじょう》 |
| 錠 | 16 | ジョウ | | 金 かねへん | 錠前《じょうまえ》・錠剤《じょうざい》 手錠《てじょう》 |
| 譲 | 20 | ジョウ | ゆず(る) | 言 ごんべん | 分譲《ぶんじょう》・譲与《じょうよ》 譲歩《じょうほ》・譲《ゆず》る |
| 嘱 | 15 | ショク | | 口 くちへん | 嘱託《しょくたく》・嘱望《しょくぼう》 嘱目《しょくもく》・委嘱《いしょく》 |

すぐにチェック!!
練習問題 1

## 読み

次の——線の漢字の読みをひらがなで記せ。

目標時間15分

月　日　/29

解答→別冊 P.9

1 侍従としての責務を全うする。

2 慈善事業の一環として行われた。

3 基軸通貨として扱われる。

4 疾走感あふれる映像に引き込まれる。

5 ひねった足首に湿布をはった。

6 恩赦を受けて釈放される。

7 言葉の裏を邪推してしまう。

8 特殊な作業を行うための許可をとる。

9 長寿社会を目指す。

10 潤沢な資金を使って買収する。

11 遵法精神で車を運転する。

12 意識の欠如を指摘される。

13 歩行者がいるため徐行する。

14 師匠の技を受け継ぐ。

15 上昇気流によって雲が作られた。

16 車掌の合図により電車が出発する。

17 塩の結晶を観察する。

18 議題の焦点となるのは金銭的な問題だ。

19 衝動に駆られて行動を起こす。

20 鐘楼《ろう》から遠方の火事の様子が見て取れた。

21 冗談を本気にとられてしまった。

22 深窓の令嬢と言われる。

23 錠剤を飲み込むのが苦手だ。

24 国際会議で他国の譲歩を勝ち取る。

25 兄は将来を嘱望されている。

26 いつの間にか地面が湿っていた。

27 天にも昇るような気持ちだ。

28 目玉焼きを焦がしてしまう。

29 お寺の鐘をつかせてもらう。

すぐにチェック!!
練習問題 ❷

## 書き取り

次の――線のカタカナを漢字に直せ。

目標時間15分

月 日

29

解答 → 別冊 P.9

1 私の先祖はサムライだったようだ。
2 母はジアイに満ちた表情をした。
3 チームのシュジクとして活躍する。
4 シップウのようにゴールを駆け抜ける。
5 シツゲンに珍しい鳥が集まってきた。
6 ヨウシャのない批判を浴びせる。
7 弟のムジャキな表情に笑顔となる。
8 シュシヨウな態度で判決を待つ。
9 祖父のキジュを祝う。
10 観光客により地元の経済がウルオう。
11 法律をジュンシュする。
12 政界をジョサイなく立ち回る。
13 ジョジョに利益は下がっていった。

14 父は日本画のキョショウと呼ばれている。
15 見事一軍にショウカクした。
16 軍の権限をショウアクする。
17 エキショウテレビを買い替える。
18 ショウソウカンに駆られ失敗してしまう。
19 ショウトツ事故の証言を求められる。
20 火事を知らせるハヤガネが鳴る。
21 ジョウチョウな文章であると非難を受ける。
22 上司のアイジョウと婚約する。
23 犯人にテジョウをかける。
24 子供にくじ引きの順番をユズる。
25 定年後、ショク託《たく》として採用された。
26 早朝の空気にシメり気を感じる。
27 コトサラ成功を強調する必要はない。
28 結婚のコトブキを述べる。
29 肉がコげるまで火にかけてしまった。

すぐにチェック!! 練習問題③

# 同音・同訓異字

次の——線のカタカナにあてはまる漢字をそれぞれのア～オから一つ選び、記号を記せ。

目標時間 5 分

月　日　/9

解答→別冊 P.9

1 ゴールまで全力でシッ走した。
2 肩が痛むのでシッ布をはる。
3 小説の続きをシッ筆する。
（ア 湿　イ 疾　ウ 質　エ 執　オ 失）

4 順ジョよくバスに乗り込む。
5 小学校の近所ではジョ行する。
6 突ジョとして大雨が降ってきた。
（ア 如　イ 所　ウ 序　エ 除　オ 徐）

7 車ショウの合図で電車が発車した。
8 塩の結ショウを観察する。
9 自転車同士のショウ突事故が起こった。
（ア 掌　イ 衝　ウ 晶　エ 焦　オ 昇）

すぐにチェック!! 練習問題④

# 部首

次の漢字の部首をア～エから一つ選び、記号に○をせよ。

目標時間 6 分

月　日　/12

解答→別冊 P.9

1 赦（ア 廾　イ 赤　ウ 欠　エ 土）
2 殊（ア 土　イ 木　ウ 夕　エ 歹）
3 寿（ア 一　イ ノ　ウ 寸　エ 、）
4 掌（ア 手　イ 口　ウ ⺌　エ 宀）
5 衝（ア 亅　イ 行　ウ 彳　エ 里）
6 鐘（ア 土　イ 立　ウ 釒　エ 里）
7 侍（ア 土　イ 亻　ウ 寸　エ 、）
8 潤（ア 門　イ 王　ウ 土　エ 氵）
9 遵（ア 寸　イ 酉　ウ 、　エ 辶）
10 錠（ア 宀　イ 疋　ウ 釒　エ 亠）
11 嬢（ア 亠　イ 衣　ウ 女　エ 八）
12 譲（ア 衣　イ 亠　ウ 八　エ 言）

# 3級配当漢字表 6

| 漢字 | 画数 | 音 | 訓 | 部首 | 用例 |
| --- | --- | --- | --- | --- | --- |
| 辱（シ） | 10 | ジョク | はずかし(める)高 | 辰 しんのたつ | 屈辱《くつじょく》・雪辱《せつじょく》 汚辱《おじょく》・恥辱《ちじょく》 |
| 伸 | 7 | シン | の(びる) の(ばす) の(べる) | イ にんべん | 伸縮《しんしゅく》・追伸《ついしん》 伸《の》び上《あ》がる |
| 辛 | 7 | シン | から(い) | 辛 からい | 辛抱《しんぼう》・辛勝《しんしょう》 辛苦《しんく》・辛《から》い |
| 審 | 15 | シン | | 宀 うかんむり | 不審《ふしん》・審判《しんぱん》 審美眼《しんびがん》・審議《しんぎ》 |
| 炊（ス） | 8 | スイ | た(く) | 火 ひへん | 炊事《すいじ》・雑炊《ぞうすい》 炊飯《すいはん》・炊《た》く |
| 粋 | 10 | スイ | いき | 米 こめへん | 抜粋《ばっすい》・純粋《じゅんすい》 無粋《ぶすい》・粋《いき》な |
| 衰 | 10 | スイ | おとろ(える) | 衣 ころも | 衰退《すいたい》・衰微《すいび》 衰《おとろ》え・衰《おとろ》える |
| 酔 | 11 | スイ | よ(う) | 酉 とりへん | 陶酔《とうすい》・心酔《しんすい》 酔《よ》う・車酔《くるまよ》い |

| 漢字 | 画数 | 音 | 訓 | 部首 | 用例 |
| --- | --- | --- | --- | --- | --- |
| 遂 | 12 | スイ | と(げる) | 辶 しんにょう しんにゅう | 遂行《すいこう》・完遂《かんすい》 遂《と》げる |
| 穂 | 15 | スイ高 | ほ | 禾 のぎへん | 穂《ほ》・穂先《ほさき》 稲穂《いなほ》・穂波《ほなみ》 |
| 随 | 12 | ズイ | | 阝 こざとへん | 随想《ずいそう》・追随《ついずい》 随時《ずいじ》・随分《ずいぶん》 |
| 髄 | 19 | ズイ | | 骨 ほねへん | 神髄《しんずい》・骨髄《こつずい》 真髄《しんずい》・心髄《しんずい》 |
| 瀬（セ） | 19 | | せ | 氵 さんずい | 浅瀬《あさせ》・瀬踏《せぶ》み 瀬戸物《せともの》 |
| 牲 | 9 | セイ | | 牛 うしへん | 犠牲《ぎせい》 犠牲者《ぎせいしゃ》 |
| 婿 | 12 | セイ高 | むこ | 女 おんなへん | 婿養子《むこようし》 花婿《はなむこ》・娘婿《むすめむこ》 |
| 請 | 15 | セイ シン高 | こ(う)高 う(ける) | 言 ごんべん | 申請《しんせい》・要請《ようせい》 下請《したう》け・請《う》け負《お》う |
| 斥 | 5 | セキ | | 斤 きん | 斥候《せっこう》・排斥《はいせき》 |

| 漢字 | 画数 | 音 | 訓 | 部首 | 用例 |
| --- | --- | --- | --- | --- | --- |
| 隻 | 10 | セキ | | 隹 ふるとり | 隻手《せきしゅ》・隻語《せきご》 一隻《いっせき》・数隻《すうせき》 |
| 惜 | 11 | セキ | お(しい) お(しむ) | 忄 りっしんべん | 惜敗《せきはい》・惜別《せきべつ》 惜《お》しい・惜《お》しむ |
| 籍 | 20 | セキ | | ⺮ たけかんむり | 移籍《いせき》・国籍《こくせき》 書籍《しょせき》・入籍《にゅうせき》 |
| 摂 | 13 | セツ | | 扌 てへん | 摂理《せつり》・摂氏《せっし》 摂取《せっしゅ》・摂生《せっせい》 |
| 潜 | 15 | セン | ひそ(む) もぐ(る) | 氵 さんずい | 潜在《せんざい》・潜伏《せんぷく》 潜《ひそ》む・素潜《すもぐ》り |
| 繕 | 18 | ゼン | つくろ(う) | 糸 いとへん | 修繕《しゅうぜん》・営繕《えいぜん》 身繕《みづくろ》い |
| 阻（ソ） | 8 | ソ | はば(む)高 | 阝 こざとへん | 阻止《そし》・阻害《そがい》 険阻《けんそ》 |
| 措 | 11 | ソ | | 扌 てへん | 措置《そち》・措辞《そじ》 挙措《きょそ》 |
| 粗 | 11 | ソ | あら(い) | 米 こめへん | 粗相《そそう》・粗悪《そあく》 粗《あら》い・粗削《あらけず》り |

すぐにチェック!!
練習問題 1

# 読み

次の――線の**漢字の読み**を**ひらがな**で記せ。

1 屈辱により体が震える。
2 伸縮自在な棒の先にカメラを付ける。
3 ライバルとの対決に辛勝し決勝戦へ進んだ。
4 審判がきわどいプレーをジャッジした。
5 今日は兄の炊事当番の日だ。
6 論文から抜粋して引用する。
7 肉体の衰えを自覚する。
8 ピアノの音色に陶《とう》酔する。
9 与えられた任務を遂行する。
10 稲穂を乾燥させる。
11 他者の意見に追随する。
12 骨髄移植のドナーに登録する。
13 浅瀬で水遊びをする。

目標時間15分

月　日　/29

解答 → 別冊 P.10

14 事故の犠牲者に黙とうをささげる。
15 花婿の友人がスピーチを行う。
16 要請を受けて救助のために出動した。
17 斥候が敵軍の様子を探る。
18 一隻の船が沖合に見えた。
19 友人との別れを惜しむ。
20 書籍の制作を行っている。
21 自然の摂理に従って生きる。
22 潜在的な需要を掘り起こす。
23 かばんの修繕をしてもらう。
24 相手チームの得点を阻止する。
25 一時的な措置として運用を停止する。
26 粗悪品をつかまされる。
27 辛い料理を好んで食べる。
28 粋な計らいに感動する。
29 下請け業者に仕事を依頼する。

# 書き取り

次の――線のカタカナを漢字に直せ。

目標時間15分

月 日 /29

解答→別冊 P.10

1 優勝して昨年のセツジョクを果たす。
2 弟はまだ身長がノびているようだ。
3 シンボウ強く逆転の機会を待つ。
4 シンギの結果立法は見送られた。
5 母の作るゾウスイが好きだ。
6 妹はジュンスイ過ぎる性格だ。
7 国家のスイタイは避けられない。
8 兄はひどくクルマヨいをする。
9 姉は一人で目標をやりトげた。
10 稲のホを束ねて干す。
11 ズイジ入部を受け付けている。
12 武道のシンズイを極める。
13 セトモノで出来た茶わんを愛用する。

| | | | | | | | | | | | | |
|---|---|---|---|---|---|---|---|---|---|---|---|---|
| | | | | | | | | | | | | |

14 時代のギセイとなった人々の事を調べる。
15 ムスメムコと同じ会社で働いている。
16 書類のシンセイの期限が過ぎてしまう。
17 外国製品のハイセキ運動が盛んとなる。
18 スウセキの船が沖合に停泊している。
19 母校は決勝戦でセキハイしてしまう。
20 オしくも初戦で敗退してしまった。
21 別のチームへイセキすることを決める。
22 毎日必要なビタミンをセッシュする。
23 犯人はこの辺りにセンプクしている。
24 穴の開いた服をツクロう。
25 栄養素の吸収がソガイされる。
26 ソジが巧みな文章と評される。
27 目のアラい網で魚を捕まえる。
28 御祝いにお赤飯をタく。
29 海の底までスモグりする。

| | | | | | | | | | | | | | | | |
|---|---|---|---|---|---|---|---|---|---|---|---|---|---|---|---|
| | | | | | | | | | | | | | | | |

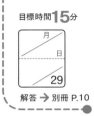

すぐにチェック!!
練習問題 ③

## 同音・同訓異字

次の――線のカタカナにあてはまる漢字をそれぞれの**ア**～**オ**から**一つ**選び、**記号**を記せ。

目標時間 5分

月　日　/9

解答 → 別冊 P.10

1 **シン**縮性のある素材を開発する。

2 **シン**抱強く得点の機会を待つ。

3 草野球の**シン**判を頼まれる。

（**ア** 信　**イ** 振　**ウ** 辛　**エ** 審　**オ** 伸）

4 山で採ったキノコを使った雑**スイ**を作る。

5 国力の**スイ**退は避けがたい。

6 見事に任務を完**スイ**する。

（**ア** 炊　**イ** 粋　**ウ** 遂　**エ** 衰　**オ** 酔）

7 **セキ**任ある立場として使命感をもつ。

8 力及ばず決勝戦で**セキ**敗した。

9 一**セキ**の船が川を下って行った。

（**ア** 席　**イ** 隻　**ウ** 責　**エ** 惜　**オ** 積）

すぐにチェック!!
練習問題 ④

## 部首

次の漢字の**部首**を**ア**～**エ**から**一つ**選び、**記号に**○をせよ。

目標時間 6分

月　日　/12

解答 → 別冊 P.10

| | | ア | イ | ウ | エ |
|---|---|---|---|---|---|
| 1 | 辱 | 寸 | 辰 | 丶 | 厂 |
| 2 | 審 | 田 | 釆 | 米 | 宀 |
| 3 | 衰 | 一 | 衣 | 亠 | 口 |
| 4 | 酔 | 酉 | 乙 | ノ | 十 |
| 5 | 髄 | 骨 | 辶 | ノ | 月 |
| 6 | 粋 | 米 | 十 | 乙 | 乚 |
| 7 | 穂 | 十 | 禾 | 心 | 田 |
| 8 | 随 | 阝 | ノ | 辶 | 月 |
| 9 | 婿 | 疋 | 女 | 月 | 亅 |
| 10 | 籍 | 日 | 木 | 木 | ⺮ |
| 11 | 潜 | 大 | ノ | 曰 | 氵 |
| 12 | 摂 | 八 | 耳 | 扌 | 丶 |

# 3級配当漢字表 7

| 区分 | 漢字 | 画数 | 音 | 訓 | 部首 | 用例 |
| --- | --- | --- | --- | --- | --- | --- |
| ソ | 礎 | 18 | ソ | いしずえ(高) | 石 いしへん | 礎石《そせき》・定礎《ていそ》 基礎《きそ》 |
| | 双 | 4 | ソウ | ふた | 又 また | 双眼鏡《そうがんきょう》・双発《そうはつ》 双葉《ふたば》 |
| | 桑 | 10 | ソウ(高) | くわ | 木 き | 桑《くわ》・桑畑《くわばたけ》 |
| | 掃 | 11 | ソウ | は(く) | 扌 てへん | 掃除《そうじ》・一掃《いっそう》 落《お》ち葉《ば》を掃《は》く |
| | 葬 | 12 | ソウ | ほうむ(る)(高) | 艹 くさかんむり | 葬儀《そうぎ》・埋葬《まいそう》 葬式《そうしき》・社葬《しゃそう》 |
| | 遭 | 14 | ソウ | あ(う) | 辶 しんにょう しんにゅう | 遭遇《そうぐう》・遭難《そうなん》 災難《さいなん》に遭《あ》う |
| | 憎 | 14 | ゾウ | にく(む) にく(い) にく(らしい) にく(しみ) | 忄 りっしんべん | 愛憎《あいぞう》・憎《にく》い 憎《にく》らしい |
| | 促 | 9 | ソク | うなが(す) | 亻 にんべん | 促進《そくしん》・催促《さいそく》 促《うなが》す |
| | 賊 | 13 | ゾク | | 貝 かいへん | 賊軍《ぞくぐん》・盗賊《とうぞく》 山賊《さんぞく》・海賊《かいぞく》 |
| タ | 怠 | 9 | タイ | おこた(る) なま(ける) | 心 こころ | 怠慢《たいまん》・怠《おこた》る 怠《なま》ける |
| | 胎 | 9 | タイ | | 月 にくづき | 胎動《たいどう》・胎児《たいじ》 胎嚢《たいのう》・受胎《じゅたい》 |
| | 袋 | 11 | タイ(高) | ふくろ | 衣 ころも | 胃袋《いぶくろ》・寝袋《ねぶくろ》 手袋《てぶくろ》 |
| | 逮 | 11 | タイ | | 辶 しんにょう しんにゅう | 逮捕《たいほ》 |
| | 滞 | 13 | タイ | とどこお(る) | 氵 さんずい | 遅滞《ちたい》・滞空《たいくう》 停滞《ていたい》・滞《とどこお》る |
| | 滝 | 13 | | たき | 氵 さんずい | 滝口《たきぐち》・滝川《たきがわ》 滝《たき》つぼ |
| | 択 | 7 | タク | | 扌 てへん | 選択《せんたく》・採択《さいたく》 二者択一《にしゃたくいつ》 |
| | 卓 | 8 | タク | | 十 じゅう | 卓球《たっきゅう》・卓見《たっけん》 卓越《たくえつ》・食卓《しょくたく》 |
| | 託 | 10 | タク | | 言 ごんべん | 屈託《くったく》・嘱託《しょくたく》 託児《たくじ》・委託《いたく》 |
| | 諾 | 15 | ダク | | 言 ごんべん | 内諾《ないだく》・承諾《しょうだく》 快諾《かいだく》・受諾《じゅだく》 |
| | 奪 | 14 | ダツ | うば(う) | 大 だい | 奪取《だっしゅ》・争奪《そうだつ》 奪回《だっかい》・奪《うば》う |
| | 胆 | 9 | タン | | 月 にくづき | 落胆《らくたん》・大胆《だいたん》 魂胆《こんたん》 |
| | 鍛 | 17 | タン | きた(える) | 金 かねへん | 鍛錬《たんれん》・鍛造《たんぞう》 体《からだ》を鍛《きた》える |
| | 壇 | 16 | ダン タン(高) | | 土 つちへん | 登壇《とうだん》・画壇《がだん》 文壇《ぶんだん》・壇上《だんじょう》 |
| チ | 稚 | 13 | チ | | 禾 のぎへん | 稚気《ちき》・稚魚《ちぎょ》 幼稚《ようち》 |
| | 畜 | 10 | チク | | 田 た | 畜産《ちくさん》・畜生《ちくしょう》 家畜《かちく》・人畜《じんちく》 |

すぐにチェック!!
練習問題 ❶

# 読み

次の――線の**漢字の読み**を**ひらがな**で記せ。

目標時間15分

月　日

/29

解答→別冊 P.11

1 古い宮殿跡から礎石が出土した。

2 双眼鏡で鳥の生態を観察する。

3 蚕に桑の葉を与える。

4 皆で教室の掃除を行う。

5 葬儀社で事務の仕事をしている。

6 ヘリコプターを使って遭難者の救助を行う。

7 愛憎相半ばの感情を持つ。

8 外国との交流事業を促進する。

9 海賊に捕まった人を解放する。

10 上司から怠慢を指摘される。

11 我が子の胎動を感じる。

12 祖母が手袋を編んでくれた。

13 悪事が露顕《けん》して逮捕される。

14 事業は遅滞なく計画通りに進んでいる。

15 修行の一環として滝に打たれる。

16 法案に反対する意見書を採択する。

17 卓球の世界大会で優勝した。

18 屈託のない笑顔を見せた。

19 母に承諾書を書いてもらう。

20 敵から陣地を奪回した。

21 大胆な作戦を立てる。

22 引退しても鍛錬《れん》を欠かさない。

23 家の前の花壇にバラを植えた。

24 ウナギの稚魚を放流する。

25 実家は畜産業を営んでいる。

26 双子の弟と同じ高校へ進学する。

27 努力を怠った結果として初戦で敗れた。

28 給料の支払いが滞っている。

29 最上階からの景色に心を奪われる。

すぐにチェック!!
練習問題 ❷

# 書き取り

次の——線のカタカナを漢字に直せ。

1 キソ的な研究を大切にする。
2 朝顔のフタバを観察する。
3 森を抜けるとクワバタケが広がっていた。
4 根も葉もないうわさをイッソウする。
5 祖父のソウシキであいさつをする。
6 母がひったくりの被害にアう。
7 兄はニクまれ口をたたいている。
8 借金の返済を催《さい》ソクする。
9 王の命令でトウゾク退治に向かった。
10 練習をオコタったため試合に負ける。
11 タイジの様子を病院で調べる。
12 ネブクロに入って仮眠をとる。
13 犯人のタイホに協力する。

目標時間15分

月　日

29

解答 → 別冊 P.11

14 経済の発展はテイタイしている。
15 世界一高いタキを見に行く。
16 センタク科目を選ぶよう指示される。
17 姉はタクエツした音感を持つ。
18 タクジ所に子供を預ける。
19 親友の申し出をカイダクする。
20 残った席を争うソウダツ戦となった。
21 父は選挙の結果にラクタンしている。
22 兄は体をキタえることが趣味だ。
23 ブンダンで高く評価されている本を読む。
24 ヨウチな発言に場が白けてしまう。
25 友人はジンチク無害な性格だ。
26 落ち葉をハいて一箇所に集める。
27 弟の間違いを指摘し反省をウナガす。
28 弟はすっかりナマけてしまっている。
29 伝染病により多数の命がウバわれた。

すぐにチェック!!
練習問題 ❸

## 同音・同訓異字

次の——線の**カタカナ**にあてはまる漢字をそれぞれの**ア～オ**から**一つ**選び、**記号**を記せ。

目標時間 5 分

月 日 /9

解答 → 別冊 P.11

1 **ソウ**眼鏡を使って野鳥を観察する。

2 敵対勢力を一**ソウ**する。

3 山で**ソウ**難してしまい救助を頼んだ。

（**ア** 掃　**イ** 双　**ウ** 遭　**エ** 葬　**オ** 層）

4 犯人はついに**タイ**捕された。

5 科学技術の発展が停**タイ**している。

6 職務**タイ**慢だと非難する。

（**ア** 耐　**イ** 胎　**ウ** 怠　**エ** 逮　**オ** 滞）

7 選**タク**問題と記述問題で構成されている。

8 **タク**越した戦術眼の持ち主だ。

9 屈**タク**のない笑顔を見せた。

（**ア** 拓　**イ** 託　**ウ** 択　**エ** 宅　**オ** 卓）

すぐにチェック!!
練習問題 ❹

## 部　首

次の漢字の**部首**を**ア～エ**から**一つ**選び、**記号に○**をせよ。

目標時間 6 分

月 日 /12

解答 → 別冊 P.11

| | | ア | イ | ウ | エ |
|---|---|---|---|---|---|
| 1 | 礎 | 石 | 木 | 疋 | 口 |
| 2 | 賊 | 十 | 貝 | 戈 | 、 |
| 3 | 怠 | 、 | 厶 | 口 | 心 |
| 4 | 袋 | 弋 | 亻 | 亠 | 衣 |
| 5 | 卓 | 曰 | 卜 | 一 | 十 |
| 6 | 奪 | 、 | 隹 | 寸 | 大 |
| 7 | 壇 | 口 | 土 | 亠 | 一 |
| 8 | 畜 | 亠 | 玄 | 田 | 幺 |
| 9 | 掃 | 巾 | 丨 | 冖 | 扌 |
| 10 | 葬 | 艹 | 廾 | 歹 | 匕 |
| 11 | 遭 | 曰 | 辶 | 、 | 艹 |
| 12 | 鍛 | 又 | 金 | 殳 | 几 |

# 3級配当漢字表 8

| 行 | 漢字 | 画数 | 読み | 部首 | 用例 |
|---|---|---|---|---|---|
| チ | 窒 | 11 | 音 チツ | 穴 あなかんむり | 窒素《ちっそ》・窒息《ちっそく》 |
| | 抽 | 8 | 音 チュウ | 扌 てへん | 抽選《ちゅうせん》・抽出《ちゅうしゅつ》・抽象的《ちゅうしょうてき》 |
| | 鋳 | 15 | 音 チュウ 訓 い(る) | 金 かねへん | 鋳造《ちゅうぞう》・鋳物《いもの》・鋳型《いがた》 |
| | 駐 | 15 | 音 チュウ | 馬 うまへん | 常駐《じょうちゅう》・駐輪《ちゅうりん》・駐在《ちゅうざい》・駐車《ちゅうしゃ》 |
| | 彫 | 11 | 音 チョウ 訓 ほ(る) | 彡 さんづくり | 彫刻《ちょうこく》・彫金《ちょうきん》・彫《ほ》る・木彫《きぼ》り |
| | 超 | 12 | 音 チョウ 訓 こ(える) こ(す) | 走 そうにょう | 超越《ちょうえつ》・超過《ちょうか》・超《こ》える |
| | 聴 | 17 | 音 チョウ 訓 き(く) | 耳 みみへん | 視聴《しちょう》・試聴《しちょう》・傍聴《ぼうちょう》・聴《き》く |
| | 陳 | 11 | 音 チン | 阝 こざとへん | 陳腐《ちんぷ》・陳謝《ちんしゃ》・陳情《ちんじょう》・陳列《ちんれつ》 |
| | 鎮 | 18 | 音 チン 訓 しず(める)高 しず(まる)高 | 金 かねへん | 鎮火《ちんか》・重鎮《じゅうちん》・鎮圧《ちんあつ》・鎮痛剤《ちんつうざい》 |
| ツ | 墜 | 15 | 音 ツイ | 土 つち | 墜落《ついらく》・墜死《ついし》・失墜《しっつい》・撃墜《げきつい》 |
| テ | 帝 | 9 | 音 テイ | 巾 はば | 帝王《ていおう》・帝国《ていこく》・大帝《たいてい》・皇帝《こうてい》 |
| | 訂 | 9 | 音 テイ | 言 ごんべん | 訂正《ていせい》・改訂《かいてい》・増訂《ぞうてい》 |
| | 締 | 15 | 音 テイ 訓 し(まる) し(める) | 糸 いとへん | 締結《ていけつ》・締《し》める・戸締《とじ》まり |
| | 哲 | 10 | 音 テツ | 口 くち | 哲学《てつがく》・変哲《へんてつ》・先哲《せんてつ》・哲人《てつじん》 |
| ト | 斗 | 4 | 音 ト | 斗 とます | 斗酒《としゅ》・北斗《ほくと》・漏斗《ろうと》 |
| | 塗 | 13 | 音 ト 訓 ぬ(る) | 土 つち | 塗装《とそう》・塗料《とりょう》・塗《ぬ》り絵《え》 |
| | 凍 | 10 | 音 トウ 訓 こお(る) こご(える) | 冫 にすい | 冷凍《れいとう》・解凍《かいとう》・凍《こお》る・凍《こご》える |
| | 陶 | 11 | 音 トウ | 阝 こざとへん | 陶器《とうき》・陶芸《とうげい》・陶土《とうど》・陶酔《とうすい》 |
| | 痘 | 12 | 音 トウ | 疒 やまいだれ | 種痘《しゅとう》・水痘《すいとう》・天然痘《てんねんとう》 |
| | 匿 | 10 | 音 トク | 匸 かくしがまえ | 秘匿《ひとく》・匿名《とくめい》・隠匿《いんとく》 |
| | 篤 | 16 | 音 トク | ⺮ たけかんむり | 危篤《きとく》・篤実《とくじつ》・篤学《とくがく》・篤志家《とくしか》 |
| | 豚 | 11 | 音 トン 訓 ぶた | 豕 ぶた いのこ | 養豚《ようとん》・豚舎《とんしゃ》・子豚《こぶた》・豚肉《ぶたにく》 |
| ニ | 尿 | 7 | 音 ニョウ | 尸 かばね しかばね | 尿道《にょうどう》・尿意《にょうい》 |
| ネ | 粘 | 11 | 音 ネン 訓 ねば(る) | 米 こめへん | 粘膜《ねんまく》・粘液《ねんえき》・粘《ねば》る・粘《ねば》り |
| ハ | 婆 | 11 | 音 バ | 女 おんな | 老婆《ろうば》・産婆《さんば》・老婆心《ろうばしん》 |
| | 排 | 11 | 音 ハイ | 扌 てへん | 排斥《はいせき》・排煙《はいえん》・排除《はいじょ》・排水《はいすい》 |

すぐにチェック!!
練習問題 1

# 読み

次の――線の**漢字の読み**を**ひらがな**で記せ。

目標時間15分

月 日

29

解答 → 別冊 P.12

1 **窒素**は空気の約四分の三を占める。
2 関係する出来事のみ**抽出**する。
3 **鋳造**で出来たなべを使う。
4 学校に警備員が**常駐**している。
5 有名な**彫刻**家の作品を展示する。
6 価格は一万円を**超**えている。
7 音楽を**試聴**してから買う。
8 店頭に野菜を**陳列**する。
9 明け方にやっと**鎮火**した。
10 ラジコン飛行機が川に**墜落**する。
11 **帝国**の圧政に苦しむ。
12 新聞記事の**訂正**を行う。
13 条約を**締結**する。

14 父は**哲学**者として有名だ。
15 **北斗**七星を夜空に見つける。
16 車の**塗装**をお願いする。
17 **冷凍**食品を作る工場で働く。
18 **陶磁器**の産地に買付に行く。
19 **天然痘**は根絶された。
20 大事な情報は他者に**秘匿**する。
21 祖母が**危篤**状態との連絡が入った。
22 **養豚**場を経営する。
23 **尿道**に結石が出来る。
24 **粘液**を使って虫を捕まえる植物がいる。
25 **老婆心**から忠告をする。
26 **排煙**設備を増設する。
27 **木彫**りのクマをお土産にもらう。
28 鉛筆で書いた下書きに色を**塗**る。
29 **粘**り気が出るまでかき混ぜる。

すぐにチェック!! 練習問題 ❷

# 書き取り

次の――線のカタカナを漢字に直せ。

目標時間15分

月 日 /29

解答 → 別冊 P.12

1 集会場に人が多すぎてチッソクしそうだ。
2 チュウショウテキな質問は受け付けない。
3 昨年からイモノ工場で働いている。
4 違法なチュウシャを通報する。
5 お寺に依頼され仏像をホる。
6 予算は既にチョウカしている。
7 本日の授業はシチョウ覚室で行われる。
8 誤った情報を発信しチンシャする。
9 暴徒のチンアツに手間取る。
10 敵の戦闘機をゲキツイする。
11 コウテイの命令により戦争が始まった。
12 辞書のカイテイ作業を行う。
13 トジまりに気を付ける。

14 何のヘンテツもない石を拾う。
15 ロウトを使って細い瓶《びん》に液体を入れる。
16 弟と動物のヌり絵をする。
17 屋外に出した野菜がコオっていた。
18 役者の演技にトウスイする。
19 以前はシュトウの接種が行われていた。
20 トクメイで情報の提供を行う。
21 トクシカにより学校が作られた。
22 両親からコブタの世話を任される。
23 突然ニョウイに襲われる。
24 力士が土俵際《ぎわ》でネバっている。
25 祖母はサンバの資格を持っている。
26 ハイスイ装置が故障している。
27 人知をチョウエツしているものを神と呼ぶ。
28 兄は洋楽を好んでキく。
29 コゴえるような寒さの中雪かきをする。

すぐにチェック!!
練習問題❸

## 同音・同訓異字

次の――線のカタカナにあてはまる漢字をそれぞれのア〜オから一つ選び、記号を記せ。

目標時間 5 分

月 日 9

解答 → 別冊 P.12

1 チュウ象的な批判に終始した。
2 なべをチュウ造する。
3 チュウ輪場に自転車を止める。
（ア 忠 イ 駐 ウ 宙 エ 鋳 オ 抽）

4 皇テイと会食する。
5 誤った情報をテイ正する。
6 新たな条約をテイ結する。
（ア 帝 イ 訂 ウ 低 エ 締 オ 底）

7 極秘情報の秘トクに努める。
8 トク志家の寄付により運営されている。
9 トク別にインタビューの許可が下りた。
（ア 特 イ 篤 ウ 得 エ 徳 オ 匿）

すぐにチェック!!
練習問題❹

## 部首

次の漢字の部首をア〜エから一つ選び、記号に○をせよ。

目標時間 6 分

月 日 12

解答 → 別冊 P.12

1 超（ア 土 イ 刀 ウ 走 エ 口）
2 墜（ア 豕 イ 阝 ウ 土 エ 一）
3 締（ア 冖 イ 立 ウ 糸 エ 巾）
4 哲（ア 口 イ 斤 ウ ノ エ 扌）
5 陶（ア 缶 イ 勹 ウ 阝 エ 山）
6 婆（ア 又 イ 女 ウ 氵 エ 皮）
7 鋳（ア 寸 イ ノ ウ 金 エ 丶）
8 聴（ア 十 イ 罒 ウ 心 エ 耳）
9 鎮（ア 八 イ 目 ウ 十 エ 金）
10 塗（ア 氵 イ 土 ウ 人 エ 小）
11 匿（ア ノ イ 艹 ウ 口 エ 匚）
12 凍（ア 冫 イ 曰 ウ 丨 エ 一）

# まとめテスト 2



すぐにチェック!! 練習問題 1

## 漢字と送りがな

次の——線のカタカナを漢字一字と送りがな(ひらがな)に直せ。

目標時間 5 分

月 日 /10

解答 → 別冊 P.13

1 工場の誘《ゆう》致により地元経済はウルオッタ。
2 肉体がすっかりオトロエテしまった。
3 物陰にどろぼうがヒソンデいた。
4 すっかりナマケ癖《ぐせ》がついてしまった。
5 借金の返済がトドコオッテいる。
6 師匠と共に刀をキタエル。
7 ニクマレ役を買って出る。
8 バケツの水がすっかりコオッテしまった。
9 シメッタ風が雨や雪を降らす。
10 その場をなんとか取りツクロウ。

| 1 | 2 | 3 | 4 | 5 | 6 | 7 | 8 | 9 | 10 |
|---|---|---|---|---|---|---|---|---|---|
| | | | | | | | | | |

すぐにチェック!! 練習問題 2

## 対義語・類義語

次の□のひらがなを対義語(↕)、類義語(=)になるよう漢字一字を記せ。

目標時間 7 分

月 日 /14

解答 → 別冊 P.13

1 短命 ↕ 長□(じゅ)
2 乾燥 ↕ 湿□(じゅん)
3 降格 ↕ □(しょう)格
4 論点 = □(しょう)点
5 圧勝 ↕ □(しん)勝
6 不純 ↕ 純□(すい)
7 傾倒 = 心□(すい)
8 基本 = 基□(そ)
9 勤勉 ↕ □(たい)慢
10 小心 ↕ 大□(たん)
11 承知 = 承□(だく)
12 抜群 = □(ちょう)越
13 修正 = □(てい)正
14 慈善 = □(とく)志

すぐにチェック!! 練習問題 ❸

## 誤字訂正

次の各文にまちがって使われている**同じ読みの漢字が一字**ある。**上に誤字を、下に正しい漢字**を記せ。

目標時間 3 分

月　日　／6

解答 → 別冊 P.13

1 新たな皇帝が即位したという吉事により一部の罪人が恩捨により釈放された。 □ □

2 順沢にある資産を利用して世界の恵まれない子供達に対する支援をおこなった。 □ □

3 気の置けない友人同士の上談を真に受けてしまい恥ずかしい思いをする。 □ □

4 国家の基幹産業が徐々に推退していき貧困層の増大を招いている。 □ □

5 決勝戦で一丸となって奮闘するも味方の簡単なミスにより責敗した。 □ □

6 我が社には他にない択越した鋳造技術があると自負している。 □ □

---

すぐにチェック!! 練習問題 ❹

## 四字熟語

次の□のカタカナに従って、**漢字一字**を記せ。

目標時間 7 分

月　日　／14

解答 → 別冊 P.13

1 大□《ジ》大悲

2 意気□《ショウ》天

3 □《シン》縮自在

4 栄枯盛□《スイ》

5 功成名□《スイ》

6 応急□《ソ》置

7 □《ソ》製濫《らん》造

8 二者□《タク》一

9 □《タン》大心小

10 人□《チク》無害

11 明□《テツ》保身

12 冷汗三□《ト》

13 一敗□《ト》地

14 温厚□《トク》実

# 3級配当漢字表 9

| 見出し | 画数 | 漢字 | 読み | 部首 | 用例 |
|---|---|---|---|---|---|
| ハ | 11 | 陪 | 音 バイ | 阝 こざとへん | 陪席《ばいせき》・陪食《ばいしょく》 陪審員《ばいしんいん》 |
| | 16 | 縛 | 音 バク 訓 しば(る) | 糸 いとへん | 束縛《そくばく》・自縛《じばく》 縛《しば》る・金縛《かなしば》り |
| | 6 | 伐 | 音 バツ | 亻 にんべん | 伐採《ばっさい》・殺伐《さつばつ》 濫伐《らんばつ》・間伐《かんばつ》 |
| | 6 | 帆 | 音 ハン 訓 ほ | 巾 はばへん きんべん | 帆船《はんせん》・帆走《はんそう》 帆柱《ほばしら》・帆立貝《ほたてがい》 |
| | 7 | 伴 | 音 ハン バン 訓 ともな(う) | 亻 にんべん | 同伴《どうはん》・伴奏《ばんそう》 相伴《しょうばん》・伴《ともな》う |
| | 10 | 畔 | 音 ハン | 田 たへん | 湖畔《こはん》・池畔《ちはん》 河畔《かはん》 |
| | 18 | 藩 | 音 ハン | 艹 くさかんむり | 藩主《はんしゅ》・藩士《はんし》 藩学《はんがく》 |
| | 12 | 蛮 | 音 バン | 虫 むし | 蛮行《ばんこう》・蛮声《ばんせい》 野蛮《やばん》・南蛮《なんばん》 |
| ヒ | 9 | 卑 | 音 ヒ 訓 いや(しい)高 いや(しむ)高 いや(しめる)高 | 十 じゅう | 卑下《ひげ》・卑屈《ひくつ》 卑近《ひきん》・卑俗《ひぞく》 |
| | 14 | 碑 | 音 ヒ | 石 いしへん | 石碑《せきひ》・歌碑《かひ》 墓碑《ぼひ》・記念碑《きねんひ》 |
| | 8 | 泌 | 音 ヒツ ヒ高 | 氵 さんずい | 分泌《ぶんぴつ》 |
| | 10 | 姫 | 訓 ひめ | 女 おんなへん | 姫君《ひめぎみ》 歌姫《うたひめ》・舞姫《まいひめ》 |
| | 14 | 漂 | 音 ヒョウ 訓 ただよ(う) | 氵 さんずい | 漂白《ひょうはく》・漂泊《ひょうはく》 漂着《ひょうちゃく》・波《なみ》に漂《ただよ》う |
| | 8 | 苗 | 音 ビョウ高 訓 なえ なわ | 艹 くさかんむり | 苗木《なえぎ》・苗床《なえどこ》 稲《いね》の苗《なえ》・苗代《なわしろ》 |
| フ | 9 | 赴 | 音 フ 訓 おもむ(く) | 走 そうにょう | 赴任《ふにん》 快方《かいほう》に赴《おもむ》く |
| | 11 | 符 | 音 フ | ⺮ たけかんむり | 符号《ふごう》・符合《ふごう》 切符《きっぷ》・音符《おんぷ》 |
| | 9 | 封 | 音 フウ ホウ | 寸 すん | 封書《ふうしょ》・封鎖《ふうさ》 開封《かいふう》・封建《ほうけん》 |
| | 6 | 伏 | 音 フク 訓 ふ(せる) ふ(す) | 亻 にんべん | 屈伏《くっぷく》・起伏《きふく》 潜伏《せんぷく》・伏《ふ》せる |
| | 18 | 覆 | 音 フク 訓 おお(う) くつがえ(す)高 くつがえ(る)高 | 襾 おおいかんむり | 覆面《ふくめん》・転覆《てんぷく》 目《め》を覆《おお》う |
| | 10 | 紛 | 音 フン 訓 まぎ(れる) まぎ(らす) まぎ(らわす) まぎ(らわしい) | 糸 いとへん | 紛失《ふんしつ》・内紛《ないふん》 悔《く》やし紛《まぎ》れ |
| | 15 | 墳 | 音 フン | 土 つちへん | 墳墓《ふんぼ》・古墳《こふん》 前方後円墳《ぜんぽうこうえんふん》 |
| ヘ | 18 | 癖 | 音 ヘキ 訓 くせ | 疒 やまいだれ | 潔癖《けっぺき》・悪癖《あくへき》 癖《くせ》・難癖《なんくせ》 |
| ホ | 12 | 募 | 音 ボ 訓 つの(る) | 力 ちから | 公募《こうぼ》・募集《ぼしゅう》 募金《ぼきん》・募《つの》る |
| | 14 | 慕 | 音 ボ 訓 した(う) | 㣺 したごころ | 敬慕《けいぼ》・恋慕《れんぼ》 慕情《ぼじょう》・慕《した》う |
| | 19 | 簿 | 音 ボ | ⺮ たけかんむり | 簿記《ぼき》・帳簿《ちょうぼ》 名簿《めいぼ》・家計簿《かけいぼ》 |

すぐにチェック!!
練習問題 ❶

# 読み

次の——線の**漢字の読み**を**ひらがな**で記せ。

目標時間15分

月　日

29

解答 → 別冊 P.14

1 王と**陪席**する栄誉を得た。

2 時間に**束縛**されない生き方を目指す。

3 樹木の**伐採**を行う。

4 **帆船**に乗って航海術を学ぶ。

5 合唱の**伴奏**者に指名される。

6 **湖畔**にある宿で一夜を過ごす。

7 **藩主**の行う改革に反対する。

8 **蛮行**を許さない。

9 **卑下**する必要はない。

10 道路の開通を記念して**石碑**を立てる。

11 胃液の**分泌**を助ける薬を飲む。

12 現代の**歌姫**と呼ばれる。

13 **漂白**剤を使って汚れを落とす。

14 ミカンの**苗木**を庭に植える。

15 離島に医師として**赴任**する。

16 京都までの**切符**を買う。

17 落石のため道を**封鎖**する。

18 **起伏**のない所を選んで道を作る。

19 ボートが**転覆**したので救助する。

20 財布を**紛失**してしまう。

21 古代の**墳墓**を発掘する。

22 姉は**潔癖**性である。

23 **公募**の条件を確認する。

24 恩師に**敬慕**の念を抱く。

25 **簿記**の試験に合格した。

26 **帆柱**にカモメが止まっている。

27 法律の改正に**伴**って表記を変更する。

28 最後に失敗する悪い**癖**が出た。

29 高校の先輩を兄のように**慕**う。

すぐにチェック!! 練習問題❷

## 書き取り

次の――線の**カタカナ**を**漢字**に直せ。

目標時間15分

月　日　/29

解答 → 別冊 P.14

1 外国の**バイ**審員制度を調べる。
2 疲れからか夜中に**カナシバ**りにあう。
3 **カンバツザイ**を使って割りばしを作る。
4 ヨットが向かい風の中**ハンソウ**している。
5 実体を**トモナ**わない会社を調査する。
6 **カハン**に川下りのための船着場がある。
7 母校は**ハンコウ**が元となっている。
8 **ヤバン**な風習をやめさせる。
9 **ヒクツ**な態度を取る必要はない。
10 **キネンヒ**の落成式に呼ばれる。
11 病気により**ブンピツ**物の量が減っている。
12 女王の**ヒメギミ**に対する愛情は本物だ。
13 空には綿菓子のような雲が**タダヨ**う。

14 キンモクセイの**ナエ**を買ってくる。
15 講演会のため隣県に**オモム**く。
16 **オンプ**の形で音の長さが決まる。
17 **ホウケン**領主の権利を制限する。
18 犯人はいまだ外国で**センプク**している。
19 チューリップが辺り一面を**オオ**っていた。
20 悔《くや》しい気持ちを**マギ**らわす。
21 **コフン**の発掘調査を行う。
22 対戦相手に自分の**クセ**を読まれ敗退する。
23 参加者を**ボシュウ**する。
24 姉は後輩から**シタ**われている。
25 新入部員の**メイボ**を作成する。
26 **ナワシロ**に種もみをまく。
27 兄はばつが悪いとばかりに顔を**フ**せた。
28 地域の**ボキン**活動に参加する。
29 母から**カケイボ**のつけ方を習う。

すぐにチェック!!
練習問題 ③

# 同音・同訓異字

次の――線のカタカナにあてはまる漢字をそれぞれのア〜オから一つ選び、記号を記せ。

目標時間 5分

月 日 /9

解答 → 別冊 P.14

1 ハン船の模型を集めている。
2 友人と湖ハンでキャンプをした。
3 ハン人は現在逃走中だ。
（ア 帆　イ 犯　ウ 伴　エ 畔　オ 反）

4 ボ記の資格を取るため勉強中だ。
5 大規ボな火災が発生している。
6 新入部員をボ集する。
（ア 墓　イ 慕　ウ 模　エ 募　オ 簿）

7 父は海外へ単身フ任している。
8 氏神様で護フを頂く。
9 夫フで食事会に参加する。
（ア 婦　イ 符　ウ 腐　エ 府　オ 赴）

すぐにチェック!!
練習問題 ④

# 部首

次の漢字の部首をア〜エから一つ選び、記号に○をせよ。

目標時間 6分

月 日 /12

解答 → 別冊 P.14

1 伐（ア 丶　イ 戈　ウ 亻　エ 一）
2 藩（ア 田　イ 氵　ウ 艹　エ 米）
3 蛮（ア 八　イ 亠　ウ 口　エ 虫）
4 卑（ア 十　イ 田　ウ 亠　エ ノ）
5 漂（ア 氵　イ 示　ウ 亅　エ 覀）
6 符（ア 寸　イ 亻　ウ 丶　エ ⺮）
7 癖（ア 口　イ 辛　ウ 疒　エ 十）
8 募（ア 力　イ 曰　ウ 艹　エ 一）
9 慕（ア 艹　イ 曰　ウ ⺗　エ 大）
10 縛（ア 寸　イ 糸　ウ 幺　エ 丶）
11 碑（ア 十　イ 田　ウ 丶　エ 石）
12 覆（ア 覀　イ 一　ウ 彳　エ 曰）

# 3級配当漢字表 10

| 漢字 | 画数 | 音 | 訓 | 部首 | 用例 |
|---|---|---|---|---|---|
| 芳 (ホ) | 7 | ホウ | かんば(しい)高 | 艹 くさかんむり | 芳香《ほうこう》・芳名《ほうめい》 芳書《ほうしょ》・芳紀《ほうき》 |
| 邦 | 7 | ホウ | | 阝 おおざと | 邦楽《ほうがく》・友邦《ゆうほう》 異邦人《いほうじん》 |
| 奉 | 8 | ホウ ブ | たてまつ(る)高 | 大 だい | 奉納《ほうのう》・奉仕《ほうし》 信奉《しんぽう》・奉行《ぶぎょう》 |
| 胞 | 9 | ホウ | | 月 にくづき | 胞子《ほうし》・同胞《どうほう(ぼう)》 細胞《さいぼう》 |
| 倣 | 10 | ホウ | なら(う)高 | 亻 にんべん | 模倣《もほう》 |
| 崩 | 11 | ホウ | くず(れる) くず(す) | 山 やま | 崩壊《ほうかい》・崩御《ほうぎょ》 山《やま》が崩《くず》れる |
| 飽 | 13 | ホウ | あ(きる) あ(かす) | 飠 しょくへん | 飽食《ほうしょく》・飽和《ほうわ》 食《た》べ飽《あ》きる |
| 縫 | 16 | ホウ | ぬ(う) | 糸 いとへん | 縫合《ほうごう》・裁縫《さいほう》 縫製《ほうせい》・縫《ぬ》う |
| 乏 | 4 | ボウ | とぼ(しい) | ノ はらいぼう の | 貧乏《びんぼう》・欠乏《けつぼう》 乏《とぼ》しい予算《よさん》 |
| 妨 | 7 | ボウ | さまた(げる) | 女 おんなへん | 妨害《ぼうがい》 仕事《しごと》の妨《さまた》げ |
| 房 | 8 | ボウ | ふさ | 戸 とだれ とかんむり | 暖房《だんぼう》・工房《こうぼう》 一房《ひとふさ》・子房《しぼう》 |
| 某 | 9 | ボウ | | 木 き | 某日《ぼうじつ》・某氏《ぼうし》 某国《ぼうこく》・某所《ぼうしょ》 |
| 膨 | 16 | ボウ | ふく(らむ) ふく(れる) | 月 にくづき | 膨張《ぼうちょう》・膨大《ぼうだい》 膨《ふく》らむ |
| 謀 | 16 | ボウ ム高 | はか(る)高 | 言 ごんべん | 無謀《むぼう》・謀略《ぼうりゃく》 策謀《さくぼう》・共謀《きょうぼう》 |
| 墨 | 14 | ボク | すみ | 土 つち | 墨汁《ぼくじゅう》・墨守《ぼくしゅ》 墨絵《すみえ》・墨染《すみぞ》め |
| 没 | 7 | ボツ | | 氵 さんずい | 出没《しゅつぼつ》・埋没《まいぼつ》 水没《すいぼつ》・没頭《ぼっとう》 |
| 翻 | 18 | ホン | ひるがえ(る)高 ひるがえ(す)高 | 羽 はね | 翻案《ほんあん》・翻意《ほんい》 翻訳《ほんやく》・翻刻《ほんこく》 |
| 魔 (マ) | 21 | マ | | 鬼 おに | 邪魔《じゃま》・病魔《びょうま》 魔法《まほう》・魔術《まじゅつ》 |
| 埋 | 10 | マイ | う(める) う(まる) う(もれる) | 土 つちへん | 埋設《まいせつ》・埋蔵《まいぞう》 穴埋《あなう》め |
| 膜 | 14 | マク | | 月 にくづき | 角膜《かくまく》・粘膜《ねんまく》 鼓膜《こまく》・膜質《まくしつ》 |
| 又 | 2 | | また | 又 また | 又聞《またぎ》き 又貸《またが》し |
| 魅 (ミ) | 15 | ミ | | 鬼 きにょう | 魅力《みりょく》・魅了《みりょう》 魅惑《みわく》 |
| 滅 (メ) | 13 | メツ | ほろ(びる) ほろ(ぼす) | 氵 さんずい | 不滅《ふめつ》・滅相《めっそう》 滅《ほろ》ぶ・滅《ほろ》びる |
| 免 | 8 | メン | まぬか(れる)高 | 儿 ひとあし にんにょう | 免状《めんじょう》・御免《ごめん》 免除《めんじょ》・免許《めんきょ》 |
| 幽 (ユ) | 9 | ユウ | | 幺 いとがしら よう | 幽閉《ゆうへい》・幽霊《ゆうれい》 幽谷《ゆうこく》・幽玄《ゆうげん》 |
| 誘 | 14 | ユウ | さそ(う) | 言 ごんべん | 誘導《ゆうどう》・誘発《ゆうはつ》 涙《なみだ》を誘《さそ》う |

すぐにチェック!!
練習問題 ❶

# 読み

次の——線の**漢字の読み**を**ひらがな**で記せ。

目標時間15分

月 日 /29

解答 → 別冊 P.15

1 **芳香**剤を家の玄関に置く。
2 流行りの**邦楽**を楽しむ。
3 神社で舞を**奉納**する。
4 キノコは**胞子**を使って繁殖する。
5 有名な作家の画風を**模倣**する。
6 山の斜面が大雨で**崩壊**した。
7 **飽食**の時代を生きる。
8 転んで出来た傷を**縫合**してもらう。
9 戦争により物資が**欠乏**する。
10 敵対する国家の**妨害**を受ける。
11 気温が下がったので**暖房**器具を出す。
12 **某国**による関与が示された。
13 宇宙は**膨張**しているといわれる。
14 **無謀**な計画を修正する。
15 伝統を**墨守**する。
16 クマが**出没**したとの情報が入る。
17 敵将に対し**翻意**を促した。
18 姉が**病魔**に襲われる。
19 電線を地下に**埋設**する。
20 **角膜**を移植する。
21 **又聞**きのため信ぴょう性は低い。
22 兄は**魅力**的な男性だ。
23 **不滅**の名作を読む。
24 茶道の**免状**を取得する。
25 地下のろうやで**幽閉**される。
26 駐車場の入り口まで車を**誘導**する。
27 **奉行**として目をみはる働きをする。
28 がけ**崩**れにより通行止めとなった。
29 ゲームにもすっかり**飽**きる。

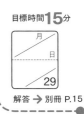

すぐにチェック!! 練習問題 ❷

# 書き取り

次の――線のカタカナを漢字に直せ。

目標時間15分

月 日 /29

解答 → 別冊 P.15

1 ホウメイ帳に名前を書く。
2 ユウホウと親交を深める。
3 ホウシ作業として通学路を清掃する。
4 サイボウの様子を観察する。
5 モホウ犯の出現を心配する。
6 国王がホウギョされた。
7 交通量がホウワ状態になる。
8 祖母に浴衣《ゆかた》をヌってもらう。
9 資源にトボしく海外から輸入する。
10 過度の規制が発展のサマタげとなっている。
11 父のコウボウで修業を積む。
12 ボウショで重大な実験が行われた。
13 ボウダイな資料をまとめるだけで一苦労だ。

14 他国によるボウリャクを見抜く。
15 スミの濃淡を使って描く。
16 父はボットウすると周りが見えなくなる。
17 海外文学のホンヤクを仕事とする。
18 マホウのように一瞬で色が変わった。
19 赤字のアナウめに奔《ほん》走する。
20 コマクを刺すような大きな音がした。
21 部屋のマタガしは禁止されている。
22 ミワク的な女性を描いた作品を読む。
23 国がホロぶ遠因となった事件を調べる。
24 試験のメンジョが言い渡された。
25 ユウゲンは中世日本の美的理念だ。
26 友達をサソって海に出かける。
27 デザートにブドウをヒトフサ食べる。
28 負債はフクらむ一方だった。
29 車のメンキョを取りに行く。

すぐにチェック!! 練習問題③

## 同音・同訓異字

次の――線のカタカナにあてはまる漢字をそれぞれのア〜オから一つ選び、記号を記せ。

目標時間5分

月 日 /9

解答→別冊P.15

1 ホウ人解放のための交渉が行われた。
2 トンネルの天井の一部がホウ落した。
3 学校の生徒数はホウ和状態だ。
（ア 胞　イ 奉　ウ 飽　エ 邦　オ 崩）

4 器用貧ボウと言われる。
5 相手選手のボウ害を退け得点した。
6 空気は熱するとボウ張する性質をもつ。
（ア 膨　イ 乏　ウ 妨　エ 某　オ 防）

7 小さな違反はマイ挙にいとまがない。
8 父は自分の研究にマイ没している。
9 マイ朝ジョギングしてから登校する。
（ア 埋　イ 米　ウ 妹　エ 毎　オ 枚）

すぐにチェック!! 練習問題④

## 部　首

次の漢字の部首をア〜エから一つ選び、記号に○をせよ。

目標時間6分

月 日 /12

解答→別冊P.15

1 奉（ア 十　イ 大　ウ 二　エ ノ）
2 房（ア 一　イ 方　ウ 戸　エ 尸）
3 某（ア 山　イ 甘　ウ 一　エ 木）
4 膨（ア 月　イ 彡　ウ 口　エ 士）
5 墨（ア 土　イ 黒　ウ 灬　エ 田）
6 魔（ア 木　イ 鬼　ウ 田　エ 广）
7 膜（ア 大　イ 艹　ウ 曰　エ 月）
8 魅（ア 儿　イ 木　ウ 鬼　エ 田）
9 没（ア 又　イ 几　ウ 殳　エ 氵）
10 翻（ア 羽　イ 田　ウ 禾　エ 釆）
11 滅（ア 火　イ 戈　ウ 氵　エ 厂）
12 誘（ア 禾　イ 口　ウ ノ　エ 言）

## 3級配当漢字表 11

| 漢字 | 画数 | 音 | 訓 | 部首 | 用例 |
|---|---|---|---|---|---|
| 憂 | 15 ユ | ユウ | うれ（える）、うれ（い）、う（い）高 | 心 こころ | 憂慮《ゆうりょ》・憂国《ゆうこく》 憂《うれ》い・憂《うれ》える |
| 揚 | 12 ヨ | ヨウ | あ（げる）、あ（がる） | 扌 てへん | 抑揚《よくよう》・浮揚《ふよう》 水揚《みずあ》げ |
| 揺 | 12 | ヨウ | ゆ（れる）、ゆ（る）、ゆ（らぐ）、ゆ（るぐ）、ゆ（する）、ゆ（さぶる）、ゆ（すぶる） | 扌 てへん | 動揺《どうよう》 揺《ゆ》れる 揺《ゆ》する 揺《ゆ》らぐ |
| 擁 | 16 | ヨウ | | 扌 てへん | 擁護《ようご》・擁立《ようりつ》 抱擁《ほうよう》 |
| 抑 | 7 | ヨク | おさ（える） | 扌 てへん | 抑揚《よくよう》・抑制《よくせい》 抑圧《よくあつ》・抑《おさ》える |
| 裸 | 13 ラ | ラ | はだか | 衤 ころもへん | 赤裸々《せきらら》・裸体《らたい》 裸子《らし》・裸《はだか》 |
| 濫 | 18 | ラン | | 氵 さんずい | 濫獲《らんかく》・濫読《らんどく》 濫伐《らんばつ》・濫費《らんぴ》 |
| 吏 | 6 リ | リ | | 口 くち | 官吏《かんり》・能吏《のうり》 吏員《りいん》 |

| 漢字 | 画数 | 音 | 訓 | 部首 | 用例 |
|---|---|---|---|---|---|
| 隆 | 11 | リュウ | | 阝 こざとへん | 隆盛《りゅうせい》・隆起《りゅうき》 隆隆《りゅうりゅう》・興隆《こうりゅう》 |
| 了 | 2 | リョウ | | 亅 はねぼう | 魅了《みりょう》・了解《りょうかい》 終了《しゅうりょう》・了見《りょうけん》 |
| 猟 | 11 | リョウ | | 犭 けものへん | 猟師《りょうし》・猟銃《りょうじゅう》 狩猟《しゅりょう》・禁猟《きんりょう》 |
| 陵 | 11 | リョウ | みささぎ高 | 阝 こざとへん | 陵墓《りょうぼ》・御陵《ごりょう》 丘陵《きゅうりょう》 |
| 糧 | 18 | リョウ、ロウ高 | かて高 | 米 こめへん | 糧食《りょうしょく》 食糧《しょくりょう》 |
| 厘 | 9 | リン | | 厂 がんだれ | 厘毛《りんもう》・一厘《いちりん》 九分九厘《くぶくりん》 |
| 励 | 7 レ | レイ | はげ（む）、はげ（ます） | 力 ちから | 精励《せいれい》・激励《げきれい》 励行《れいこう》・励《はげ》む |
| 零 | 13 | レイ | | 雨 あめかんむり | 零下《れいか》・零点《れいてん》 零細《れいさい》・零落《れいらく》 |
| 霊 | 15 | レイ、リョウ高 | たま高 | 雨 あめかんむり | 霊峰《れいほう》・幽霊《ゆうれい》 霊気《れいき》・霊魂《れいこん》 |
| 裂 | 12 | レツ | さ（く）、さ（ける） | 衣 ころも | 分裂《ぶんれつ》・決裂《けつれつ》 破裂《はれつ》・裂《さ》く |

| 漢字 | 画数 | 音 | 訓 | 部首 | 用例 |
|---|---|---|---|---|---|
| 廉 | 13 | レン | | 广 まだれ | 廉価《れんか》・廉売《れんばい》 清廉《せいれん》・低廉《ていれん》 |
| 錬 | 16 | レン | | 金 かねへん | 鍛錬《たんれん》・精錬《せいれん》 錬金術《れんきんじゅつ》 |
| 炉 | 8 ロ | ロ | | 火 ひへん | 香炉《こうろ》・炉端《ろばた》 暖炉《だんろ》・原子炉《げんしろ》 |
| 浪 | 10 | ロウ | | 氵 さんずい | 波浪《はろう》・浪費《ろうひ》 放浪《ほうろう》・浪人《ろうにん》 |
| 廊 | 12 | ロウ | | 广 まだれ | 廊下《ろうか》・画廊《がろう》 回廊《かいろう》・歩廊《ほろう》 |
| 楼 | 13 | ロウ | | 木 きへん | 楼閣《ろうかく》・楼門《ろうもん》 鐘楼《しょうろう》・楼上《ろうじょう》 |
| 漏 | 14 | ロウ | も（る）、も（れる）、も（らす） | 氵 さんずい | 漏水《ろうすい》・漏電《ろうでん》 漏《も》れる・漏《も》る |
| 湾 | 12 ワ | ワン | | 氵 さんずい | 湾岸《わんがん》・湾曲《わんきょく》 港湾《こうわん》・湾内《わんない》 |

すぐにチェック!!
練習問題 1

# 読み

次の——線の**漢字の読み**を**ひらがな**で記せ。

目標時間15分

月　日　/29

解答 → 別冊 P.16

1 **憂国**の士をたたえる。

2 **抑揚**をなるべくつけずに文章を読む。

3 事故の知らせに**動揺**する。

4 批判されている人物を**擁護**する。

5 無茶な値下げ競争を**抑制**する。

6 半生を**赤裸々**に語る。

7 様々な種類の本を**濫読**する。

8 祖父は有能な**官吏**として名高い。

9 国家の**隆盛**を記録する。

10 依頼人の**了解**を取り付ける。

11 **猟師**と一緒《しょ》に山歩きを行う。

12 **陵墓**は皇族のお墓である。

13 **食糧**の輸入量が増加している。

14 九分**九厘**正解している自信がある。

15 大会に出場する選手を**激励**する。

16 昨晩は**零下**三十度を記録した。

17 **霊峰**富士山に登る。

18 アメーバの**分裂**を観察する。

19 書籍を**廉価**で販売する。

20 **精錬**を行い不純物を取り除く。

21 家族で**暖炉**の周りに集まる。

22 **波浪**注意報が出される。

23 学校の**廊下**を走ってしかられる。

24 古代の**楼閣**を再現した。

25 **漏水**により部屋が水浸しとなった。

26 道路は海岸線に沿って**湾曲**している。

27 波が荒く船が**揺**れる。

28 反対意見を**抑**える。

29 **裸**になってふろに飛び込む。

すぐにチェック!! 練習問題 ❷

# 書き取り

次の——線のカタカナを漢字に直せ。

目標時間15分

月 日 /29

解答 → 別冊 P.16

1 後顧のウレいを断つ。
2 ミズアげ量は年々減少している。
3 生徒のドウヨウを抑える。
4 幼い王子をヨウリツする。
5 出版の自由をヨクアツする。
6 ラシ植物と被子植物の違いを調べる。
7 ランカクにより絶滅してしまう。
8 リインとして県庁に勤めている。
9 リュウキした地層から化石が見つかる。
10 全国大会の日程は全てシュウリョウした。
11 この森はキンリョウ区に指定されている。
12 キュウリョウ地帯に住宅地を造成する。
13 ショクリョウ難の時代を生き抜く。

14 打率がハリン上がった。
15 親の期待に応えるよう勉学にハゲむ。
16 テストでレイテンをとってしまう。
17 幽レイの存在は信じていない。
18 絹を引きサいたような叫び声が聞こえた。
19 セイレン潔白であると主張する。
20 レンキンジュツの歴史を学ぶ。
21 ロバタで魚を焼いて食べる。
22 両親からロウヒ癖を指摘される。
23 友人の個展がガロウで開かれた。
24 ロウモンの二階部分に登ってみる。
25 ロウデンは火災や感電の原因となる。
26 ワンナイには多数の船が行き交っている。
27 鋭い指摘に自信がユらぐ。
28 どのようなリョウケンであるか問いただす。
29 重大な秘密が世間にモれてしまう。

すぐにチェック!!
練習問題③

## 同音・同訓異字

次の――線のカタカナにあてはまる漢字をそれぞれのア～オから一つ選び、記号を記せ。

目標時間 5分

月 日 /9

解答→別冊 P.16

1 抑ヨウをつけて歌い上げる。
2 ヨウ人の警護に駆り出された。
3 自分の子を国王にヨウ立した。
（ア 擁　イ 陽　ウ 揚　エ 容　オ 要）

4 著者のリョウ解を経て公開する。
5 父とマグロリョウに出かける。
6 狩リョウの免許を取得する。
（ア 陵　イ 猟　ウ 糧　エ 漁　オ 了）

7 ロウ下を走って先生にしかられる。
8 ガスのロウ出が検知された。
9 世界各国を放ロウする旅に出た。
（ア 楼　イ 漏　ウ 浪　エ 廊　オ 朗）

すぐにチェック!!
練習問題④

## 部首

次の漢字の部首をア～エから一つ選び、記号に○をせよ。

目標時間 6分

月 日 /12

解答→別冊 P.16

| | 漢字 | ア | イ | ウ | エ |
|---|---|---|---|---|---|
| 1 | 憂 | 夂 | 白 | 心 | 冖 |
| 2 | 裸 | 曰 | 木 | 衤 | 田 |
| 3 | 吏 | 一 | ノ | 人 | 口 |
| 4 | 陵 | 夂 | 土 | ノ | 阝 |
| 5 | 裂 | 歹 | 衣 | 亠 | 刂 |
| 6 | 廉 | 亠 | 厂 | 八 | 广 |
| 7 | 擁 | 扌 | 亠 | 幺 | 隹 |
| 8 | 隆 | 夂 | 阝 | 生 | 十 |
| 9 | 励 | 厂 | 一 | ノ | 力 |
| 10 | 錬 | 木 | 金 | 日 | 八 |
| 11 | 廊 | 亠 | 阝 | 良 | 广 |
| 12 | 楼 | 米 | 女 | 木 | 十 |

# まとめテスト 3



すぐにチェック!! 練習問題①

## 漢字と送りがな

次の――線のカタカナを漢字一字と送りがな（ひらがな）に直せ。

目標時間 5 分

月　日　/10

解答→別冊 P.17

1 トボシイ知識を総動員する。
2 祖母の病状は快方にオモムイた。
3 マギラワシイ言い方は避ける。
4 海岸に作った砂山は波にクズサれた。
5 試験の倍率は十倍にまでフクランだ。
6 王の命令で敵の国をホロボシた。
7 互いにハゲマシ合って合格した。
8 発表会で失敗し自信がユライでいる。
9 ヤシの木の実が波にタダヨッテいる。
10 過保護は精神的な成長をサマタゲる。

すぐにチェック!! 練習問題②

## 対義語・類義語

次の□のひらがなを対義語（↕）、類義語（＝）になるよう漢字一字を記せ。

目標時間 7 分

月　日　/14

解答→別冊 P.17

1 放浪 ＝ □《ひょう》泊
2 降参 ＝ 屈□《ぷく》
3 創造 ↕ 模□《ほう》
4 豊富 ↕ 欠□《ぼう》
5 収縮 ↕ □《ぼう》張
6 夢中 ＝ □《ぼっ》頭
7 興隆 ↕ □《めつ》亡
8 解放 ＝ 放□《めん》
9 促《そく》進 ↕ □《よく》制
10 魅惑 ＝ 魅□《りょう》
11 鼓舞 ＝ 激□《れい》
12 統合 ↕ 分□《れつ》
13 安価 ＝ □《れん》価
14 節約 ↕ □《ろう》費

すぐにチェック!!
練習問題③

## 誤字訂正

次の各文にまちがって使われている**同じ読みの漢字**が**一字**ある。**上に誤字を、下に正しい漢字**を記せ。

目標時間 3 分

月　日　/6

解答 → 別冊 P.17

1 テレビで紹介されたことにより需要が陪増し、店頭から商品が消えてしまった。 □ □

2 森林を維持するためには茂りすぎることを避けるための間抜が必要だ。 □ □

3 地方の有力者の墓とされている古噴の発掘作業の許可はなかなか下りなかった。 □ □

4 不注意により車の通行を防害した罪で簡易裁判所に呼び出された。 □ □

5 ロケット開発に対する未力的な資金援助の提案に皆浮き足立った。 □ □

6 中庭の周囲に巡らされた回郎で絹を引き裂くような悲鳴が上がった。 □ □

---

すぐにチェック!!
練習問題④

## 四字熟語

次の□の**カタカナ**に従って、**漢字一字**を記せ。

目標時間 7 分

月　日　/14

解答 → 別冊 P.17

1 順風満□（パン）

2 雌□（フク）雄飛

3 滅私□（ホウ）公

4 四海同□（ホウ）

5 暖衣□（ホウ）食

6 天衣無□（ホウ）

7 神出鬼□（ボツ）

8 □（メン）許皆伝

9 深山□（ユウ）谷

10 一喜一□（ユウ）

11 奮□（レイ）努力

12 四分五□（レツ）

13 清□（レン）潔白

14 砂上□（ロウ）閣

第2章

# 実力チェック!! 本試験型テスト

合格は140点以上。
まちがえたところは
別冊の解答・解説で
しっかり復習しよう!

実力チェック!!

# 本試験型テスト 第1回

140点以上で合格!

制限時間 60分

月　日

/200

解答 → 別冊 P.18・19

## 一

次の――線の**漢字の読み**を**ひらがな**で記せ。

1点×30問　/30

1 銀行でドルを**邦貨**に換える。（　　）
2 職権**濫用**を非難する。（　　）
3 古くなった**鐘楼**を再建した。（　　）
4 **炎天**下での作業はなるべく避ける。（　　）
5 パン屋で食パンを**一斤**買う。（　　）
6 神の**啓示**を聞いたように思う。（　　）
7 党の**綱領**を見直すべきだ。（　　）
8 葉の裏にたくさん**気孔**がある。（　　）
9 ルーペで雪の**結晶**を観察する。（　　）
10 今年も調査**捕鯨**を続ける。（　　）
11 近所で開催された**菊花**展を見てきた。（　　）
12 親友は**硬骨**の士として知られている。（　　）
13 **同胞**を見殺しにできない。（　　）

## 二

次の――線の**カタカナ**にあてはまる漢字をそれぞれの**ア～オ**から**一つ**選び、**記号**を記せ。

2点×15問　/30

1 愛児を抱**ヨウ**する。
2 舞**ヨウ**を習う。
3 そちらの**ヨウ**子を知らせてほしい。

（ア 溶　イ 踊　ウ 用　エ 擁　オ 様）

| 1 | 2 | 3 |
|---|---|---|
| | | |

4 大臣は引**セキ**辞任した。
5 卒業生たちは**セキ**別の情を抱いた。
6 犯人を追**セキ**する。

（ア 惜　イ 隻　ウ 責　エ 跡　オ 斥）

| 4 | 5 | 6 |
|---|---|---|
| | | |

14 国債の発行残高が増える。
15 国が零細企業を支援する。
16 ご令嬢はお元気ですか。
17 軽騎兵が一気に突撃した。
18 猟師とともに山に入った。
19 転んで擦過傷を負った。
20 湾岸一帯が高波の被害を受けた。
21 辞令により遠い任地に赴く。
22 この意見が大多数を占めた。
23 粘りが勝利につながった。
24 日本一水量の多い滝だ。
25 映画で侍の役を演じる。
26 結び目をしっかりと締め直す。
27 ここは昔から鋳物の町だ。
28 道は桑畑へと続いていた。
29 従業員を何人か雇う。
30 牛の乳を搾る機械を導入する。

7 ソウ儀に参列する。
8 二人はソウ生児だ。
9 乾ソウ注意報が出ている。

（ア 葬　イ 燥　ウ 双　エ 遭　オ 僧）

10 その提案は大タンな発想だ。
11 体をしっかりとタン錬する。
12 この料理はタン白な味付けだ。

（ア 淡　イ 胆　ウ 単　エ 丹　オ 鍛）

13 合格した喜びの余り飛びハねる。
14 ハき気が止まらないため病院へ行く。
15 玄関の前をハく。

（ア 生　イ 映　ウ 吐　エ 跳　オ 掃）

## 三

1〜5の三つの□に**共通する漢字**を入れて熟語を作れ。漢字は**ア〜コ**から**一つ**選び、**記号**で答えよ。

2点×5問　/10

1 学□・国□・本□（　　）

2 □死・冷□・□土（　　）

3 恋□・情□・敬□（　　）

4 □霊・□玄・□谷（　　）

5 □妙・□遅・□言（　　）

ア 冬　イ 慕　ウ 考　エ 凍　オ 暮
カ 巧　キ 籍　ク 憂　ケ 跡　コ 幽

## 五

次の漢字の**部首**を**ア〜エ**から**一つ**選び、**記号**で答えよ。

1点×10問　/10

1 膜〔ア 艹　イ 大　ウ 月　エ 曰〕（　　）

2 癖〔ア 辛　イ 口　ウ 十　エ 疒〕（　　）

3 盗〔ア 欠　イ 人　ウ 皿　エ 冫〕（　　）

4 賊〔ア 貝　イ 十　ウ 丶　エ 戈〕（　　）

5 墨〔ア 黒　イ 土　ウ 田　エ 灬〕（　　）

6 審〔ア 釆　イ 田　ウ 宀　エ 米〕（　　）

7 赦〔ア 赤　イ 廾　ウ 土　エ 攵〕（　　）

8 膨〔ア 彡　イ 月　ウ 士　エ 口〕（　　）

9 喫〔ア 大　イ 刀　ウ 口　エ 丿〕（　　）

10 執〔ア 土　イ 辛　ウ 羊　エ 丶〕（　　）

## 四

**熟語の構成**のしかたには次のようなものがある。

ア 同じような意味の漢字を重ねたもの（永久）
イ 反対または対応の意味を表す字を重ねたもの（苦楽）
ウ 上の字が下の字を修飾しているもの（美人）
エ 下の字が上の字の目的語・補語になっているもの（点火）
オ 上の字が下の字の意味を打ち消しているもの（不足）

次の熟語は右の**ア～オ**のどれにあたるか、**一つ**選び、**記号**で答えよ。

2点×10問 /20

1 取捨（　）
2 予知（　）
3 無冠（　）
4 未熟（　）
5 棄却（　）
6 昇天（　）
7 縦横（　）
8 倹約（　）
9 悪役（　）
10 減税（　）

## 六

後の□内のひらがなを漢字に直して□に入れ、**対義語・類義語**を作れ。□内のひらがなは一度だけ使い、**一字記入**せよ。

2点×10問 /20

**対義語**

1 歓喜－悲□
2 付加－削□
3 開放－□鎖
4 慢性－□性
5 廉価－□価

**類義語**

6 許諾－□知
7 有数－屈□
8 思慮－□別
9 道楽－趣□
10 外見－体□

あい　きゅう　こう　さい　し
じょ　しょう　ふん　へい　み

## 七

次の――線のカタカナを漢字一字と送りがな(ひらがな)に直せ。

〔例〕 家をタテル ⬇ 建てる

10

2点×5問

1 長い髪の毛をユワエル。

2 友人の努力にムクイル。

3 税金をオサメル。

4 悲しみをヤワラゲル方法がない。

5 ワザワイを振り払う。

| 1 | 2 | 3 | 4 | 5 |
|---|---|---|---|---|
| | | | | |

## 八

文中の四字熟語の――線のカタカナを漢字に直せ。

20

2点×10問

1 姉はヨウシ端麗だ。

2 シュウギ一決の結論だ。

3 タントウ直入に話をする。

4 メンモク躍如の活躍となった。

5 計画がジュンプウ満帆に進む。

| 1 | 2 | 3 | 4 | 5 |
|---|---|---|---|---|
| | | | | |

## 十

次の――線のカタカナを漢字に直せ。

40

2点×20問

1 腹部がボウマンして苦しい。

2 機密事項をヒトクする。

3 自分の意志でトウヒョウする。

4 手紙をユウビンポストに入れる。

5 五人ずつのハンに分ける。

6 この村はヨウサン業が盛んだ。

7 弟はジュンシンな若者だ。

8 数学の中ではキカ学が得意だ。

9 イッカンして強気な態度を示す。

10 ガイトウ者に指示を出す。

| 1 | 2 | 3 | 4 | 5 | 6 | 7 | 8 | 9 | 10 |
|---|---|---|---|---|---|---|---|---|---|
| | | | | | | | | | |

6 昼夜ケンコウで工事を進める。

7 友人は大器バンセイの男だ。

8 得意マンメンの顔をした。

9 半信ハンギの思いだった。

10 立身シュッセを望む。

| | | | | |
|---|---|---|---|---|
| | | | | |

## 九

次の各文にまちがって使われている**同じ読みの漢字**が**一字**ある。**上に誤字**を、**下に正しい漢字**を記せ。

/10

2点×5問

1 これは亡き母の姿を克明に細現した彫刻だ。

2 この薬品は激薬に指定されているので、取り扱いに注意してほしい。

3 深海を探査するには、最新式の潜水操置が必要だ。

4 その現証が霊魂のせいだと聞いても出席者全員が信じなかった。

5 能楽堂が落成した寄念に新曲の作曲を委嘱した。

11 お菓子を入れるウツワを買う。

12 真実は私のムネの内にある。

13 マコトにありがとうございます。

14 町内運動会が雨でノびた。

15 旗がウラ返っている。

16 セナカを見せて走り出した。

17 ご飯をタくのを忘れる。

18 先生の家を一人でタズねた。

19 秋はイネカりの季節だ。

20 家族で白馬ダケに登る。

| | | | | | | | | | |
|---|---|---|---|---|---|---|---|---|---|
| | | | | | | | | | |

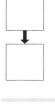

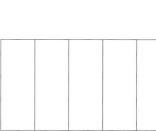

実力チェック!!

# 本試験型テスト 第2回

140点以上で合格!

制限時間 60分

月 日

/200

解答→別冊 P.20・21

## 一

次の――線の**漢字の読み**を**ひらがな**で記せ。

1点×30問 /30

1 **崩御**は天皇の死を敬った言い方だ。

2 **深紅**を基調とした旗を見た。

3 大雨で**土砂**災害が多発した。

4 ここの**納豆**はひと味違う。

5 犯人をやっと**捕縛**した。

6 父は**卓越**した観察眼の持ち主だ。

7 これは**催眠**作用のある薬だ。

8 第二王子を国王に**擁立**する。

9 赤**裸裸**に自分の半生を語った。

10 敵の攻撃から**帝都**を死守する。

11 優れた**陶工**を招いた。

12 他の作品を**模倣**したに違いない。

13 工場の**操業**を早めたい。

## 二

次の――線の**カタカナ**にあてはまる漢字をそれぞれの**ア〜オ**から**一つ**選び、**記号**を記せ。

2点×15問 /30

1 **キ**製品の品質が向上した。

2 ここの習慣では禁**キ**とされている。

3 まるで**キ**術でも見ているようだ。

(ア忌 イ祈 ウ既 エ鬼 オ奇)

4 災害地を**イ**問する。

5 ここは北**イ**四十三度だ。

6 恩師は医学界の権**イ**だ。

(ア胃 イ緯 ウ威 エ位 オ慰)

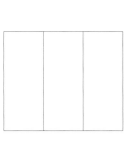

14 その王に平伏するつもりはない。
15 葬送の曲が流れていた。
16 計画をいっそう促進しよう。
17 牧場の柵《さく》が壊れたので修繕する。
18 なかなかおもしろい趣向だ。
19 緩斜面を下って行った。
20 最近、匿名の投書が多い。
21 出番まで別室に控えている。
22 多忙な時間を割いていただいた。
23 布を正確に裁つ。
24 雨の滴が落ちる。
25 恨めしそうな目で見ている。
26 心から和んだ表情だった。
27 まるで幻のような光景だ。
28 思わず天を仰いだ。
29 突然背後から殴られた。
30 景観が著しく損なわれた。



7 金カイが盗まれた。
8 母のカイ護に明け暮れた。
9 地震で家が倒カイした。
（ア 壊　イ 怪　ウ 皆　エ 介　オ 塊）

10 師ショウから破門を告げられた。
11 全土をショウ中に収めた。
12 ショウ細は後日お知らせします。
（ア 称　イ 匠　ウ 詳　エ 掌　オ 召）

13 道端にクちた大木が倒れていた。
14 日がクれる前に帰宅する。
15 準備不足をクやむ。
（ア 朽　イ 悔　ウ 組　エ 暮　オ 繰）

## 三

1～5の三つの□に**共通する漢字**を入れて熟語を作れ。漢字は**ア～コ**から**一つ**選び、**記号**で答えよ。

/10
2点×5問

1 □突・折□・□撃（　　）

2 □数・□像・□発（　　）

3 □学・□実・□志（　　）

4 □惑・勧□・□発（　　）

5 応□・□集・□金（　　）

ア 優　イ 篤　ウ 暮　エ 衝　オ 遇
カ 募　キ 偶　ク 徳　ケ 将　コ 誘

## 五

次の漢字の**部首**を**ア～エ**から**一つ**選び、**記号**で答えよ。

/10
1点×10問

1 克〔ア 口　イ 十　ウ 儿　エ 一〕（　　）

2 魔〔ア 鬼　イ 木　ウ 广　エ 厶〕（　　）

3 婆〔ア 女　イ 又　ウ 皮　エ 氵〕（　　）

4 蛮〔ア 亠　イ 八　ウ 虫　エ 丶〕（　　）

5 絞〔ア 糸　イ 八　ウ 父　エ 亠〕（　　）

6 弧〔ア ノ　イ 弓　ウ 瓜　エ 爪〕（　　）

7 怠〔ア 厶　イ 丶　ウ 心　エ 口〕（　　）

8 蓄〔ア 田　イ 艹　ウ 亠　エ 玄〕（　　）

9 徴〔ア 山　イ 彳　ウ 攵　エ 行〕（　　）

10 隷〔ア 士　イ 亅　ウ 示　エ 隶〕（　　）

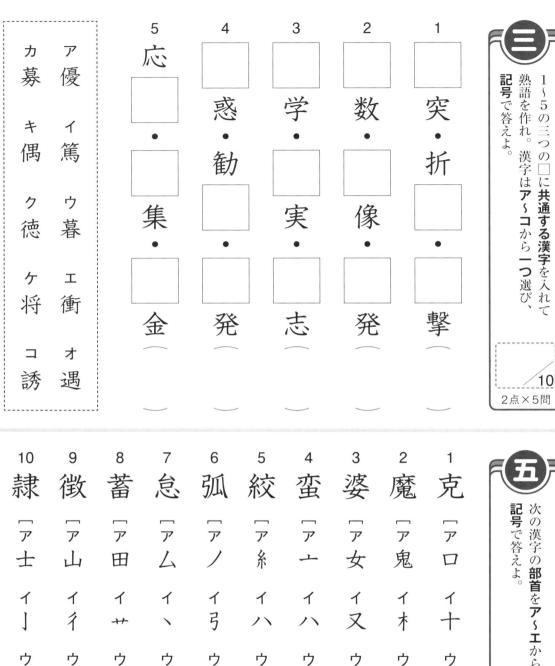

## 四

**熟語の構成**のしかたには次のようなものがある。

ア 同じような意味の漢字を重ねたもの（永久）
イ 反対または対応の意味を表す字を重ねたもの（苦楽）
ウ 上の字が下の字を修飾しているもの（美人）
エ 下の字が上の字の目的語・補語になっているもの（点火）
オ 上の字が下の字の意味を打ち消しているもの（不足）

次の熟語は右の**ア**～**オ**のどれにあたるか、**一つ**選び、**記号**で答えよ。

/20　2点×10問

1 不遇（　）
2 清潔（　）
3 賞罰（　）
4 尽力（　）
5 愛憎（　）
6 暖流（　）
7 霊魂（　）
8 遭難（　）
9 激突（　）
10 無粋（　）

## 六

後の□内のひらがなを漢字に直して□に入れ、**対義語・類義語**を作れ。□内のひらがなは一度だけ使い、**一字記入**せよ。

/20　2点×10問

対義語

1 邪道—□道
2 冷静—□乱
3 鋭角—□角
4 恒星—□星
5 低俗—□雅

類義語

6 休憩—休□
7 横着—不□
8 皆無—□無
9 勇猛—□敢
10 落胆—失□

かこうさくしょうせい
ぜつそくどんぼうゆう

## 七

次の——線のカタカナを漢字一字と送りがな(ひらがな)に直せ。

2点×5問　/10

[例] 家をタテル ➡ 建てる

1 遠い国をオトズレル。
2 選手の実力をタメス。
3 きみに心からアヤマリたい。
4 キビシイ指導を受ける。
5 今日の自分の行いをカエリミル。

| 1 | 2 | 3 | 4 | 5 |
|---|---|---|---|---|
| | | | | |

## 八

文中の四字熟語の——線のカタカナを漢字に直せ。

2点×10問　/20

1 キュウテン直下の決着をみた。
2 後輩の話はビジ麗句ばかりだ。
3 ゴクアク非道なふるまい。
4 イキ消沈の面持ちだ。
5 ジコ矛盾に苦しむ。

| 1 | 2 | 3 | 4 | 5 |
|---|---|---|---|---|
| | | | | |

## 十

次の——線のカタカナを漢字に直せ。

2点×20問　/40

1 生活がカイゼンされた。
2 ランボウな態度を注意された。
3 メンバーのイチラン表を作る。
4 よくスイリ小説を読む。
5 工事がエンキされた。
6 マイキョにいとまがない。
7 家族でキリスト教をシンコウしている。
8 キシドウと武士道を比較する。
9 神のケイジを受けた。
10 田舎にはゴラクが少ない。

| 1 | 2 | 3 | 4 | 5 | 6 | 7 | 8 | 9 | 10 |
|---|---|---|---|---|---|---|---|---|---|
| | | | | | | | | | |

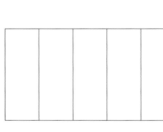

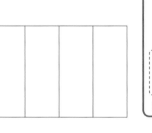

6 **感慨ムリョウ**の出来事だった。

7 **一騎トウセン**の戦士を集めた。

8 **故事ライレキ**を調べる。

9 **流言ヒゴ**に惑わされてはいけない。

10 **衣冠ソクタイ**とは無縁の立場だ。

| | | | | |
|---|---|---|---|---|
| | | | | |

## 九

次の各文にまちがって使われている**同じ読みの漢字**が**一字**ある。**上に誤字**を、**下に正しい漢字**を記せ。

10

2点×5問

1 友人の微笑は魅力的で、周位の人の心に強い印象を残す。

2 競合相手はさまざまな手断を使って妨害の策略を巡らせてきた。

3 不戦条約の締結に至るには、幾多の混難が立ちはだかっている。

4 列車の軌道上に物を置くのは、大変忌険な行為である。

5 今回の戦争では、万単位の犠牲者が出る可脳性がある。

11 殺人罪の被告人を**サバ**く。

12 ご注文を**ウケタマワ**ります。

13 まぶたをそっと**ト**じた。

14 **カイコ**をたくさん飼っている。

15 **ウミゾ**いの道を歩いた。

16 もっと食料が**イ**る。

17 仲間のだれかが**ヒ**め事を漏らした。

18 **カタトキ**も忘れられない。

19 **サカグラ**が建ち並ぶ町を観光する。

20 息子を**カタグルマ**して歩く。

| | | | | | | | | | |
|---|---|---|---|---|---|---|---|---|---|
| | | | | | | | | | |

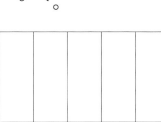

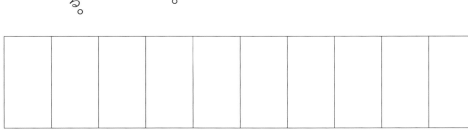

実力チェック!!

# 本試験型テスト 第3回

140点以上で合格!

制限時間 60分

月 日

/200

解答 → 別冊 P.22・23

## 一

次の——線の**漢字の読み**を**ひらがな**で記せ。

/30

1点×30問

1 裁判官に助命を**哀願**した。

2 **悔恨**の念を抱く。

3 ひどい**酔態**を見せてしまった。

4 新聞社の地方**駐在**員になる。

5 **排撃**運動を展開する。

6 胃液の**分泌**がよくない。

7 両社は**契約**を交わした。

8 **痛惜**の情がわいてくる。

9 液体中でなにか**凝結**している。

10 祖父は町一番の**素封家**といわれた。

11 念のため**尿**検査をしておく。

12 弟は**冗談**ばかり言っている。

13 沖を**帆船**が進んでいる。

## 二

次の——線の**カタカナ**にあてはまる漢字をそれぞれの**ア～オ**から**一つ**選び、**記号**を記せ。

/30

2点×15問

1 せっかくの貯金を**ロウ**費した。

2 寺には回**ロウ**が巡らされていた。

3 火事の原因は**ロウ**電だった。

(ア 桜　イ 漏　ウ 浪　エ 廊　オ 郎)

4 二人の話はぴったりと**フ**合した。

5 恐**フ**に身が縮む思いがした。

6 父は**フ**任先で病没した。

(ア 符　イ 普　ウ 赴　エ 膚　オ 怖)

14 虚無主義は非生産的だ。
15 栄養をバランスよく摂取する。
16 今年は陶器市へ行ってみよう。
17 この草は湿潤なところに生える。
18 官房長官の話を聞いた。
19 それは当家の恥辱となる。
20 尾根筋から滑落した。
21 味は意外に辛くなかった。
22 いつまでも魂が休まらない。
23 悲痛な思いを抑えていた。
24 遠大な計画を企てる。
25 交通事故の被害者遺族を慰める。
26 近所にある神社の境内を掃き清める。
27 施すことが果たして正しいか考える。
28 すさまじい炎が上がった。
29 自分の行いを顧みよ。
30 ようやく仕事を請ける気になる。



7 ようやく頂上にトウ達した。
8 自転車に乗っていて転トウした。
9 雑トウの中を歩くのは疲れる。
（ア 踏　イ 到　ウ 塔　エ 倒　オ 透）

10 あまりにも矛ジュンした考えだ。
11 学園祭のジュン備に追われた一日だった。
12 全員が規則をジュン守した。
（ア 純　イ 準　ウ 盾　エ 旬　オ 遵）

13 タイムカプセルを校庭にウめた。
14 下ウけの会社に仕事を依頼する。
15 よくウれたリンゴを食べる。
（ア 請　イ 産　ウ 得　エ 熟　オ 埋）

## 三

1〜5の三つの□に**共通する漢字**を入れて熟語を作れ。漢字は**ア〜コ**から**一つ**選び、**記号**で答えよ。

2点×5問　／10

1 □児・独□・□立（　）

2 盗□・□覚・□衆（　）

3 採□・殺□・討□（　）

4 情□・思□・追□（　）

5 □眼・□馬・□身（　）

| | |
|---|---|
| ア 慕 | カ 調 |
| イ 罰 | キ 孤 |
| ウ 募 | ク 弧 |
| エ 聴 | ケ 良 |
| オ 裸 | コ 伐 |

## 五

次の漢字の**部首**を**ア〜エ**から**一つ**選び、**記号**で答えよ。

1点×10問　／10

1 冠 〔ア 寸　イ 儿　ウ 冖　エ 二〕（　）

2 酵 〔ア 耂　イ 酉　ウ 子　エ ノ〕（　）

3 棄 〔ア 木　イ 十　ウ 厶　エ 亠〕（　）

4 郭 〔ア 子　イ 阝　ウ 亠　エ 口〕（　）

5 窓 〔ア 宀　イ 穴　ウ 厶　エ 心〕（　）

6 殴 〔ア 匚　イ 几　ウ 又　エ 殳〕（　）

7 陶 〔ア 勹　イ 缶　ウ 山　エ 阝〕（　）

8 超 〔ア 刀　イ 土　ウ 口　エ 走〕（　）

9 穫 〔ア 艹　イ 隹　ウ 又　エ 禾〕（　）

10 卸 〔ア 止　イ 卩　ウ 丨　エ 二〕（　）

## 四

**熟語の構成**のしかたには次のようなものがある。

ア 同じような意味の漢字を重ねたもの（永久）
イ 反対または対応の意味を表す字を重ねたもの（苦楽）
ウ 上の字が下の字を修飾しているもの（美人）
エ 下の字が上の字の目的語・補語になっているもの（点火）
オ 上の字が下の字の意味を打ち消しているもの（不足）

次の熟語は右の**ア**～**オ**のどれにあたるか、**一つ**選び、**記号**で答えよ。

/20
2点×10問

1 巧妙（　）
2 疾走（　）
3 未遂（　）
4 点滅（　）
5 非才（　）
6 乾湿（　）
7 鶏卵（　）
8 携帯（　）
9 渡欧（　）
10 登壇（　）

## 六

後の□内のひらがなを漢字に直して□に入れ、**対義語**・**類義語**を作れ。□内のひらがなは一度だけ使い、**一字記入**せよ。

/20
2点×10問

**対義語**

1 沈下―隆□
2 損失―利□
3 敏腕―無□
4 丁重―粗□
5 怠慢―□勉

**類義語**

6 結末―終□
7 期待―嘱□
8 無比―抜□
9 近隣―隣□
10 安値―廉□

えき　か　き　きん　ぐん
せつ　のう　ぼう　まく　りゃく

## 七

次の——線の**カタカナ**を**漢字一字**と**送りがな（ひらがな）**に直せ。

［例］家を**タテル**⬇**建てる**

1 タオルを温かく**ムラス**。
2 英語のヒアリングは**ムズカシイ**。
3 マラソンで体を**キタエル**。
4 **アタタカイ**部屋でうたた寝していた。
5 その話に胸を**イタメル**。

/10
2点×5問

## 八

文中の四字熟語の——線の**カタカナ**を**漢字**に直せ。

1 **キュウタイ**依然とした社風だ。
2 今年は**ホウネン**満作だ。
3 姉は**タジョウ**多感な女性だ。
4 現代の**チクリン**七賢と呼ばれた。
5 私の学問は**ヒソウ**浅薄と卑下する。

/20
2点×10問

## 十

次の——線の**カタカナ**を**漢字**に直せ。

1 **モゾウ**品を買ってしまった。
2 **サンセイ**雨が降るようになった。
3 衰えた文化を**フッコウ**する。
4 教師に対して**ギネン**をいだく。
5 **ソンダイ**な態度を改める。
6 **ゲンカン**に花を飾る。
7 運動会で**コテキタイ**が実施された。
8 **キップ**を買って電車に乗る。
9 国は**ホウジン**救出のために動いた。
10 他人の**モホウ**ばかりしていてはだめだ。

/40
2点×20問

6 胆大シンショウに事を運ぶ。

7 兄は漫言ホウゴしていた。

8 臨機オウヘンに対処する。

9 友人は自縄ジバクにおちいった。

10 平身テイトウして謝る。

## 九

次の各文にまちがって使われている**同じ読みの漢字**が**一字**ある。**上に誤字**を、**下に正しい漢字**を記せ。

/10

2点×5問

1 この家の礼嬢は絶世の美人と周囲の人の評判になっている。

2 我が家の家係は何代にも渡って東京の下町に住んでいる。

3 遠い課去の記憶に浸り人生の感慨にふけっていた。

4 真夏の侵夜にはテレビ各局で怪談の番組を放送している。

5 多数の企業が練携して新製品の開発に取り組む。

11 失敗を取りツクロう。

12 問題解決にコシを入れて取り組む。

13 ユクエ知れずとなった。

14 ナダレに巻き込まれる。

15 空がベニイロに染まる。

16 気のスむまで映画を見た。

17 三人の娘をサズかる。

18 キズあとがめだっている。

19 じゃ口から水がタれている。

20 ワり切れない思いがする。

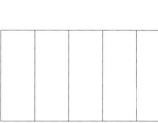

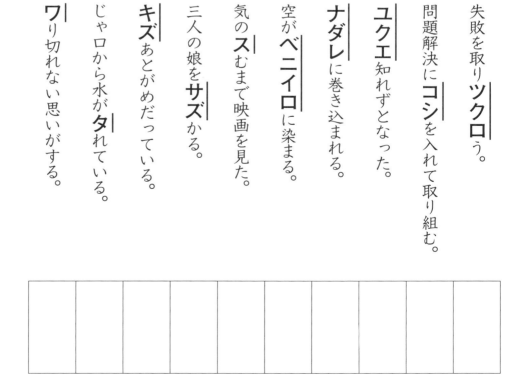

実力チェック!!

# 本試験型テスト 第4回

140点以上で合格!

制限時間 60分

月　日

/200

解答→別冊 P.24・25

## 一

次の――線の**漢字の読み**を**ひらがな**で記せ。

/30

1点×30問

1 心のなかは**空虚**だった。（　　）

2 **窒素**は空気の主要成分だ。（　　）

3 **鍛錬**の成果が出てきた。（　　）

4 平和憲法を**擁護**する。（　　）

5 道路で**酔漢**が寝込んでいる。（　　）

6 首相の**施政**方針演説を聞く。（　　）

7 時代**錯誤**もはなはだしい。（　　）

8 私は**克己**心が足りない。（　　）

9 **倹約**に努める。（　　）

10 **辛酸**をなめる思いだった。（　　）

11 **双胴**船型のフェリーに乗る。（　　）

12 浄《じょう》財を募って寺の鐘を**鋳造**する。（　　）

13 犯人はまだ**逮捕**されていない。（　　）

## 二

次の――線の**カタカナ**にあてはまる漢字をそれぞれの**ア～オ**から**一つ**選び、**記号**を記せ。

/30

2点×15問

1 ロシアの永久**トウ**土地帯を行く。

2 **トウ**芸家の個展が開かれる。

3 水**トウ**の予防接種をする。

（**ア** 盗　**イ** 凍　**ウ** 痘　**エ** 倒　**オ** 陶）

| 1 | 2 | 3 |
|---|---|---|
| | | |

4 道路の混雑が**カン**和された。

5 国会で証人**カン**問が行われた。

6 大きく窓を開けて**カン**気する。

（**ア** 喚　**イ** 貫　**ウ** 換　**エ** 緩　**オ** 勘）

| 4 | 5 | 6 |
|---|---|---|
| | | |

14 夜空に**北斗**七星が並んでいる。（　　）
15 **先帝**のお人柄をしのぶ。（　　）
16 打率は二割八分**二厘**だ。（　　）
17 山の木々が**濫伐**された。（　　）
18 風化のため**碑文**が読めない。（　　）
19 汚職の**排撃**運動が起こる。（　　）
20 キノコは**胞子**を使って繁殖を行う。（　　）
21 そろそろ**苗代**を作る時期だ。（　　）
22 兄は**婿**養子に入った。（　　）
23 若いが**頼**りになる男だ。（　　）
24 議長が議事進行を**促**した。（　　）
25 自信が**揺**らいだ。（　　）
26 **元請**け会社が代金を支払う。（　　）
27 荷物のひもを固く**縛**った。（　　）
28 その場をなんとか取り**繕**った。（　　）
29 布を清水で**湿**して額に当てた。（　　）
30 趣向を**凝**らした料理だ。（　　）

## 4 本試験型

7 **リョウ**師が身構えている。
8 途上国に食**リョウ**を援助する。
9 回復には長期**リョウ**養が必要だ。

（ア 糧　イ 療　ウ 陵　エ 猟　オ 良）

| 7 | 8 | 9 |
|---|---|---|
| | | |

10 **コウ**質な材料を使う。
11 この模型は精**コウ**なつくりだ。
12 規則の大**コウ**と細目を整理する。

（ア 香　イ 巧　ウ 更　エ 綱　オ 硬）

| 10 | 11 | 12 |
|---|---|---|
| | | |

13 なんとなく**オ**い目を感じる。
14 選手の引退を**オ**しむ。
15 友人の**オ**い立ちは幸せではなかった。

（ア 生　イ 老　ウ 惜　エ 追　オ 負）

| 13 | 14 | 15 |
|---|---|---|
| | | |

## 三

1〜5の三つの□に**共通する漢字**を入れて熟語を作れ。漢字は**ア〜コ**から**一つ**選び、**記号**で答えよ。

/10　2点×5問

1　□人・先□・□学　（　）

2　□装・□炭・□料　（　）

3　自□・□事・□飯　（　）

4　□葬・□蔵・□設　（　）

5　□落・沈□・死□　（　）

ア 鉄　イ 滅　ウ 塗　エ 没　オ 埋
カ 枚　キ 炊　ク 哲　ケ 衰　コ 徒

## 五

次の漢字の**部首**を**ア〜エ**から**一つ**選び、**記号**で答えよ。

/10　1点×10問

1　礎　〔ア 木　イ 石　ウ 口　エ 疋〕　（　）

2　賊　〔ア 十　イ 戈　ウ 貝　エ 弋〕　（　）

3　壇　〔ア 土　イ 口　ウ 一　エ 亠〕　（　）

4　墜　〔ア 阝　イ 豕　ウ 一　エ 土〕　（　）

5　募　〔ア 日　イ 力　ウ 一　エ 艹〕　（　）

6　漂　〔ア 示　イ 氵　ウ 覀　エ 八〕　（　）

7　岳　〔ア 一　イ ノ　ウ 二　エ 山〕　（　）

8　藩　〔ア 氵　イ 田　ウ 釆　エ 艹〕　（　）

9　墨　〔ア 田　イ 土　ウ 灬　エ 黒〕　（　）

10　突　〔ア 宀　イ 夕　ウ 穴　エ 八〕　（　）

## 四

**熟語の構成**のしかたには次のようなものがある。

ア 同じような意味の漢字を重ねたもの（永久）
イ 反対または対応の意味を表す字を重ねたもの（苦楽）
ウ 上の字が下の字を修飾しているもの（美人）
エ 下の字が上の字の目的語・補語になっているもの（点火）
オ 上の字が下の字の意味を打ち消しているもの（不足）

次の熟語は右の**ア〜オ**のどれにあたるか、**一つ**選び、**記号**で答えよ。

/20
2点×10問

1 潜伏（　）
2 無謀（　）
3 棄権（　）
4 未遂（　）
5 昇降（　）

6 粘液（　）
7 伴奏（　）
8 伸縮（　）
9 冠水（　）
10 選択（　）



## 六

後の□内のひらがなを漢字に直して□に入れ、**対義語・類義語**を作れ。□内のひらがなは一度だけ使い、**一字記入**せよ。

/20
2点×10問

**対義語**

1 辞退—□諾
2 増補—削□
3 過激—穏□
4 収縮—□張
5 平和—騒□

**類義語**

6 談判—□衝
7 華美—□手
8 脱落—□漏
9 重態—□篤
10 達成—□遂

い　かん　き　けん　じょ
しょう　せっ　は　ぼう　らん

## 七

次の——線の**カタカナ**を**漢字一字**と**送りがな（ひらがな）**に直せ。

10
2点×5問

〔例〕 家を**タテル** ➡ 建てる

1 気分を**ソコナウ**ことを言う人だ。

2 **ヤサシイ**気持ちで接する。

3 **ホガラカナ**笑顔だった。

4 この畑は**コヤシ**が足りない。

5 危険な状態だったと**ミトメル**。

## 八

文中の四字熟語の——線の**カタカナ**を**漢字**に直せ。

20
2点×10問

1 **セイコウ**雨読の毎日を送る。

2 弟は**ジンシャ**不憂の人である。

3 **ハクシャ**青松の美しい景色を眺める。

4 生活は**コンク**欠乏をきわめた。

5 先生の**コウロン**卓説を拝聴した。

## 十

次の——線の**カタカナ**を**漢字**に直せ。

40
2点×20問

1 営業部の**ボウネン**会をする。

2 **ムガ**夢中で勝利を収める。

3 **シダイ**に寒くなってくる。

4 港の**ゼイカンリ**にとがめられた。

5 **ジョウショウ**を誇るチームを率いる。

6 必要な**コウモク**に記入して提出する。

7 丘の**シャメン**を駆け降りる。

8 **チッソ**は空気の四分の三を占めている。

9 私の祖父は**トクシカ**だったようだ。

10 **ハンセン**に乗って世界一周を行う。

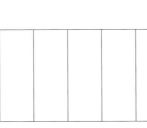

6 和魂ヨウサイを備えた学者だ。

7 いつも他力ホンガンではだめだ。

8 仏の大慈ダイヒを信じる。

9 悪人は無間ジゴクに落ちる。

10 無為ムサクでは勝てない。

## 九

次の各文にまちがって使われている**同じ読みの漢字**が**一字**ある。**上に誤字**を、**下に正しい漢字**を記せ。

10

2点×5問

1 今回の研究の成果は偶然の発見から端生したものだ。

2 仕事で海外へ渡航する必要があるため、伝線病の予防接種を受けた。

3 濃霧に包まれて森林は幻装的な様相に変化していった。

4 この道路は全体的に駐車均止区間となっている。

5 年末は飲酒運転の取り紋まりを強化することとなった。

11 神社でマイを奉納する。

12 神仏に道中の安全をオガむ。

13 母は絹の着物を自分でヌった。

14 まるでお姫様のようなクらしだ。

15 会議室をモウけた。

16 人の物などホしくない。

17 セスジをピンと伸ばす。

18 それはワザワいを招く考えだ。

19 引きシオに流されてしまった。

20 おトモをたくさん連れている。

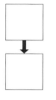

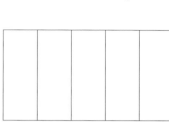

実力チェック!!

# 本試験型テスト 第5回

140点以上で合格!

制限時間 60分

月 日

/200

解答 → 別冊 P.26・27

## 一

次の――線の**漢字の読み**を**ひらがな**で記せ。

/30 1点×30問

1 **波浪**注意報が出ている。（　　）
2 **悔悟**の情が著しい。（　　）
3 それは**鶏卵**より大きかった。（　　）
4 機械の**回転軸**が揺れる。（　　）
5 借金の返済を**催促**される。（　　）
6 屋根の**修繕**を頼まれた。（　　）
7 山の斜面が**崩落**した。（　　）
8 **霊験**あらたかな神社だ。（　　）
9 **魔性**の女とささやかれる。（　　）
10 **覆水**盆に返らず。（　　）
11 **老婆**というには若すぎる。（　　）
12 静かな**湖畔**に宿をとる。（　　）
13 この地方では**畜産**業が盛んだ。（　　）

## 二

次の――線の**カタカナ**にあてはまる漢字をそれぞれの**ア～オ**から**一つ**選び、**記号**を記せ。

/30 2点×15問

1 会社の**エン**会に出席する。
2 落雷で校舎が**エン**上した。
3 被災地へ**エン**助に向かう。

（ア 援　イ 炎　ウ 煙　エ 縁　オ 宴）

4 これに**ガイ**当するものはない。
5 論文の**ガイ**略は理解した。
6 感**ガイ**無量な面持ちだ。

（ア 概　イ 該　ウ 慨　エ 外　オ 害）

14 住民の請願は不採択となった。
15 困難に負けずに遂行した。
16 土地家屋を譲渡する。
17 少し不審な点がある。
18 湿潤な土地柄だ。
19 ようやく暫定政府ができた。
20 今年も稚魚を川へ放流する。
21 大空にたこが揚がる。
22 全身に滝のしぶきを浴びる。
23 桑の木が実をつけた。
24 修学旅行で絞り染めを体験する。
25 脅しには屈しない。
26 こみあげる怒りを抑えた。
27 それは既に決まったことだ。
28 商品を小売り店に卸す。
29 道に大きい土の塊が落ちている。
30 失意の友人を慰めた。

| 14 | 15 | 16 | 17 | 18 | 19 | 20 | 21 | 22 | 23 | 24 | 25 | 26 | 27 | 28 | 29 | 30 |
|---|---|---|---|---|---|---|---|---|---|---|---|---|---|---|---|---|
| | | | | | | | | | | | | | | | | |

7 免罪フにはならない。
8 国民にフ役を課す。
9 恐フで体がこわばった。

（ア 膚　イ 怖　ウ 符　エ 賦　オ 普）

| 7 | 8 | 9 |
|---|---|---|
| | | |

10 ソウ除用具を整理する。
11 船のソウ難信号を受けた。
12 空気が乾ソウしている。

（ア 騒　イ 僧　ウ 掃　エ 燥　オ 遭）

| 10 | 11 | 12 |
|---|---|---|
| | | |

13 荷物を貨車にノせる。
14 寝台列車にノる。
15 身長が急にノびる。

（ア 載　イ 飲　ウ 述　エ 乗　オ 伸）

| 13 | 14 | 15 |
|---|---|---|
| | | |

## 三

1～5の三つの□に**共通する漢字**を入れて熟語を作れ。漢字は**ア～コ**から**一つ**選び、**記号**で答えよ。

／10　2点×5問

1 険□・□止・□害（　　）

2 □導・□発・□致（　　）

3 追□・付□・□行（　　）

4 大□・恩□・容□（　　）

5 □上・□馬・□兵（　　）

ア 随　イ 騎　ウ 優　エ 謝　オ 組

カ 奇　キ 赦　ク 阻　ケ 髄　コ 誘

## 五

次の漢字の**部首**を**ア～エ**から**一つ**選び、**記号**で答えよ。

／10　1点×10問

1 裂〔ア 衣　イ 歹　ウ 刂　エ 夕〕（　　）

2 房〔ア 方　イ 一　ウ 尸　エ 戸〕（　　）

3 奪〔ア 隹　イ 丶　ウ 大　エ 寸〕（　　）

4 辱〔ア 辰　イ 寸　ウ 厂　エ 丶〕（　　）

5 慕〔ア 日　イ 艹　ウ 大　エ ⺗〕（　　）

6 趣〔ア 耳　イ 走　ウ 取　エ 又〕（　　）

7 搾〔ア 穴　イ 扌　ウ 宀　エ ノ〕（　　）

8 某〔ア 甘　イ 山　ウ 木　エ 一〕（　　）

9 雇〔ア 尸　イ 隹　ウ ノ　エ 戸〕（　　）

10 撮〔ア 扌　イ 耳　ウ 又　エ 曰〕（　　）

## 四

**熟語の構成**のしかたには次のようなものがある。

ア 同じような意味の漢字を重ねたもの（永久）
イ 反対または対応の意味を表す字を重ねたもの（苦楽）
ウ 上の字が下の字を修飾しているもの（美人）
エ 下の字が上の字の目的語・補語になっているもの（点火）
オ 上の字が下の字の意味を打ち消しているもの（不足）

次の熟語は右の**ア～オ**のどれにあたるか、**一つ**選び、**記号**で答えよ。

/20
2点×10問

1 膨張（　）
2 辛勝（　）
3 諾否（　）
4 無双（　）
5 粗密（　）
6 野蛮（　）
7 廉売（　）
8 炊飯（　）
9 無謀（　）
10 憂国（　）

## 六

後の□内のひらがなを漢字に直して□に入れ、**対義語・類義語**を作れ。□内のひらがなは一度だけ使い、**一字記入**せよ。

/20
2点×10問

対義語

1 沈降―隆□
2 小心―大□
3 縫合―切□
4 逮捕―釈□
5 豪華―質□

類義語

6 手腕―技□
7 陳列―□示
8 吉報―□報
9 征伐―退□
10 巨木―大□

かい　き　じ　じゅ　そ
たん　てん　ほう　りょう　ろう

## 七

次の――線のカタカナを漢字一字と送りがな(ひらがな)に直せ。

10 2点×5問

[例] 家をタテル ⬇ 建てる

1 暗がりにムレル動物がいる。

2 怖くて身をチヂメル。

3 勉学に多くの時間をツイヤス。

4 世の中の変化がイチジルシイ。

5 フタタビ海外支店へ赴く。

## 八

文中の四字熟語の――線のカタカナを漢字に直せ。

20 2点×10問

1 突然の不運にジボウ自棄になる。

2 長年の疑問がウンサン霧消した。

3 ビジン薄命の一生だった。

4 何を言ってもバジ東風だ。

5 デンコウ石火の早業だ。

## 十

次の――線のカタカナを漢字に直せ。

40 2点×20問

1 大切な客としてユウタイした。

2 もっとカンベンな方法をとろう。

3 病院でノウハを調べる。

4 弟のドクゼツには困ったものだ。

5 切手をシュウシュウしている。

6 小包がユウソウされてきた。

7 国会をショウシュウする。

8 三重県では真珠のヨウショクが盛んだ。

9 職人技のシンズイを教わる。

10 カイゾクの対処に手を焼く。

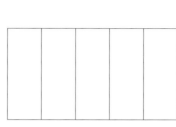

6 **怪力ランシン**の現象が起こった。

7 酒に酔って**前後フカク**になった。

8 **空前ゼツゴ**の出来事だった。

9 この世は**諸行ムジョウ**だ。

10 **危急ソンボウ**のときを迎える。

## 九

次の各文にまちがって使われている**同じ読みの漢字**が**一字**ある。**上に誤字**を、**下に正しい漢字**を記せ。

/10

2点×5問

1 兄は数学と歴史の成績は良いが、その他の分野は苦手だ。

2 各店舗の売り上げの合算を幾度計算しても勘錠が一致しない。

3 自分の悪癖を指摘されてもそれを改繕するには時間が必要だ。

4 所得の低い世替には税額控除の特例が認められている。

5 高熱と複痛のため病院へ行き急性の胆のう炎と言われた。

11 校庭にタイムカプセルを**ウ**める。

12 目を**ト**じて考えた。

13 長年町内会の会長を**ツト**めた。

14 国王が**シロ**を追われた。

15 この病気に**キ**く薬がほしい。

16 長い年月を**ヘ**て完成した。

17 **マナコ**を開いてよく見る。

18 目標の達成を**アヤ**ぶんだ。

19 毛が汚れて**ハイイロ**になった犬を洗う。

20 服の破れたところを**ツクロ**う。

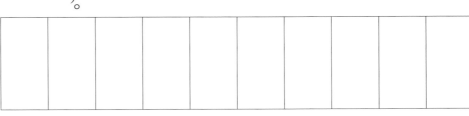

実力チェック!!

# 本試験型テスト 第6回

140点以上で合格!

制限時間 60分

月　日

/200

解答 → 別冊 P.28・29

## 一

次の——線の**漢字の読み**を**ひらがな**で記せ。

/30　1点×30問

1 幼い王子を国王に**擁立**する。
2 時間に**束縛**されるような生活は嫌だ。
3 前代まれに見る**蛮行**と言える。
4 **粘着**性の強い物質だ。
5 床下の**漏水**で家の土台が腐る。
6 サメが**湾内**に入り込んだ。
7 **摂食**障害で体重が減少した。
8 五億円の**負債**を抱えて倒産した。
9 専門委員会に**諮問**するべきだ。
10 罪人の**赦免**は却下された。
11 墓に**塔婆**を立てる。
12 展望台からは遠い沖に**帆船**が見える。
13 **匿名**の投書により不正が明らかとなった。

## 二

次の——線の**カタカナ**にあてはまる漢字をそれぞれの**ア～オ**から**一つ**選び、**記号**を記せ。

/30　2点×15問

1 油断して**キヨ**をつかれる。
2 郊外に**キヨ**を移す。
3 反旗をひるがえす**キヨ**に出た。

（ア 挙　イ 巨　ウ 虚　エ 許　オ 居）

4 **ボウ**財界人のことばだ。
5 冷**ボウ**がまったく効かない。
6 敵の**ボウ**略にてこずった。

（ア 冒　イ 房　ウ 某　エ 謀　オ 防）

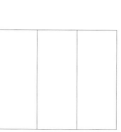

14 愛用している辞書の改訂版が出る。
15 新しい時代の胎動を感じる。
16 考えの違う者を排斥する。
17 占領国に軍隊を駐留させる。
18 愛憎の情が相半ばする。
19 法律の遵守が何よりも大切だ。
20 一時の衝動にかられた行為だ。
21 殊に幼児教育が重要だ。
22 日和見主義は好きではない。
23 すてきな人に恋い焦がれる。
24 愚かなことをしたものだ。
25 戦火の名残が今も感じられる。
26 人を欺く行為だ。
27 父は信念を貫く男だ。
28 遠い異国の地へ嫁いで行った。
29 まるで意気地がない。
30 倒木が列車の運行を妨げた。

7 この二つはキ妙な取り合わせだ。
8 衆院選の投票をキ権するな。
9 数学のなかではキ何学が好きだ。
（ア 鬼　イ 幾　ウ 奇　エ 輝　オ 棄）

10 おいしい雑スイができた。
11 スイ奏楽部に入部する。
12 技術のスイを集めて造る。
（ア 吹　イ 炊　ウ 穂　エ 粋　オ 水）

13 湯飲みの縁がカけている。
14 馬が全力でカけていく。
15 長いはしごをカけてある。
（ア 欠　イ 飼　ウ 買　エ 掛　オ 駆）

## 三

1～5の三つの□に**共通する漢字**を入れて熟語を作れ。漢字は**ア～コ**から**一つ**選び、**記号**で答えよ。

2点×5問　　/10

1　城□・□輪・□外・□（　　）

2　□胆・□要・□臓（　　）

3　□板・□鉄・□州（　　）

4　激□・□行・□精・□（　　）

5　□素・□発・□母（　　）

ア　官　イ　励　ウ　肝　エ　抗　オ　甲

カ　酵　キ　較　ク　礼　ケ　郭　コ　考

## 五

次の漢字の**部首**を**ア～エ**から**一つ**選び、**記号**で答えよ。

1点×10問　　/10

1　髄　［ア　辶　イ　骨　ウ　月　エ　ノ］（　　）

2　餓　［ア　戈　イ　ノ　ウ　𩙿　エ　扌］（　　）

3　朝　［ア　十　イ　月　ウ　日　エ　十］（　　）

4　卓　［ア　ト　イ　曰　ウ　十　エ　一］（　　）

5　衆　［ア　亻　イ　皿　ウ　ノ　エ　血］（　　）

6　祭　［ア　タ　イ　又　ウ　示　エ　小］（　　）

7　顧　［ア　貝　イ　戸　ウ　隹　エ　頁］（　　）

8　欲　［ア　欠　イ　谷　ウ　口　エ　人］（　　）

9　威　［ア　戈　イ　一　ウ　女　エ　弋］（　　）

10　為　［ア　灬　イ　ノ　ウ　丶　エ　勹］（　　）

## 四

**熟語の構成**のしかたには次のようなものがある。

ア 同じような意味の漢字を重ねたもの（永久）
イ 反対または対応の意味を表す字を重ねたもの（苦楽）
ウ 上の字が下の字を修飾しているもの（美人）
エ 下の字が上の字の目的語・補語になっているもの（点火）
オ 上の字が下の字の意味を打ち消しているもの（不足）

次の熟語は右の**ア**～**オ**のどれにあたるか、**一つ**選び、**記号**で答えよ。

/20
2点×10問

1 慨嘆（　）
2 換金（　）
3 墜落（　）
4 魅力（　）
5 無双（　）
6 浮沈（　）
7 吉凶（　）
8 封鎖（　）
9 凍土（　）
10 喫茶（　）

## 六

後の□内のひらがなを漢字に直して□に入れ、**対義語**・**類義語**を作れ。□内のひらがなは一度だけ使い、**一字記入**せよ。

/20
2点×10問

対義語

1 冷遇―□遇
2 発展―□退
3 率先―追□
4 具体―抽□
5 過激―穏□

類義語

6 辛苦―□儀
7 潤沢―□富
8 克明―丹□
9 具申―陳□
10 持参―携□

けん　じゅう　じゅつ　しょう　すい
たい　なん　ねん　ほう　ゆう

## 七

次の――線のカタカナを漢字一字と送りがな（ひらがな）に直せ。

2点×5問　/10

［例］家をタテル ⬇ 建てる

1 ミズカラの意志で決めたことだ。
2 ハゲシイ痛みにおそわれる。
3 どこかに証拠がないかサグル。
4 仏前に花をソナエル。
5 四十年間銀行にツトメル。

## 八

文中の四字熟語の――線のカタカナを漢字に直せ。

2点×10問　/20

1 良いものをシュシャ選択する。
2 フロウ長寿の薬を手に入れる。
3 妹はオンコウ篤実な人物だ。
4 シコウ錯誤の結果完成した。
5 ショセツ紛紛でまとまらない。

## 十

次の――線のカタカナを漢字に直せ。

2点×20問　/40

1 軽油をネンリョウにしている。
2 善意のカタマリのような人だ。
3 トウブンの多いジュースを飲む。
4 モゾウ品を店に置く。
5 ケビョウをつかって学校を休む。
6 工場の設備をカクチョウする。
7 関係者の焦りにハクシャをかける。
8 オウベイの一般市民の生活をまねる。
9 祖母のソウギに参加する。
10 ジョウダンにも程がある。

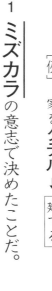

6 器用ビンボウで楽にならない。

7 家族の無病ソクサイを願う。

8 大器バンセイのタイプだ。

9 巧言レイショクで信頼できない。

10 その発言は言語ドウダンだ。

| 10 | 9 | 8 | 7 | 6 |
|---|---|---|---|---|
| | | | | |

## 九

次の各文にまちがって使われている**同じ読みの漢字**が**一字**ある。**上に誤字**を、**下に正しい漢字**を記せ。

/10

2点×5問

1 友人は政治家がきらいで政治の話題になると途端に毒絶になる。

2 二人は、交際から結婚式を上げるまでの話を秘密にしている。

3 一度目の失敗なので署罰は温情により軽微な措置にとどめる。

4 その推理小説では事件解決の伏線は以外なところに張られていた。

5 ネクタイを締め直すと緩んだ精神状態が突前しっかりした。

| 5 | 4 | 3 | 2 | 1 |
|---|---|---|---|---|
| ↓ | ↓ | ↓ | ↓ | ↓ |

11 やせてホネと皮ばかりになった。

12 テサげかばんを母に作ってもらう。

13 いやな胸サワぎがする。

14 ドレスはセナカが大きく開いている。

15 親にサカらって退学した。

16 すてきな色のクチベニを贈る。

17 初めて牛の乳をシボった。

18 こんなことでコマる必要はない。

19 朝ごはんはもうスませた。

20 観光でナイアガラのタキに行く。

| 20 | 19 | 18 | 17 | 16 | 15 | 14 | 13 | 12 | 11 |
|---|---|---|---|---|---|---|---|---|---|
| | | | | | | | | | |

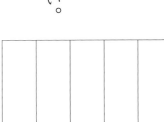

# 実力チェック!! 本試験型テスト 第7回

140点以上で合格!

制限時間60分

月　日

/200

解答 → 別冊 P.30・31

## 一

次の――線の**漢字の読み**を**ひらがな**で記せ。

1点×30問　/30

1 ここは江戸《え》時代の**刑場**の跡だ。（　）
2 面目**躍如**たるものがある。（　）
3 **坑道**が深く続いている。（　）
4 参考資料を**閲覧**する。（　）
5 動物を**濫獲**してはいけない。（　）
6 美しい**軌跡**を描いて飛ぶ。（　）
7 注文した料理は**乙**な味がした。（　）
8 夕食の**支度**をする。（　）
9 毎日家計の**出納**帳をつける。（　）
10 必ず上司に**歳暮**の品を送る。（　）
11 新進気鋭の**棋士**の取材を行う。（　）
12 村の**鎮守**の森でかくれんぼをして遊ぶ。（　）
13 **藩校**に使われた建物を文化財に指定する。（　）

## 二

次の――線の**カタカナ**にあてはまる漢字をそれぞれの**ア〜オ**から**一つ**選び、**記号**を記せ。

2点×15問　/30

1 両者の話し合いを仲**カイ**する。
2 大量の金**カイ**を保管する。
3 背く者は**カイ**無だった。

（ア 皆　イ 会　ウ 塊　エ 介　オ 壊）

4 新たな勤務地へ**フ**任する。
5 金属が**フ**食した。
6 日光から皮**フ**を守る。

（ア 付　イ 腐　ウ 赴　エ 膚　オ 不）

14 勘にばかり頼ってはいけない。
15 それまでのやり方を墨守する。
16 娯楽ひとつない集落に来た。
17 数字を概算で教えてほしい。
18 これは窒素肥料の一種だ。
19 牛乳を温めると薄い膜ができる。
20 精巧なからくり人形だ。
21 姉は社交界の華だ。
22 大変な事件に遭ったものだ。
23 どこかから秘密が漏れた。
24 このこぎりは目が粗い。
25 二万人を超す観客がつめかけた。
26 座敷をきれいに掃く。
27 ひざが擦れて痛い。
28 ひどい吹雪のなかを出発した。
29 五月雨が降り続いている。
30 息子に普通為替で現金を送る。

7 かつて奴レイ制度があった。
8 レイ細企業に勤めている。
9 端レイな顔立ちの人だ。
（ア 礼　イ 麗　ウ 隷　エ 齢　オ 零）

10 ヒ告を弁護する。
11 記念ヒを建てる。
12 台風が来たのでヒ難する。
（ア 被　イ 非　ウ 疲　エ 碑　オ 避）

13 負傷者に力け寄る。
14 公園のベンチに腰力ける。
15 家の名義を書き力える。
（ア 掛　イ 換　ウ 枯　エ 刈　オ 駆）

## 三

1～5の三つの□に**共通する漢字**を入れて熟語を作れ。漢字は**ア～コ**から**一つ**選び、**記号**で答えよ。

2点×5問 /10

1 □泊・□着・□流（　）

2 名□・□帳・□記（　）

3 □衆・□覚・□視（　）

4 □発・□拝・□示（　）

5 □面・□水・□転（　）

| | | | | |
|---|---|---|---|---|
| ア 簿 | イ 調 | ウ 副 | エ 啓 | オ 評 |
| カ 敬 | キ 漂 | ク 募 | ケ 聴 | コ 覆 |

## 五

次の漢字の**部首**を**ア～エ**から**一つ**選び、**記号**で答えよ。

1点×10問 /10

1 寿［ア ノ　イ 一　ウ 二　エ 寸］（　）

2 膨［ア 彡　イ 口　ウ 士　エ 月］（　）

3 符［ア 亻　イ 寸　ウ ⺮　エ 丶］（　）

4 畜［ア 玄　イ 亠　ウ 幺　エ 田］（　）

5 酔［ア 乙　イ 酉　ウ 十　エ ノ］（　）

6 撮［ア 扌　イ 曰　ウ 耳　エ 又］（　）

7 獄［ア 犬　イ 言　ウ 犭　エ 大］（　）

8 兼［ア 一　イ 八　ウ 廾　エ 丨］（　）

9 髪［ア 彡　イ 長　ウ 友　エ 髟］（　）

10 麦［ア 夂　イ 土　ウ 麦　エ 夕］（　）

## 四

**熟語の構成**のしかたには次のようなものがある。

ア 同じような意味の漢字を重ねたもの（永久）
イ 反対または対応の意味を表す字を重ねたもの（苦楽）
ウ 上の字が下の字を修飾しているもの（美人）
エ 下の字が上の字の目的語・補語になっているもの（点火）
オ 上の字が下の字の意味を打ち消しているもの（不足）

次の熟語は右の**ア**～**オ**のどれにあたるか、**一つ**選び、**記号**で答えよ。

／20
2点×10問

1 蛮行（　）
2 乾燥（　）
3 翻意（　）
4 伸縮（　）
5 無冠（　）
6 膨張（　）
7 喫茶（　）
8 盛衰（　）
9 未遂（　）
10 裸眼（　）

## 六

後の□内のひらがなを漢字に直して□に入れ、**対義語**・**類義語**を作れ。□内のひらがなは一度だけ使い、**一字記入**せよ。

／20
2点×10問

**対義語**

1 分裂―□一
2 徴収―□入
3 衰亡―□隆
4 即位―□位
5 違反―□守

**類義語**

6 守備―□御
7 敢闘―奮□
8 没頭―□中
9 困苦―辛□
10 未熟―□稚

こう　さん　じゅん　せん　たい
とう　ねっ　のう　ぼう　よう

## 七

次の――線の**カタカナ**を**漢字一字**と**送りがな（ひらがな）**に直せ。

2点×5問　／10

［例］家を**タテル**→建てる

1 上手に人形を**アヤツル**。

2 人を**ウタガウ**ような目つきだ。

3 **アヤウイ**ところで助かった。

4 しばらくご飯を**ムラス**。

5 母は兄に対して**キビシイ**。

| 1 | 2 | 3 | 4 | 5 |
|---|---|---|---|---|
| | | | | |

## 八

文中の四字熟語の――線の**カタカナ**を**漢字**に直せ。

2点×10問　／20

1 むだな**オクジョウ**架屋の行為だ。

2 **ジュウオウ**無尽の働きをする。

3 **テンイ**無縫の性格だ。

4 **ゼンジン**未踏の領域を開拓する。

5 天下は**ドウブン**同軌の世となる。

| 1 | 2 | 3 | 4 | 5 |
|---|---|---|---|---|
| | | | | |

## 十

次の――線の**カタカナ**を**漢字**に直せ。

2点×20問　／40

1 **ナンカン**を突破して合格した。

2 **ボウエキ**関係の仕事をしている。

3 病人の**カンゴ**をする。

4 虫が**ジュエキ**を吸っている。

5 地図を**シュクショウ**して使う。

6 姉は日本**ブヨウ**を習っている。

7 敵の**ホウゲキ**により街は滅茶苦茶だ。

8 大豆を**ハッコウ**させて納豆をつくる。

9 **ザンジ**休憩を取ることにする。

10 **ホゲイ**反対国は欧米に多い。

| 1 | 2 | 3 | 4 | 5 | 6 | 7 | 8 | 9 | 10 |
|---|---|---|---|---|---|---|---|---|---|
| | | | | | | | | | |

6 変幻ジザイに形を変える。

7 一日センシュウの思いで待つ。

8 それは奇想テンガイな発想だ。

9 いっそう奮励ドリョクする。

10 本人に単刀チョクニュウにたずねる。

| | | | | |
|---|---|---|---|---|
| | | | | |

## 九

次の各文にまちがって使われている**同じ読みの漢字**が**一字**ある。**上に誤字**を、**下に正しい漢字**を記せ。

/10

2点×5問

1 深夜に虚動不審者が無人の屋敷に侵入した。

2 万天の星の下、聴衆は毎年恒例の野外音楽祭を楽しんだ。

3 第一秘書として社長のお共をし、全国各地を飛び回る毎日だ。

4 厳しい練習の成果を発揮して全力で疾走し、一位で通架した。

5 専門店で豆腐料理のコースを注文したがいささか食べ飽きた。

| | | | | |
|---|---|---|---|---|
| 　↓ | 　↓ | 　↓ | 　↓ | 　↓ |

11 友人から遊びのサソいを受ける。

12 父はイモノ工場を経営している。

13 ホに風を受けて船が進む。

14 大切な皿をワってしまった。

15 すっかりワスれてしまった。

16 ビタミン不足を果物でオギナう。

17 注意深くサガす。

18 文字を書きアヤマる。

19 水面に景色がウツる。

20 海岸にソって歩いた。

| | | | | | | | | | |
|---|---|---|---|---|---|---|---|---|---|
| | | | | | | | | | |

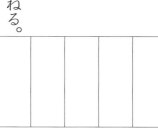

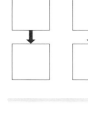

実力チェック!!

# 本試験型テスト 第8回

140点以上で合格!

制限時間 60分

月　日

／200

解答 → 別冊 P.32・33

## 一

次の――線の**漢字の読み**を**ひらがな**で記せ。

／30　1点×30問

1 物語は**佳境**に入った。（　　）
2 その老人は**篤実**な人だった。（　　）
3 **抑揚**をつけて発音する。（　　）
4 少しずつ**膨張**しているようだ。（　　）
5 **峡谷**を過ぎると町があった。（　　）
6 海外の**邦人**の動向が気になる。（　　）
7 **排出**ガスの基準が古すぎる。（　　）
8 当時は**種痘**などなかったのだ。（　　）
9 **欧文**の手紙を受け取った。（　　）
10 上司は**卓抜**した技術の持ち主だ。（　　）
11 巡礼の**御詠歌**が聞こえる。（　　）
12 **債権**の回収に全力をあげる。（　　）
13 島の建物は**監獄**だったという。（　　）

## 二

次の――線の**カタカナ**にあてはまる漢字をそれぞれの**ア～オ**から**一つ**選び、**記号**を記せ。

／30　2点×15問

1 出場選手を激**レイ**する。
2 その国は隣国に**レイ**属している。
3 **レイ**節を教える必要がある。

（**ア** 励　**イ** 令　**ウ** 隷　**エ** 例　**オ** 礼）

| 1 | 2 | 3 |
|---|---|---|
| | | |

4 犯人を**タイ**捕した。
5 代**タイ**施設を用意する。
6 最近、**タイ**児教育が盛んだ。

（**ア** 胎　**イ** 逮　**ウ** 耐　**エ** 替　**オ** 退）

| 4 | 5 | 6 |
|---|---|---|
| | | |

14 台風のため漁船が転覆した。
15 有効成分を凝縮する。
16 条件に該当する物件はない。
17 円をドルに換算する。
18 平和条約を締結する。
19 神主におはらいをしてもらう。
20 寺の境内を遊び場にしていた。
21 妹に哀れみは不要だと言われた。
22 波間になにか漂っている。
23 忘れないように手帳に控える。
24 赤い炎が立ち上った。
25 誘われるままについていった。
26 犯人は被害者の手を固く縛った。
27 これは青銅を鋳て作った刀だ。
28 朝一番の鶏の声がした。
29 海原を渡って白鳥が飛来した。
30 雨で足袋が汚れてしまった。

（　）（　）（　）（　）（　）（　）（　）（　）（　）（　）（　）（　）（　）（　）（　）（　）（　）

7 次の停車駅を車ショウに尋ねる。
8 庭の木の名ショウを調べる。
9 上ショウ気流に乗った。
（ア 召　イ 称　ウ 昇　エ 詳　オ 掌）

| | | |
|---|---|---|
| | | |

10 セン風機を回す。
11 姉のセン星術はよく当たる。
12 セン水士が宝物を引き上げる。
（ア 占　イ 鮮　ウ 船　エ 扇　オ 潜）

| | | |
|---|---|---|
| | | |

13 起伏にトんだ地形を歩く。
14 御来光を写真にトる。
15 薬をお湯にトかして飲む。
（ア 解　イ 溶　ウ 富　エ 撮　オ 遂）

| | | |
|---|---|---|
| | | |

## 三

1〜5の三つの□に**共通する漢字**を入れて熟語を作れ。漢字は**ア〜コ**から**一つ**選び、**記号**で答えよ。

2点×5問　/10

1 出□・□走・□船（　　）
2 □除・清□・一□（　　）
3 □眠・開□・主□（　　）
4 □器・□芸・□工（　　）
5 □失・内□・□争（　　）

ア 般　イ 歳　ウ 紛　エ 掃　オ 陶
カ 騒　キ 帆　ク 頭　ケ 粉　コ 催

## 五

次の漢字の**部首**を**ア〜エ**から**一つ**選び、**記号**で答えよ。

1点×10問　/10

1 膜［ア 艹　イ 日　ウ 月　エ 大］（　　）
2 魅［ア 木　イ 儿　ウ 未　エ 鬼］（　　）
3 競［ア 儿　イ 亠　ウ 立　エ 口］（　　）
4 裸［ア 木　イ 日　ウ 果　エ 衤］（　　）
5 傍［ア 立　イ 方　ウ 冖　エ 亻］（　　）
6 吏［ア ノ　イ 一　ウ 口　エ 人］（　　）
7 慮［ア 心　イ ト　ウ 广　エ 田］（　　）
8 伐［ア 戈　イ 丶　ウ 一　エ 亻］（　　）
9 腐［ア 亻　イ 寸　ウ 肉　エ 广］（　　）
10 蛮［ア 八　イ 虫　ウ 口　エ 亠］（　　）

## 四

**熟語の構成**のしかたには次のようなものがある。

ア 同じような意味の漢字を重ねたもの（永久）
イ 反対または対応の意味を表す字を重ねたもの（苦楽）
ウ 上の字が下の字を修飾しているもの（美人）
エ 下の字が上の字の目的語・補語になっているもの（点火）
オ 上の字が下の字の意味を打ち消しているもの（不足）

次の熟語は右の**ア**～**オ**のどれにあたるか、**一つ**選び、**記号**で答えよ。

/20 2点×10問

1 正邪（　　）
2 遭遇（　　）
3 濃淡（　　）
4 換気（　　）
5 惜敗（　　）
6 鎮火（　　）
7 承諾（　　）
8 珍味（　　）
9 尊卑（　　）
10 無冠（　　）

## 六

後の□内のひらがなを漢字に直して□に入れ、**対義語・類義語**を作れ。□内のひらがなは一度だけ使い、**一字記入**せよ。

/20 2点×10問

**対義語**

1 質素―□美
2 是認―□認
3 虐待―□護
4 相違―□致
5 豪華―□素

**類義語**

6 基盤―根□
7 激賞―絶□
8 加入―加□
9 倹約―□約
10 敢闘―□戦

あい　いっ　か　かん　さん
せつ　てい　ひ　ふん　めい

## 七

次の——線の**カタカナ**を**漢字一字**と**送りがな（ひらがな）**に直せ。

2点×5問　／10

［例］ 家を**タテル**→建てる

1 五人の子を**ヤシナウ**。

2 **ナサケナイ**ことを言う。

3 自分の**アヤマリ**を認める。

4 **ケワシイ**道のりだった。

5 実力を**タメス**チャンスだ。

## 八

文中の四字熟語の——線の**カタカナ**を**漢字**に直せ。

2点×10問　／20

1 父の説明は**シュウシ**一貫している。

2 家のネズミは**シンシュツ**鬼没だ。

3 **フクザツ**怪奇な出来事だった。

4 改革のために**ダイドウ**団結する。

5 **ムイ**無冠の徒となる。

## 十

次の——線の**カタカナ**を**漢字**に直せ。

2点×20問　／40

1 魚を**レイゾウ**庫で保管する。

2 人は肺で**コキュウ**をしている。

3 教科書を**ロウドク**する。

4 心にしみる**エンソウ**が続く。

5 食料を**チョゾウ**する。

6 トンネルを抜け**シカイ**が開ける。

7 **トウミン**から目が覚めたクマが現れた。

8 人前では**ボウシ**を取るべきだ。

9 食事の**カンジョウ**を済ませる。

10 定期的に部屋の**カンキ**をする。

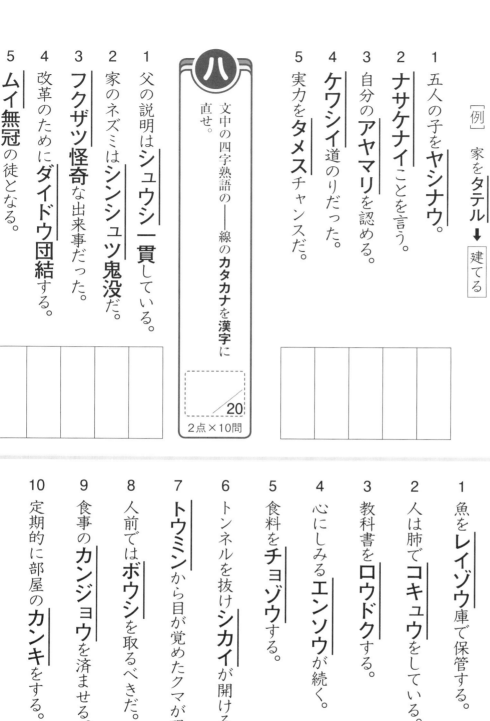

6 緩急ジザイの投球術で試合に勝つ。
7 危機イッパツのきわどい場面だった。
8 宴会で鯨飲バショクして満腹だ。
9 失敗をして意気ショウチンする。
10 二人は肝胆ソウショウの仲だ。

| | | | | |
|---|---|---|---|---|
| | | | | |

## 九

次の各文にまちがって使われている**同じ読みの漢字**が**一字**ある。**上に誤字**を、**下に正しい漢字**を記せ。

/10

2点×5問

1 病院や学校の周移の道路で自動車を運転するときは徐行すること。
2 就職した会社の中で特に尊啓しているのは社長ではなく部長だ。
3 国の強制的な土地の収容に反対して地域住民が測料を妨害した。
4 この国では古来違民族の出入りが激しく固有民族は五割だけだ。
5 我が国と隣国とは政治製度や宗教も異なり絶えず緊張関係にある。

11 同業者にサグりを入れる。
12 気落ちしている弟をナグサめる。
13 遠方から友人がタズねてきた。
14 大きな夢を胸にヒめている。
15 あえて見るだけのネウちはある。
16 オサナいころの思い出がよみがえる。
17 部下が命令にシタガわない。
18 言いワケをするのはやめる。
19 最近、こめダワラを見ない。
20 姉は来年トツぐことに決まった。

| | | | | | | | | | |
|---|---|---|---|---|---|---|---|---|---|
| | | | | | | | | | |

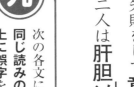

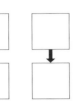

実力チェック!!

# 本試験型テスト 第9回

140点以上で合格!

制限時間 60分

月 日

/200

解答 → 別冊 P.34・35

## 一

次の――線の**漢字の読み**を**ひらがな**で記せ。

/30　1点×30問

1 **喜悦**に満ちた表情を浮かべる。
2 **山岳**地帯を調査する。
3 経費**削減**を図る。
4 乱臣**賊子**を成敗する。
5 師に**仮託**して持論を述べる。
6 財宝を**秘匿**している。
7 **慈母**の思い出がよみがえる。
8 大河の**河畔**を散策する。
9 **暫時**お待ちください。
10 玄関に**忌中**のはり紙がある。
11 **拘置**所に差し入れを持って行く。
12 帰宅途中で**酔漢**に絡《から》まれた。
13 **藩**の財政が改善されない。

## 二

次の――線の**カタカナ**にあてはまる漢字をそれぞれの**ア〜オ**から**一つ**選び、**記号**を記せ。

/30　2点×15問

1 汚染物質を**ハイ**出した。
2 優勝**ハイ**を手にする。
3 有能な人材を**ハイ**出する。

（ア 排　イ 輩　ウ 配　エ 拝　オ 杯）

4 病院で**リョウ**養を続ける。
5 食**リョウ**不足が深刻だ。
6 **リョウ**師がわなを仕掛けた。

（ア 領　イ 良　ウ 猟　エ 療　オ 糧）

14 魚雷が**喫水**線付近に命中した。（　　）
15 **裁縫**のできる人が減っている。（　　）
16 県議会に**請願**書を提出する。（　　）
17 それは**偶発**的な出来事だった。（　　）
18 権利を他人に**譲渡**する。（　　）
19 プライバシーを**暴露**された。（　　）
20 まもなく**夏至**になる。（　　）
21 庭で**竹刀**を振る。（　　）
22 **迷子**になった経験がある。（　　）
23 その**企**てでは不成功に終わった。（　　）
24 今回は**辛**い点をつけられた。（　　）
25 **肝**の据《す》わった男だ。（　　）
26 交通に**滞**りが生じている。（　　）
27 思わず**殴**ってしまった。（　　）
28 まだ**鍛**え方が足りない。（　　）
29 忙しさに**紛**れて忘れた。（　　）
30 目を**凝**らしてよく見る。（　　）

7 あたりに**ホウ**香が漂う。
8 遠くで大**ホウ**の音がする。
9 神社にお酒を**ホウ**納する。
（ア 報　イ 奉　ウ 芳　エ 抱　オ 砲）

| 7 | 8 | 9 |
|---|---|---|
| | | |

10 無人島を**トウ**査する。
11 最高地点に**トウ**達する。
12 種**トウ**は人類を救った。
（ア 踏　イ 当　ウ 到　エ 痘　オ 塔）

| 10 | 11 | 12 |
|---|---|---|
| | | |

13 災いを**サ**けて通る。
14 服のそでが**サ**けた。
15 きれいに花を**サ**かせる。
（ア 避　イ 咲　ウ 割　エ 裂　オ 冷）

| 13 | 14 | 15 |
|---|---|---|
| | | |

## 三

1～5の三つの□に**共通する漢字**を入れて熟語を作れ。漢字は**ア～コ**から**一つ**選び、**記号**で答えよ。

2点×5問　／10

1 手□・□前・□剤（　）

2 □別・□敗・痛□（　）

3 配□・苦□・思□（　）

4 追□・□行・不□（　）

5 □道・□跡・常□（　）

ア 惜　イ 条　ウ 基　エ 随　オ 錠

カ 軌　キ 髄　ク 慮　ケ 跡　コ 旅

## 五

次の漢字の**部首**を**ア～エ**から**一つ**選び、**記号**で答えよ。

1点×10問　／10

1 殊　［ア 木　イ 朱　ウ 歹　エ 夕］（　）

2 擦　［ア 又　イ 扌　ウ 示　エ 宀］（　）

3 掌　［ア 口　イ 手　ウ 冖　エ ⺍］（　）

4 衰　［ア 衣　イ 一　ウ 口　エ 亠］（　）

5 鶏　［ア 鳥　イ 大　ウ 灬　エ 爫］（　）

6 棄　［ア 亠　イ 木　ウ 厶　エ 十］（　）

7 慰　［ア 尸　イ 示　ウ 心　エ 寸］（　）

8 宴　［ア 宀　イ 女　ウ ノ　エ 日］（　）

9 膜　［ア 曰　イ 月　ウ 大　エ 艹］（　）

10 卑　［ア 田　イ 十　ウ ノ　エ 亠］（　）

## 四

**熟語の構成**のしかたには次のようなものがある。

ア 同じような意味の漢字を重ねたもの（永久）
イ 反対または対応の意味を表す字を重ねたもの（苦楽）
ウ 上の字が下の字を修飾しているもの（美人）
エ 下の字が上の字の目的語・補語になっているもの（点火）
オ 上の字が下の字の意味を打ち消しているもの（不足）

次の熟語は右の**ア**～**オ**のどれにあたるか、**一つ**選び、**記号**で答えよ。

／20
2点×10問

1 乾湿（　）
2 潜水（　）
3 丘陵（　）
4 未遂（　）
5 鶏舎（　）
6 賢愚（　）
7 不吉（　）
8 捕鯨（　）
9 怪力（　）
10 抑制（　）

## 六

後の□内のひらがなを漢字に直して□に入れ、**対義語**・**類義語**を作れ。□内のひらがなは一度だけ使い、**一字記入**せよ。

／20
2点×10問

対義語

1 模倣―創□
2 早婚―□婚
3 帰路―□路
4 父兄―子□
5 違反―遵□

類義語

6 困難―□苦
7 屈服―□服
8 厚遇―□遇
9 腕前―手□
10 即刻―□速

おう　こう　さっ　しゅ　しん
ぞう　てい　なみ　ばん　ゆう

## 七

次の――線の**カタカナ**を**漢字一字と送りがな(ひらがな)**に直せ。

［例］ 家を**タテル** ⬇ 建てる

1 **オサナイ**ころの記憶をたどる。
2 風船が**フクラム**。
3 田畑を**タガヤス**生活だ。
4 自然を**ウヤマウ**。
5 生徒たちに試験の結果を**ツゲル**。

/10
2点×5問

## 八

文中の四字熟語の――線の**カタカナ**を**漢字**に直せ。

1 **イキ**衝天の勢いで勝ち進む。
2 その戦いに**タイギ**名分はない。
3 **コウジ**多魔と気を引き締める。
4 親友は**カイダイ**無双の実業家だ。
5 戦いは**イッパイ**塗地に終わった。

/20
2点×10問

## 十

次の――線の**カタカナ**を**漢字**に直せ。

1 父は**ゼンリョウ**な人物だった。
2 都合により**リンジ**休業する。
3 将来は**ツウヤク**として働きたい。
4 **テンラン**会に絵を出品する。
5 **ユウビンキョク**で切手を買う。
6 サケが**サンラン**する。
7 隣国の軍事力は我が国の**キョウイ**だ。
8 **エンニチ**の屋台で綿あめを買う。
9 戦争の**ギセイ**者に黙とうをささげる。
10 紛争地帯で大量**ギャクサツ**が行われた。

/40
2点×20問

6 長年、平穏ブジの生活が続いた。

7 和魂ヨウサイを備えた学者だ。

8 多情タコンの人生を送った。

9 それは奇怪センバンな話だ。

10 二人は同床イムの間柄だ。

## 九

次の各文にまちがって使われている**同じ読みの漢字**が**一字**ある。**上に誤字**を、**下に正しい漢字**を記せ。

/10

2点×5問

1 母は人生を改顧してその胸中は深い感慨に満たされていた。

2 鉄壁の守備を誇った城も適軍の猛攻にさらされてついに炎上した。

3 仏造を彫ることがいつしか天与の営みとなった。

4 責任ある立場で両親の気篤の際も二度とも帰省できなかった。

5 清貧に甘んじる友人の家の囲炉裏から優しい団気が立ち上っていた。

11 ウデによりをかけて料理を作る。

12 停電により電車のダイヤがミダれた。

13 アヤマった情報を発信する。

14 二人は幸せにクらした。

15 くやしいが負けをミトめる。

16 家族でシオ干狩に行く。

17 きれいなスナをびんにつめる。

18 指示に従ってタテ一列に並ぶ。

19 ウールのセーターがチヂんだ。

20 商品を小売店にトドける。

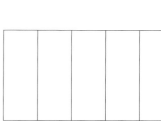

実力チェック!!

# 本試験型テスト 第10回

140点以上で合格!

制限時間 60分

月　日

/200

解答→別冊 P.36・37

## 一

次の――線の**漢字の読み**を**ひらがな**で記せ。

1点×30問　/30

1 変わった**趣向**の料理だった。
2 **零落**した貴族らしい。
3 違反者は**遵法**精神が足りない。
4 笛の美しい音色に**陶酔**した。
5 **虚心**に耳を傾ける。
6 **特赦**により刑務所を出る。
7 爆撃で一帯は**焦土**と化した。
8 もっと**審美**眼を養う必要がある。
9 **摂関**政治について学ぶ。
10 最近**邦画**を見ていない。
11 列車の**転覆**事故があった。
12 まるで**伏魔**殿のようなところだ。
13 美術館で**水墨**画を鑑賞する。

## 二

次の――線の**カタカナ**にあてはまる漢字をそれぞれの**ア～オ**から**一つ**選び、**記号**を記せ。

2点×15問　/30

1 条約を**テイ**結する。
2 水位が**テイ**防を越えそうだ。
3 必死に**テイ**抗した。

（ア 抵　イ 低　ウ 締　エ 提　オ 堤）

4 夫人同**ハン**でパーティーに行く。
5 大量の物資を**ハン**入した。
6 年末の**ハン**忙期に入った。

（ア 搬　イ 伴　ウ 般　エ 反　オ 繁）

14 松は裸子植物の仲間だ。
15 あらかじめご了承を願う。
16 一斗は約十八リットルだ。
17 隻腕の投手が活躍している。
18 濫造品で品質が悪い。
19 木綿製のシャツを着る。
20 田舎での生活が板につく。
21 ひきょうな脅しには屈しない。
22 ゴマの種から油を搾り取る。
23 弟にはおかしな癖がある。
24 病状は快方に赴いた。
25 金に飽かして遊び歩いている。
26 広く協力者を募りたい。
27 祝祭日には国旗を揚げる。
28 膨れた顔をしてもだめだ。
29 ものまねが下手だ。
30 その役者の声色をまねた。

7 さまざまなボウ略が巡らされた。
8 寺の前の宿ボウに泊まる。
9 腹部の脂ボウが多すぎる。

（ア 乏　イ 謀　ウ 房　エ 肪　オ 坊）

10 原野を開コンする。
11 コン色の服を着ていた。
12 弟は見上げたコン性の持ち主だ。

（ア 魂　イ 紺　ウ 墾　エ 根　オ 婚）

13 アジのヒ物を買う。
14 演奏会でピアノをヒく。
15 運動会で綱ヒきを行う。

（ア 弾　イ 冷　ウ 引　エ 干　オ 秘）

## 三

1〜5の三つの□に**共通する漢字**を入れて熟語を作れ。漢字は**ア〜コ**から**一つ**選び、**記号**で答えよ。

2点×5問　/10

1 嘆・朗□・□歌（　）

2 正・改□・増□（　）

3 導・勧□・□惑（　）

4 席・□審・□臣（　）

5 走・出□・□船（　）

ア 倍　イ 詠　ウ 有　エ 永　オ 陪
カ 誘　キ 般　ク 訂　ケ 帆　コ 停

## 五

次の漢字の**部首**を**ア〜エ**から**一つ**選び、**記号**で答えよ。

1点×10問　/10

1 奉［ア 大　イ 十　ウ ノ　エ 二］（　）

2 婆［ア 女　イ 皮　ウ 又　エ 氵］（　）

3 哲［ア 斤　イ 口　ウ 扌　エ ノ］（　）

4 締［ア 立　イ 冖　ウ 巾　エ 糸］（　）

5 企［ア 止　イ 一　ウ ノ　エ 人］（　）

6 義［ア 戈　イ 扌　ウ 羊　エ 王］（　）

7 克［ア 十　イ 一　ウ 口　エ 儿］（　）

8 掛［ア 土　イ ト　ウ 丨　エ 扌］（　）

9 静［ア 争　イ 亅　ウ 青　エ 月］（　）

10 臣［ア 臣　イ 匚　ウ 工　エ 口］（　）

## 四

**熟語の構成**のしかたには次のようなものがある。

ア 同じような意味の漢字を重ねたもの（永久）
イ 反対または対応の意味を表す字を重ねたもの（苦楽）
ウ 上の字が下の字を修飾しているもの（美人）
エ 下の字が上の字の目的語・補語になっているもの（点火）
オ 上の字が下の字の意味を打ち消しているもの（不足）

次の熟語は右の**ア**～**オ**のどれにあたるか、**一つ**選び、**記号**で答えよ。

20
2点×10問

1 撮影（　）
2 吉凶（　）
3 完遂（　）
4 基礎（　）
5 浅瀬（　）
6 山岳（　）
7 無尽（　）
8 経緯（　）
9 昇天（　）
10 隔離（　）

## 六

後の［　］内のひらがなを漢字に直して□に入れ、**対義語・類義語**を作れ。［　］内のひらがなは一度だけ使い、**一字記入**せよ。

20
2点×10問

対義語

1 縫合－□開
2 怠慢－□勉
3 追加－削□
4 恥辱－□誉
5 辛勝－□勝

類義語

6 巧妙－□妙
7 便利－重□
8 薄情－□淡
9 策謀－計□
10 異様－□奇

あっ　かい　きん　げん　ぜつ
せっ　ほう　めい　りゃく　れい

## 七

次の――線の**カタカナ**を**漢字一字**と**送りがな(ひらがな)**に直せ。

2点×5問　／10

[例] 家をタテル ⬇ 建てる

1 アブナイ場所へは行くな。

2 敵の気配をサッスル。

3 自分の行いをアラタメル。

4 学校生活にもナレルころだ。

5 新しい単語をオボエル。

| 1 | 2 | 3 | 4 | 5 |
|---|---|---|---|---|
| | | | | |

## 八

文中の四字熟語の――線の**カタカナ**を**漢字**に直せ。

2点×10問　／20

1 委員会はシブン五裂の状態だ。

2 ギシン暗鬼になってしまう。

3 試験に向けてムガ夢中で勉強した。

4 その結果にシツボウ落胆した。

5 二人はまさにサイシ佳人だ。

| 1 | 2 | 3 | 4 | 5 |
|---|---|---|---|---|
| | | | | |

## 十

次の――線の**カタカナ**を**漢字**に直せ。

2点×20問　／40

1 生徒ショクンに話がある。

2 シュウキョウに関心がない。

3 ピアノのエンソウ会に行く。

4 ジシャクを使って実験する。

5 車がコショウしてしまった。

6 直線キョリで五キロほどある。

7 エンマクを張って敵の目をごまかす。

8 コウカイ先に立たず。

9 大キギョウに内定が決まる。

10 絶海のコトウで私は育った。

| 1 | 2 | 3 | 4 | 5 | 6 | 7 | 8 | 9 | 10 |
|---|---|---|---|---|---|---|---|---|---|
| | | | | | | | | | |

6 悪ロゾウゴンを浴びせられる。

7 けが人に応急ショチを施す。

8 先憂コウラクと考えて乗り切る。

9 暴虐ヒドウの王と非難する。

10 一諾センキンの思いだ。

## 九

次の各文にまちがって使われている**同じ読みの漢字**が**一字**ある。**上に誤字**を、**下に正しい漢字**を記せ。

10

2点×5問

1 時代に適さない古い引習を打破したいと願う若者がいる。

2 高山の頂上付近では岩につまずかないよう最心の注意を払いなさい。

3 続発する山岳での遭難に対応して救演部隊を増強する。

4 私の生家では新年早々に必ず神社に参杯するのが恒例だった。

5 平和活動への参加を促進するためさらに運動を転開しよう。

11 コトなる意見も尊重する。

12 女の子がスナバで遊んでいる。

13 息を深くスいこむ。

14 勇者の名は歴史にキザまれた。

15 ハリガネで固定する。

16 宿題をスませてから遊ぶ。

17 主人公の成長したスガタを描いた作品だ。

18 カイコの世話をする当番になる。

19 兄とセイ比べをした。

20 いつの間にか日がクれてしまった。

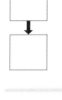

実力チェック!!

# 本試験型テスト 第11回

140点以上で合格!

制限時間 60分

月　日

/200

解答 → 別冊 P.38・39

## 一

次の――線の**漢字の読み**を**ひらがな**で記せ。

/30　1点×30問

1 別の画家の作品を**模倣**する。（　　）
2 祖父は実業界の**重鎮**だ。（　　）
3 **俳壇**に新風が吹いた。（　　）
4 工事の**許諾**申請をする。（　　）
5 まるで**封建**社会のようだ。（　　）
6 宇宙は**膨張**しているといわれる。（　　）
7 **魔界**をモチーフにした作品だ。（　　）
8 金属の**精錬**施設を見学する。（　　）
9 子どもをしっかりと**抱擁**する。（　　）
10 地域住民からの請願が**採択**された。（　　）
11 **債務**を抱えたまま逃亡した。（　　）
12 **暫定**的にその方法で進めよう。（　　）
13 生活は**倹素**そのものだった。（　　）

## 二

次の――線の**カタカナ**にあてはまる漢字をそれぞれの**ア～オ**から**一つ**選び、**記号**を記せ。

/30　2点×15問

1 ご指示は**リョウ**解しました。
2 病気の治**リョウ**に励む。
3 狩**リョウ**解禁の時期が来た。

（ア了　イ量　ウ猟　エ料　オ療）

| 1 | 2 | 3 |
|---|---|---|
| | | |

4 ご**ホウ**情に感謝申し上げます。
5 シダ植物の**ホウ**子を観察する。
6 **ホウ**仕活動を始める。

（ア方　イ奉　ウ胞　エ芳　オ放）

| 4 | 5 | 6 |
|---|---|---|
| | | |

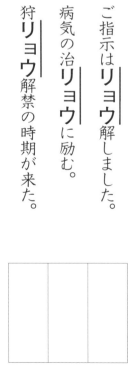

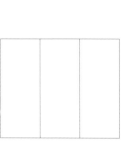

14 虚栄心を捨てる。

15 裁判所から召喚された。

16 大敗を喫してしまった。

17 鐘楼を建て替える。

18 親友は廉直の士として知られる。

19 ゲリラは政府軍に討伐された。

20 自分の考えを開陳する。

21 目には憎しみがあふれていた。

22 五トンを超す貨物を積んだ。

23 大会に向けて体を鍛える。

24 心なしか目が潤んでいた。

25 なんと愚かなことをするのか。

26 信条を書き出して壁に掲げる。

27 滑らかな口調で話す。

28 雪の塊が落ちてきた。

29 兄は暴漢を殴り倒した。

30 いつまでも滝に打たれていた。

7 おヒ岸なので墓参りに行く。

8 ややヒ労がたまっているようだ。

9 道路開通記念ヒを建てる。

（ア 秘　イ 避　ウ 疲　エ 碑　オ 彼）

10 人権をシン害された。

11 香シン料を少々加えよう。

12 成績不シンで気分が落ち込んだ。

（ア 振　イ 辛　ウ 審　エ 侵　オ 浸）

13 自分の不注意をクいる。

14 長期間風雨にさらされてクちる。

15 残金を次年度にクり越す。

（ア 朽　イ 悔　ウ 組　エ 食　オ 繰）

## 三

1～5の三つの□に**共通する漢字**を入れて熟語を作れ。漢字は**ア～コ**から**一つ**選び、**記号**で答えよ。

2点×5問　／10

1 □王・皇□・□国　（　　）

2 □帯・連□・提□　（　　）

3 □刻・□像・木□　（　　）

4 傍□・□衆・□覚　（　　）

5 □在・□留・□車　（　　）

ア 徴　イ 携　ウ 丁　エ 駐　オ 聴
カ 継　キ 帝　ク 注　ケ 彫　コ 定

## 五

次の漢字の**部首**を**ア～エ**から**一つ**選び、**記号**で答えよ。

1点×10問　／10

1 兼〔ア 八　イ 丨　ウ 一　エ 丷〕（　　）

2 廉〔ア 一　イ 亠　ウ 广　エ 八〕（　　）

3 蛮〔ア 虫　イ 口　ウ 八　エ 亠〕（　　）

4 墜〔ア 豕　イ 土　ウ 阝　エ 丶〕（　　）

5 袋〔ア 亻　イ 弋　ウ 衣　エ 丶〕（　　）

6 衝〔ア 行　イ ノ　ウ 里　エ 彳〕（　　）

7 緊〔ア 又　イ 臣　ウ 小　エ 糸〕（　　）

8 哀〔ア 亠　イ 衣　ウ 丶　エ 口〕（　　）

9 鐘〔ア 立　イ 土　ウ 里　エ 金〕（　　）

10 髄〔ア 骨　イ 月　ウ ノ　エ 辶〕（　　）

## 四

**熟語の構成**のしかたには次のようなものがある。

ア 同じような意味の漢字を重ねたもの（永久）
イ 反対または対応の意味を表す字を重ねたもの（苦楽）
ウ 上の字が下の字を修飾しているもの（美人）
エ 下の字が上の字の目的語・補語になっているもの（点火）
オ 上の字が下の字の意味を打ち消しているもの（不足）

次の熟語は右の**ア〜オ**のどれにあたるか、**一つ**選び、**記号**で答えよ。

／20　2点×10問

1 遵守（　）
2 炊飯（　）
3 功罪（　）
4 不朽（　）
5 精粗（　）
6 惨敗（　）
7 妨害（　）
8 換気（　）
9 締結（　）
10 酔態（　）

## 六

後の□内のひらがなを漢字に直して□に入れ、**対義語・類義語**を作れ。□内のひらがなは一度だけ使い、**一字記入**せよ。

／20　2点×10問

**対義語**

1 断念―□執
2 拘束―解□
3 繁殖―□滅
4 郊外―□心
5 秘匿―□露

**類義語**

6 承知―了□
7 利発―□明
8 征伐―退□
9 釈明―□解
10 有数―屈□

かい　けん　し　じ　ぜつ
ちゃく　と　ばく　べん　ほう

## 七

次の――線のカタカナを**漢字一字**と**送りがな（ひらがな）**に直せ。

2点×5問　／10

［例］家をタテル → 建てる

1 次の交差点をマガル。
2 東京の会社にツトメル。
3 川の流れがハゲシイ。
4 問題の解決はヤサシイだろう。
5 元気を出せとハゲマス。

## 八

文中の四字熟語の――線の**カタカナ**を**漢字**に直せ。

2点×10問　／20

1 そのうわさはジッチュウ八九本当だ。
2 この成功でメンモク躍如となる。
3 シカイ兄弟の心で接する。
4 なんともエテ勝手な男だ。
5 シンシュ果敢な行動力が長所だ。

## 十

次の――線の**カタカナ**を**漢字**に直せ。

2点×20問　／40

1 政敵を倒しケンリョクを手にした。
2 カンケツな文章にまとめる。
3 ひそかにサクリャクをめぐらす。
4 病気だがショクヨクはある。
5 チンタイマンションへ引っ越す。
6 ウチュウ旅行へ行く日も近い。
7 弟の意見はキャッカされた。
8 植物の葉の裏側にはキコウが沢山ある。
9 苦手な食べ物をコクフクする。
10 新たな田畑をカイコンする。

6 鶏口ギュウゴの精神を持つ。
7 情勢は時時コクコク変化する。
8 弟は博覧キョウキの人材だ。
9 その話は事実ムコンだ。
10 極悪ヒドウな犯罪だ。

## 九

次の各文にまちがって使われている**同じ読みの漢字**が**一字**ある。**上に誤字**を、**下に正しい漢字**を記せ。

10

2点×5問

1 この会議は今日までの努力がどう成価をあげたかの問題提起の場となる。
2 国民に介護保険制度の重要性を認識してもらう方法を検討する。
3 長年の所員の研究でこれまで未発見の有効成分の抽出に成功した。
4 深山幽谷に入り込んで貴長な薬草を探し求めていた。
5 あの国は専性国家で個人の自由はいっさい認められていない。

11 全国大会でスグれた成績を修めた。
12 新たに事務員をヤトう。
13 ウタガわしい動きを見せた。
14 ドアが自然にシまった。
15 晴れた日にはふとんをホす。
16 テーブルにハイザラを置く。
17 オノレの無力さを知る。
18 運動会で気力をフルって走る。
19 手を合わせてオガむ。
20 失敗をオソれず行動する。

実力チェック!!

# 本試験型テスト 第12回

140点以上で合格!

制限時間 60分

月　日

/200

解答→別冊 P.40・41

## 一

次の――線の**漢字の読み**を**ひらがな**で記せ。

/30

1点×30問

1 来年**渡欧**する予定がある。（　）

2 家族の前で漢詩を**朗詠**する。（　）

3 新しく開いた店が**軌道**に乗った。（　）

4 なにかを**企図**しているはずだ。（　）

5 世界の**脅威**になっている。（　）

6 新入社員の提案が進展の**契機**となる。（　）

7 新たに**諮問**委員会を設ける。（　）

8 **盗癖**がなかなか直らない。（　）

9 父は県の**吏員**として働く。（　）

10 **卑屈**な考えは捨てた方がよい。（　）

11 祖父は**古墨**の収集を趣味としている。（　）

12 殺人事件の容疑者を**拘禁**する。（　）

13 疫病《えき》をもたらした悪霊《りょう》を**調伏**した。（　）

## 二

次の――線の**カタカナ**にあてはまる漢字をそれぞれの**ア〜オ**から**一つ**選び、**記号**を記せ。

/30

2点×15問

1 **キョ**々実々の駆け引きがあった。

2 胸に**キョ**来するものがあった。

3 **キョ**動不審者がいる。

（ア 拠　イ 居　ウ 虚　エ 去　オ 挙）

| 1 | 2 | 3 |
|---|---|---|
| | | |

4 連**ポウ**国家を形成する。

5 鉄**ポウ**を密造する。

6 山々が連**ポウ**を形成している。

（ア 砲　イ 峰　ウ 豊　エ 邦　オ 放）

| 4 | 5 | 6 |
|---|---|---|
| | | |

14 二人は互譲して問題を解決した。（　　）
15 社長はご満悦の体だった。（　　）
16 京都の粋人として知られる。（　　）
17 不況により職場を解雇された。（　　）
18 港に敷設された機雷を掃海する。（　　）
19 真紅の旗をかかげて行進する。（　　）
20 門の左右に立つ仁王像はいかめしい。（　　）
21 妹は初志を最後まで貫いた。（　　）
22 世知辛い世の中になった。（　　）
23 姉は彼のことを恋い慕っている。（　　）
24 寝起きで潤んだ目をしている。（　　）
25 国に税金を搾り取られる。（　　）
26 体裁を取り繕うのはやめた。（　　）
27 海外旅行の土産話を聞く。（　　）
28 木材の表面を滑らかにする。（　　）
29 野外で若人の祭典を開く。（　　）
30 ハイキングの当日は五月晴れに恵まれる。（　　）

---

7 巨ショウの作品に圧倒される。
8 精神がショウ華する。
9 ショウ細に調査する。

（ア 召　イ 詳　ウ 匠　エ 称　オ 昇）

| 9 | 8 | 7 |
| --- | --- | --- |
| | | |

10 官ボウ長官に就任する。
11 多ボウな日々を過ごす。
12 路ボウに花を植える。

（ア 傍　イ 某　ウ 房　エ 冒　オ 忙）

| 12 | 11 | 10 |
| --- | --- | --- |
| | | |

13 液体がわずかにモれる。
14 鳥にモして飛行機を作る。
15 さまざまな要素をモり込む。

（ア 盛　イ 茂　ウ 漏　エ 模　オ 燃）

| 15 | 14 | 13 |
| --- | --- | --- |
| | | |

## 三

1～5の三つの□に**共通する漢字**を入れて熟語を作れ。漢字は**ア～コ**から**一つ**選び、**記号**で答えよ。

（　/10）2点×5問

1 追□・□縮・屈□　（　　）

2 拝□・□発・□示　（　　）

3 □争・内□・□失　（　　）

4 □承・終□・□解　（　　）

5 鼻□・開□・気□　（　　）

ア 敬　イ 了　ウ 粉　エ 啓　オ 信
カ 料　キ 伸　ク 孔　ケ 紛　コ 甲

## 五

次の漢字の**部首**を**ア～エ**から**一つ**選び、**記号**で答えよ。

（　/10）1点×10問

1 憂 ［ア 白　イ 夂　ウ 冖　エ 心］（　　）

2 陵 ［ア 土　イ 夂　ウ 阝　エ ノ］（　　）

3 載 ［ア 戈　イ 土　ウ 車　エ 弋］（　　）

4 鮮 ［ア 魚　イ 灬　ウ 羊　エ 田］（　　）

5 郊 ［ア 阝　イ 八　ウ ノ　エ 亠］（　　）

6 巨 ［ア 匚　イ 工　ウ 二　エ 巨］（　　）

7 鬼 ［ア 鬼　イ 儿　ウ 厶　エ 田］（　　）

8 隷 ［ア 士　イ 隶　ウ 二　エ 示］（　　）

9 裏 ［ア 亠　イ 里　ウ 田　エ 衣］（　　）

10 穀 ［ア 士　イ 殳　ウ 冖　エ 禾］（　　）

## 四

**熟語の構成**のしかたには次のようなものがある。

ア 同じような意味の漢字を重ねたもの（永久）
イ 反対または対応の意味を表す字を重ねたもの（苦楽）
ウ 上の字が下の字を修飾しているもの（美人）
エ 下の字が上の字の目的語・補語になっているもの（点火）
オ 上の字が下の字の意味を打ち消しているもの（不足）

次の熟語は右の**ア～オ**のどれにあたるか、**一つ**選び、**記号**で答えよ。

/20
2点×10問

1 削減（　）
2 潜水（　）
3 経緯（　）
4 緊張（　）
5 雄藩（　）
6 不穏（　）
7 抑揚（　）
8 硬貨（　）
9 倹約（　）
10 募金（　）

## 六

後の□内のひらがなを漢字に直して□に入れ、**対義語・類義語**を作れ。□内のひらがなは一度だけ使い、**一字記入**せよ。

/20
2点×10問

**対義語**

1 整理―□乱
2 暗愚―□明
3 高雅―□俗
4 過失―□意
5 邪悪―□良

**類義語**

6 覆面―□面
7 明敏―□発
8 薄情―□淡
9 案内―誘□
10 了解―納□

かい　けん　こ　ざつ　ぜん
てい　どう　とく　り　れい

## 七

次の――線のカタカナを**漢字一字**と**送りがな（ひらがな）**に直せ。

2点×5問　/10

［例］家をタテル→建てる

1 役職をシリゾク。
2 列車は北へとムカウ。
3 背を弓のようにソラス。
4 記入を終えるとスミヤカニ提出する。
5 水質の悪化がイチジルシイ。

## 八

文中の四字熟語の――線の**カタカナ**を**漢字**に直せ。

2点×10問　/20

1 祖父はコウセイ名遂の政治家だ。
2 アクセン苦闘して打開した。
3 シンキ一転して前進する。
4 師のヘンゲン隻句に感動する。
5 母はリョウサイ賢母の典型だ。

## 十

次の――線の**カタカナ**を**漢字**に直せ。

2点×20問　/40

1 久しぶりにコキョウに帰った。
2 セイジン君子のような人物だ。
3 原図をシュクショウして描く。
4 ドクソウ的な音楽だった。
5 ジシャクで方角を確かめる。
6 教育問題についてトウロンする。
7 スパートのために体力をオンゾンする。
8 企業のコダイ広告を禁止する。
9 エイコ盛衰は世の常だと教わる。
10 フンマツの緑茶を飲む。

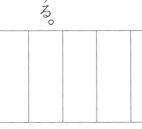

6 順風マンパンの勢いだった。

7 大胆フテキにも単身乗り込んだ。

8 開票速報に一喜イチユウした。

9 一騎トウセンの英雄の伝記を読む。

10 一知ハンカイの知識ではだめだ。

## 九

次の各文にまちがって使われている**同じ読みの漢字**が**一字**ある。**上に誤字**を、**下に正しい漢字**を記せ。

/10

2点×5問

1 犯罪軒数が減らないのは法律を守ろうという意識が希薄だからだ。

2 当社の営業活動の発展を阻害している要因を検答する。

3 祖父と父の転勤が続いたため私の本籍が九州だとは以外だった。

4 高熱が出て試験では本来の実力を発機できなかった。

5 母の手作り料理はプロ並みの腕で特に厚焼き卵は舌品だった。

11 早急に返金用の窓口をモウける。

12 地域の年長者の意見をウヤマう。

13 対向車のライトが目をイる。

14 ヤサしい先生では上達しない。

15 美しいキヌオリモノを買う。

16 庭の草花がスコやかに育っている。

17 川で釣《つ》った魚をムし焼きにする。

18 食べる前に手をアラうようしつけられた。

19 クラスの皆で集まり知恵をシボる。

20 真夜中に不審な物音がしたのでメザめた。

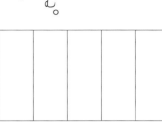

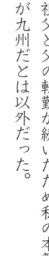

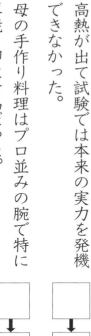

# 覚えておきたい 熟字訓・当て字、特別な音訓

## 熟字訓・当て字

よめるかチェック！

| 語 | 読み |
|---|---|
| 小豆 | あずき |
| 硫黄※ | いおう |
| 意気地 | いくじ |
| 田舎 | いなか |
| 海原 | うなばら |
| 乳母 | うば |
| 浮つく | うわつく |
| 笑顔 | えがお |
| 叔父※ 伯父※ | おじ |
| 乙女 | おとめ |
| 叔母※ | おば |

| 語 | 読み |
|---|---|
| 老舗 | しにせ |
| 芝生 | しばふ |
| 三味線 | しゃみせん |
| 砂利 | じゃり |
| 白髪 | しらが |
| 相撲※ | すもう |
| 草履※ | ぞうり |
| 太刀 | たち |
| 立ち退く | たちのく |
| 足袋 | たび |
| 梅雨 | つゆ |
| 凸※凹※ | でこぼこ |

## 特別な音訓

よめるかチェック！

特別な読みをする熟字訓は、表記された漢字と読みとの間に音声上の関係がないものが多く、覚えていないと読めません。3級の「読み」「書き取り」の問題にもしばしば登場するので覚えておきましょう。

| 語 | 読み | 特別な音訓 |
|---|---|---|
| 遺言 | ゆいごん | 遺《ユイ》 |
| 小唄※ | こうた | 唄《うた》 |
| 仮病 | けびょう | 仮《ケ》 |
| 夏至 | げし | 夏《ゲ》 |
| 象牙※ | ぞうげ | 牙《ゲ》 |
| 街道 | かいどう | 街《カイ》 |
| 胸板 | むないた | 胸《むな》 |
| 境内 | けいだい | 境《ケイ》 |
| 信仰 | しんこう | 仰《コウ》 |
| 機嫌※ | きげん | 嫌《ゲン》 |
| 献立※ | こんだて | 献《コン》 |
| 真紅 | しんく | 紅《ク》 |

| 語 | 読み | 特別な音訓 |
|---|---|---|
| 明星 | みょうじょう | 星《ショウ》 |
| 精進 | しょうじん | 精《ショウ》 |
| 静脈 | じょうみゃく | 静《ジョウ》 |
| 石高 | こくだか | 石《コク》 |
| 今昔 | こんじゃく | 昔《シャク》 |
| 一切 | いっさい | 切《サイ》 |
| 早速 | さっそく | 早《サッ》 |
| 未曽有※ | みぞう | 曽《ゾ》 |
| 寄贈 | きぞう | 贈《ソウ》 |
| 爪※先 | つまさき | 爪《つま》 |
| 弟子 | でし | 弟《デ》 |
| 支度 | したく | 度《タク》 |

| | |
|---|---|
| 伯母※ | |
| お巡りさん | おまわりさん |
| 鍛冶※ | かじ |
| 風邪 | かぜ |
| 固唾※ | かたず |
| 仮名 | かな |
| 為替 | かわせ |
| 心地 | ここち |
| 早乙女 | さおとめ |
| 差し支える | さしつかえる |
| 五月 | さつき |
| 早苗 | さなえ |
| 五月雨 | さみだれ |
| 時雨 | しぐれ |
| 尻尾※ | しっぽ |
| 竹刀 | しない |

| | |
|---|---|
| 名残 | なごり |
| 雪崩 | なだれ |
| 二十<br>二十歳 | はたち |
| 波止場 | はとば |
| 日和 | ひより |
| 吹雪 | ふぶき |
| 土産 | みやげ |
| 息子 | むすこ |
| 紅葉 | もみじ |
| 木綿 | もめん |
| 最寄り | もより |
| 大和 | やまと |
| 弥生※ | やよい |
| 行方 | ゆくえ |
| 若人 | わこうど |

| | | |
|---|---|---|
| 黄金 | こがね | 黄《こ》 |
| 歳暮 | せいぼ | 歳《セイ》 |
| 財布 | さいふ | 財《サイ》 |
| 小児科 | しょうにか | 児《ニ》 |
| 鹿の子 | かのこ | 鹿《か》 |
| 手繰る | たぐる | 手《た》 |
| 舟遊び | ふなあそび | 舟《ふな》 |
| 修業 | しゅぎょう | 修《シュ》 |
| 出納 | すいとう | 出《スイ》 |
| 旬 | しゅん | 旬《シュン》 |
| 情緒※ | じょうちょ | 緒《チョ》 |
| 掃除 | そうじ | 除《ジ》 |
| 神主 | かんぬし | 神《かん》 |
| 仁王 | におう | 仁《ニ》 |
| 天井 | てんじょう | 井《ショウ》 |
| 声色 | こわいろ | 声《こわ》 |

| | | |
|---|---|---|
| 稲作 | いなさく | 稲《いな》 |
| 牛丼※ | ぎゅうどん | 丼《どん》 |
| 内裏 | だいり | 内《ダイ》 |
| 納得 | なっとく | 納《ナッ》 |
| 出納 | すいとう | 納《トウ》 |
| 拍子 | ひょうし | 拍《ヒョウ》 |
| 反物 | たんもの | 反《タン》 |
| 彼女 | かのじょ | 彼《かの》 |
| 眉間※ | みけん | 眉《ミ》 |
| 苗代 | なわしろ | 苗《なわ》 |
| 夫婦 | ふうふ | 夫《フウ》 |
| 奉行 | ぶぎょう | 奉《ブ》 |
| 坊ちゃん | ぼっちゃん | 坊《ボッ》 |
| 暴露 | ばくろ | 暴《バク》 |
| 面目 | めんぼく | 目《ボク》 |
| 披露※ | ひろう | 露《ロウ》 |

「特別な音訓」のひらがなは訓読み、カタカナは音読みです。※は準2級以上の配当漢字

# 覚えておきたい 同音異字

よく出る同音異字を紹介しています。同じ読みの漢字は複数あるので、それぞれの漢字の意味をよく理解して使い分けられるようにしましょう。音が同じで字形もよく似た漢字は、まぎらわしいので要注意です。

書けるかチェック！

| 読み | 漢字 | 意味 |
|---|---|---|
| アイカン | 哀感 | 物悲しい感じ |
| | 哀歓 | 悲しみと喜び |
| アイゾウ | 愛蔵 | 大切に保管すること |
| | 愛憎 | 愛することと憎むこと |
| アクホウ | 悪法 | 幸福な生活を妨げる法律 |
| | 悪報 | 悪事を働いたことへの報い。また、悪い知らせ |
| イコウ | 遺稿 | 故人の未発表原稿 |
| | 遺構 | 古い建造物の名残 |
| | 威光 | 自然に人を従わせる力 |
| | 意向 | 対応や方向性についての考え |
| | 移行 | ある状態が別の状態に移る |
| | 以降 | ある時点から後 |
| | 偉功 | 立派な功績 |
| | 偉効 | 際立った効能 |
| | 衣装 | 衣服。また、演劇で用いる衣服 |

| 読み | 漢字 | 意味 |
|---|---|---|
| カイトウ | 回答 | 要求や質問に正式に答えること |
| | 解答 | 問題を解いて答えること |
| | 解凍 | 冷凍品を元の状態に戻《もど》すこと |
| | 会頭 | 大組織の代表者 |
| | 快刀 | 切れ味のすばらしい刀 |
| | 怪盗 | 正体の知れない盗賊 |
| カイホウ | 解放 | 束縛を除き自由にすること |
| | 開放 | 開け放つこと |
| カクシン | 確信 | 確固として信じること |
| | 革新 | 古い体制・考え方をやめて新しく変えること |
| カンショウ | 感傷 | 物事に感じやすい心。また、その状態 |
| | 感賞 | 感心してほめること。また、そのほうびのこと |
| | 勧賞 | ほめてさらに励ますこと |
| | 観賞 | かわいらしさや美しさを見て楽しむこと |
| | 観照 | 人生や自然などの本質を冷静に見つめること |

| | | |
|---|---|---|
| イショウ | 趣向。デザイン | 意匠 |
| | 正式名称や本名以外の名称 | 異称 |
| イジョウ | 普通とは異なった様子 | 異常 |
| | 普段とは異なった状態 | 異状 |
| | 権限などをほかに譲り渡すこと | 委譲 |
| | 権利などを譲り渡すこと | 移譲 |
| | ほかの乗り物に乗り移ること | 移乗 |
| イッパツ | 一回発すること | 一発 |
| | 一本の髪の毛。また、ごくわずかな間隔 | 一髪 |
| インケン | 陰でよくないことをする様子 | 陰険 |
| | 身分の高い人が目下の者を呼び寄せて会うこと | 引見 |
| | 見え隠れする様子 | 隠見 |
| オンジョウ | 思いやりのある温かい心 | 温情 |
| | 目下の者への思いやりの心 | 恩情 |
| ガイカン | 外から見た様子 | 外観 |
| | 物事の大ざっぱな様子 | 概観 |
| カイコ | 昔のことを思い起こすこと | 回顧 |
| | 雇い人をやめさせること | 解雇 |

| | | |
|---|---|---|
| | 芸術作品などの良さを味わうこと | 鑑賞 |
| カンシン | ある対象をより多く知りたいと思う気持ち | 関心 |
| | 行動や成果などに心が強く動かされること | 感心 |
| | 不安や恐れなどでぞっとすること | 寒心 |
| | 喜ぶ気持ち | 歓心 |
| | それで良いと思うこと | 甘心 |
| カンヨウ | 一般に広く用いられている様子 | 慣用 |
| | 極めて大切なこと | 肝要 |
| キネン | 思い出の象徴として残しておくこと | 記念 |
| | 何かの達成を神仏に祈ること | 祈念 |
| キョクチ | 限定された地域 | 局地 |
| | 北極・南極の地域。さいはての地域 | 極地 |
| | 到達できる最高の状態 | 極致 |
| ケイジ | 目につきやすいところに掲げ示すこと | 掲示 |
| | 神が真理を教え示すこと | 啓示 |
| | 刑法にかかわる事柄 | 刑事 |
| ケッサイ | 代金の受け渡しをして売買取引を終えること | 決済 |
| | 権限のある者が事柄の可否を決めること | 決裁 |

| 読み | 意味 | 漢字 |
| --- | --- | --- |
| コジ | 自分の信念を変えることなく保ち続けること | 固持 |
| | 強い気持ちで辞退すること | 固辞 |
| | 誇らしげに見せつけること | 誇示 |
| | 古くからの言い伝え | 故事 |
| | 親と死別して保護者がいなくなった子 | 孤児 |
| サイゴ | 一番終わり | 最後 |
| | 命の終わり | 最期 |
| サッショウ | 殺したり傷つけたりすること | 殺傷 |
| | 擦り傷 | 擦傷 |
| シアン | いろいろと考えること | 思案 |
| | 個人的な考えや提案 | 私案 |
| | 仮の案 | 試案 |
| シカク | 一定の行為が許される身分・地位 | 資格 |
| | 物を見る目の角度 | 視角 |
| | 障害物などにより弾丸が届かないところ。また、そのままでは視界に入らない範囲 | 死角 |
| | 暗殺者 | 刺客 |
| | 感情や欲を自分で抑えること | 自制 |

書けるかチェック！

| 読み | 意味 | 漢字 |
| --- | --- | --- |
| シンチョウ | 体の高さ | 身長 |
| | 長さや力などが伸びること | 伸長 |
| | 勢力や物事が伸び広がること | 伸張 |
| | 深みがあり真意が読み取れない様子 | 深長 |
| | きわめて注意深く判断・行動する様子 | 慎重 |
| セイサン | 品物を作りだすこと | 生産 |
| | 貸し借りの始末をつけること | 清算 |
| | 細かく計算すること | 精算 |
| | 成功への見通し | 成算 |
| | 酸性で有毒な液体の一種 | 青酸 |
| セイソウ | 冠婚葬祭などで着用する正式な服装のこと | 正装 |
| | 美しく華やかに着飾ること | 盛装 |
| セジ | 世間のさまざまなできごと | 世事 |
| | 相手の歓心を買うために実際以上にほめる言葉 | 世辞 |
| セッセイ | 適切な生活態度を心がけ健康を保つ姿勢 | 摂生 |
| | 限度を越さないように気をつけること | 節制 |
| センコウ | 先に行く(行う)こと | 先行 |
| | 先に攻めること | 先攻 |

|  |  |  |
|---|---|---|
| ジセイ | 自省 | 自分自身を反省すること |
| | 自生 | 植物が自然に育つこと |
| | 時勢 | 変化する時代の様子 |
| | 辞世 | この世に別れを告げること |
| シホウ | 司法 | 法に基づいて紛争を解決する行為。裁判 |
| | 至宝 | 最上の宝 |
| シュウチ | 周知 | 広く知れ渡っていること |
| | 衆知 | 多くの人の知識・知恵 |
| ショウカ | 消化 | 食べ物が腸で吸収できるように胃で溶かす作用 |
| | 消火 | 火を消すこと |
| | 昇華 | 固体が直接気体になる現象。また、その逆の現象 |
| | 商家 | 代々商売を営む家柄 |
| ショウカイ | 紹介 | 人と人とを引き合わせること |
| | 照会 | 問い合わせること |
| シンギ | 信義 | 約束を守り通す心の姿勢 |
| | 真義 | 本質的な意義 |
| | 審議 | 原案・提案を何人かで検討すること |
| | 神技 | 人間離れした技術 |

|  |  |  |
|---|---|---|
| | 専行 | 自分ひとりの判断だけで行動すること |
| | 専攻 | 専門の研究分野 |
| センリョ | 千慮 | さまざまに考えること。また多くの考え |
| | 浅慮 | あさはかな考え |
| ソウセイ | 早生 | 作物などがほかの品種より早く実ること。また、ふつうより早く生まれること |
| | 早世 | 若いうちに死ぬこと |
| | 奏請 | 天皇に申し上げて裁可を願うこと |
| | 創世 | この世の始まり。神が初めてこの世をつくったこと |
| ソクセイ | 促成 | 野菜などを人工的に早く生長させること |
| | 速成 | 短時間ですばやく仕上げること |
| | 即製 | その場ですぐに作ること |
| タイショウ | 対象 | 働きかけの目標や目的となるもの |
| | 対照 | ふたつの物を照らし合わせること。また、ふたつの物の違いがはっきりしていること |
| | 対称 | 一つの点や線を境に向き合う状態にあること |
| | 隊商 | 隊を組んで移動する商人の一団 |

| 読み | 意味 | 漢字 |
| --- | --- | --- |
| タイセイ | 生命体や社会が組織されているそのあり方 | 体制 |
| | 体の構え | 体勢 |
| | 物事に対する準備や構え | 態勢 |
| | 勢力が後退していく状態 | 退勢 |
| | 大筋としての方向性や形勢 | 大勢 |
| | 才能や実力を伸ばし大きな成果を収めること | 大成 |
| タンコウ | 石炭を掘り出すための穴 | 炭坑 |
| | 石炭を採掘する鉱山 | 炭鉱 |
| | 鉱脈・鉱床を探すこと | 探鉱 |
| チョウシュウ | 法律や規約に従って金銭を集めること | 徴収 |
| | 強制的に物や人を集めること | 徴集 |
| チンツウ | 深い悲しみなどで痛々しい様子 | 沈痛 |
| | 薬などにより痛みを抑えること | 鎮痛 |
| ツイキュウ | 入手をめざしてどこまでも追い続けること | 追求 |
| | 犯罪や責任などを追いつめること。また、逃げる者を追うこと | 追及 |
| | わからないことをどこまでも調べていくこと | 追究 |
| | 適切で正しいこと | 適正 |

書けるかチェック！

| 読み | 意味 | 漢字 |
| --- | --- | --- |
| フコウ | 幸せでないこと | 不幸 |
| | 親孝行でないこと | 不孝 |
| フシン | 信頼できないこと | 不信 |
| | 成績や勢い、状態が良くないこと | 不振 |
| | 疑わしいこと | 不審 |
| | 苦心すること | 腐心 |
| | 家の建築・改築をすること | 普請 |
| ホウヨウ | 包み込むこと | 包容 |
| | 抱きかかえること | 抱擁 |
| ホショウ | 危険が及ばないように保護すること | 保障 |
| | 損失を補い、つぐなうこと | 補償 |
| | 間違いないと請け合い、責任をもつこと | 保証 |
| ミトウ | その地点まで行き着いた人がないこと | 未到 |
| | まだだれも足を踏み入れていないこと | 未踏 |
| ミンゾク | 同質の風習・文化・言語などによってまとまっている人間の集団 | 民族 |
| | 民間に伝わるその地方独特の風習や生活様式 | 民俗 |
| | 何一つとして変わらないものはないということ | 無常 |

| | | |
|---|---|---|
| テキセイ | 適性 | なんらかの要件を満たしている性格・能力 |
| | 敵性 | 敵と判断できる性状。また、利敵作用が認められる性状 |
| テンカ | 転化 | ある状態から別の状態に変わること |
| | 転嫁 | 責任や罪などをほかになすりつけること |
| | 添加 | ある物になにかを加えること |
| ドウシ | 同士 | なんらかの共通点をもつ仲間 |
| | 同志 | 同じ目的や理想をもつ仲間 |
| トクチョウ | 特長 | 特に優れている点 |
| | 特徴 | 特に目立っている点 |
| ナンギョウ | 難行 | つらい修行 |
| | 難業 | 難しい事業 |
| ハンメン | 半面 | 物事のある一つの面。別の側面 |
| | 反面 | 物事の反対の側面 |
| ヒジョウ | 非常 | 普段とは違う状況 |
| | 非情 | 思いやりや人間らしさがない様子 |
| ヒッシ | 必死 | 死を覚悟して行うこと |
| | 必至 | ある事態が避けられないこと |

| | | |
|---|---|---|
| ムジョウ | 無情 | 人間らしさ、思いやりがない様子 |
| | 無上 | この上ないこと |
| ムチ | 無知 | 知識や常識がないこと |
| | 無恥 | 恥知らずなこと |
| メイカイ | 明快 | はっきりとわかりやすいこと |
| | 明解 | 要領を得た解釈 |
| ヨウリョウ | 用量 | 適切な使用量 |
| | 容量 | 入れ物を満たす分量 |
| | 要領 | 要点。処理・対応のしかた |
| ヨセイ | 余生 | 残りの人生 |
| | 余勢 | まだ余っている勢い |
| ランチョウ | 乱丁 | 本のページの順序が乱れていること |
| | 乱調 | 調子が乱れていること |
| ロジ | 路次 | 道すがら |
| | 路地 | 家にはさまれた狭い通路。また、茶室への通路 |
| | 露地 | 屋根のない土地。また、「路地」と同意 |
| ロテン | 露天 | 屋根などがない場所 |
| | 露店 | 縁日などに出る簡単な造りの店 |

# 覚えておきたい部首

「部首」は漢字の字義を表す部分。ある字の意味を理解するには、その部首を理解することが大切です。部首をまちがえやすい漢字をあげているので、参考にしてください。

| 漢字 | 塊 | 卸 | 殴 | 欧 | 宴 | 閲 | 悦 | 哀 |
|---|---|---|---|---|---|---|---|---|
| 誤 | 鬼 | 止 | 匚 | 匚 | 女 | 儿 | 儿 | 亠 |
| 正 | 土 | 卩 | 殳 | 欠 | 宀 | 門 | 忄 | 口 |
| 部首名 | つちへん | わりふ ふしづくり | るまた ほこづくり | あくび かける | うかんむり | もんがまえ | りっしんべん | くち |

| 漢字 | 棄 | 既 | 企 | 敢 | 貫 | 冠 | 郭 | 概 |
|---|---|---|---|---|---|---|---|---|
| 誤 | 亠 | 艮 | 止 | 耳 | 毋 | 寸 | 亠 | 艮 |
| 正 | 木 | 旡 | 人 | 攵 | 貝 | 冖 | 阝 | 木 |
| 部首名 | き | なし ぶ すでのつくり | ひとやね | のぶん ぼくづくり | かい こがい | わかんむり | おおざと | きへん |

| 漢字 | 弧 | 賢 | 鶏 | 啓 | 契 | 喫 | 吉 | 菊 |
|---|---|---|---|---|---|---|---|---|
| 誤 | 爪 | 臣 | 爫 | 戸 | 刀 | 大 | 士 | 米 |
| 正 | 弓 | 貝 | 鳥 | 口 | 大 | 口 | 口 | 艹 |
| 部首名 | ゆみへん | かい こがい | とり | くち | だい | くちへん | くち | くさかんむり |

| 漢字 | 墾 | 魂 | 獄 | 克 | 控 | 甲 | 顧 | 雇 |
|---|---|---|---|---|---|---|---|---|
| 誤 | 豸 | 厶 | 言 | 十 | 穴 | 丨 | 戸 | 戸 |
| 正 | 土 | 鬼 | 犭 | 儿 | 扌 | 田 | 頁 | 隹 |
| 部首名 | つち | おに | けものへん | ひとあし にんにょう | てへん | た | おおがい | ふるとり |

| 漢字 | 衝 | 掌 | 昇 | 匠 | 遵 | 殊 | 邪 | 疾 | 暫 |
|---|---|---|---|---|---|---|---|---|---|
| 誤 | 彳 | ⺌ | 廾 | 斤 | 寸 | 木 | 牙 | 矢 | 斤 |
| 正 | 行 | 手 | 日 | 匚 | 辶 | 歹 | 阝 | 疒 | 日 |
| 部首名 | ぎょうがまえ ゆきがまえ | て | ひ | はこがまえ | しんにょう しんにゅう | かばねへん いちたへん がつへん | おおざと | やまいだれ | ひ |

| 漢字 | 卓 | 逮 | 遭 | 葬 | 隻 | 髄 | 衰 | 辛 | 辱 |
|---|---|---|---|---|---|---|---|---|---|
| 誤 | ト | 氺 | 曰 | 廾 | 又 | 辶 | 亠 | 立 | 寸 |
| 正 | 十 | 辶 | 辶 | 艹 | 隹 | 骨 | 衣 | 辛 | 辰 |
| 部首名 | じゅう | しんにょう しんにゅう | しんにょう しんにゅう | くさかんむり | ふるとり | ほねへん | ころも | からい | しんのたつ |

| 塗 | 斗 | 帝 | 墜 | 超 | 彫 | 窒 | 畜 | 奪 |
|---|---|---|---|---|---|---|---|---|
| 氵↓ | 十↓ | 立↓ | 阝↓ | 刀↓ | 口↓ | 宀↓ | 亠↓ | 寸↓ |
| 土 | 斗 | 巾 | 土 | 走 | 彡 | 穴 | 田 | 大 |
| つち | とます | はば | つち | そうにょう | さんづくり | あなかんむり | た | だい |

| 赴 | 卑 | 蛮 | 藩 | 伐 | 婆 | 尿 | 豚 | 痘 |
|---|---|---|---|---|---|---|---|---|
| 卜↓ | 田↓ | 亠↓ | 氵↓ | 戈↓ | 氵↓ | 水↓ | 月↓ | 豆↓ |
| 走 | 十 | 虫 | 艹 | 亻 | 女 | 尸 | 豕 | 疒 |
| そうにょう | じゅう | むし | くさかんむり | にんべん | おんな | かばね<br>しかばね | ぶた<br>いのこ | やまいだれ |

| 房 | 崩 | 奉 | 芳 | 簿 | 慕 | 募 | 癖 | 封 |
|---|---|---|---|---|---|---|---|---|
| 方↓ | 月↓ | 十↓ | 方↓ | 氵↓ | 艹↓ | 艹↓ | 辛↓ | 土↓ |
| 戸 | 山 | 大 | 艹 | ⺮ | ⺗ | 力 | 疒 | 寸 |
| とだれ<br>とかんむり | やま | だい | くさかんむり | たけかんむり | したごころ | ちから | やまいだれ | すん |

| 裂 | 励 | 厘 | 吏 | 魔 | 翻 | 墨 | 膨 | 某 |
|---|---|---|---|---|---|---|---|---|
| 歹↓ | 厂↓ | 里↓ | ノ↓ | 广↓ | 釆↓ | 黒↓ | 彡↓ | 甘↓ |
| 衣 | 力 | 厂 | 口 | 鬼 | 羽 | 土 | 月 | 木 |
| ころも | ちから | がんだれ | くち | おに | はね | つち | にくづき | き |

| 互 | 鼓 | 玄 | 巨 | 及 | 鬼 | 為 | 威 | 廊 |
|---|---|---|---|---|---|---|---|---|
| 彑↓ | 豆↓ | 亠↓ | 匚↓ | 夊↓ | 儿↓ | ノ↓ | 戈↓ | 阝↓ |
| 二 | 鼓 | 玄 | 工 | 又 | 鬼 | 灬 | 女 | 广 |
| に | つづみ | げん | え<br>たくみ | また | おに | れんが<br>れっか | おんな | まだれ |

| 街 | 乳 | 髪 | 唐 | 致 | 丹 | 占 | 巡 | 香 |
|---|---|---|---|---|---|---|---|---|
| 彳↓ | 爫↓ | 彡↓ | 广↓ | 攵↓ | 一↓ | 口↓ | 辶↓ | 禾↓ |
| 行 | 乚 | 髟 | 口 | 至 | 丶 | 卜 | 巛 | 香 |
| ぎょうがまえ<br>ゆきがまえ | おつ | かみがしら | くち | いたる | てん | と<br>うらない | かわ | か<br>かおり |

# 覚えておきたい四字熟語

四字熟語は二字の熟語を二つ適当に重ねて作られたものがほとんどですが、故事・成語の四字熟語の場合はとくに注意が必要です。熟語の成り立ちから考えて、深い意味と人生への教訓を味わってほしいものです。

漢字をチェック！

| 読み | 四字熟語 | 意味 |
|---|---|---|
| **あ** | | |
| あくぎゃくむどう | 悪逆無道 | 人道にはなはだしくそむいた、悪い行い。「無道」は「ぶどう」「ぶとう」とも読む。 |
| あくじせんり | 悪事千里 | とかく悪い行いや評判は、すぐに広範囲に知れわたるということ。 |
| あくせんくとう | 悪戦苦闘 | 強敵に対する非常に苦しい戦い。困難に打ち勝とうと苦労しながら努力すること。 |
| あっこうぞうごん | 悪口雑言 | 口にまかせていろいろな悪口を言うこと。また、その言葉。 |
| あんうんていめい | 暗雲低迷 | 前途多難な状態が続くこと。また、雲が低くたれこめ、なかなか晴れそうにないこと。 |
| **い** | | |
| いかんそくたい | 衣冠束帯 | 衣冠も束帯も昔の貴族の礼服。 |
| いきしょうちん | 意気消沈 | 元気がなくしょげ返っていること。失望してがっかりしていること。 |
| いきしょうてん | 意気衝天 | 元気がよく天を衝かんばかりに、勢いがよいこと。意気込み盛んなこと。 |
| いきとうごう | 意気投合 | 心持ちが互いにぴったりと合い、一つになること。 |
| いきようよう | 意気揚揚 | 勢いがあり、威勢がよいさま。誇らしげにふるまうこと。 |
| いくどうおん | 異口同音 | 大勢の人が口をそろえて同じことを言うこと。「異口」は「いこう」とも読む。 |
| いしんでんしん | 以心伝心 | 考えや思っていることが言葉を使わずに、互いの心から心に伝わること。 |
| いたいどうしん | 異体同心 | 体は別でも心は固く一つに結ばれていること。それほどに関係が深いこと。 |

| 読み | 四字熟語 | 意味 |
|---|---|---|
| いちごいちえ | 一期一会 | 一生に一度限りの出会いのこと。 |
| いちじつせんしゅう | 一日千秋 | 待ち遠しいことのたとえ。一日が千年のように感じられること。 |
| いちだくせんきん | 一諾千金 | 信義に厚く裏切ることがないこと。 |
| いちびょうそくさい | 一病息災 | 多少気になるくらいの軽い病気を持っていたほうが無理をせず長生きするということ。 |
| いちぶしじゅう | 一部始終 | 物事の始めから終わりまで、すべてのこと。 |
| いちまいかんばん | 一枚看板 | 一座の中の代表的な役者、大勢の中の中心人物。また、人に見せられる唯《ゆい》一のもの。 |
| いっきいちゆう | 一喜一憂 | 状況が変化するたびに喜んだり心配したりすること。 |
| いっきとうせん | 一騎当千 | 一人の騎兵が千人の敵を相手に戦うほど、強い力を持っていること。 |
| いっきょいちどう | 一挙一動 | ひとつひとつのふるまい、動作。また、ちょっとしたしぐさのこと。 |
| いっきょりょうとく | 一挙両得 | 一つの行為で二つの利益をあげること。「一挙」は一つの動作。 |
| いっけんらくちゃく | 一件落着 | 事件や課題など、物事が解決すること。 |
| いっしどうじん | 一視同仁 | 差別することなく、すべての人を見て愛すること。区別なく接すること。 |
| いっしんどうたい | 一心同体 | 異なるものが一つになること。複数の人が心を一つにして固く結びつくこと。 |

| 読み | 四字熟語 | 意味 |
|---|---|---|
| いっせきにちょう | 一石二鳥 | 一つの石を投げて二羽の鳥を落とす意から、一つの行為で二つの利益をあげること。 |
| いっちはんかい | 一知半解 | 知識や理解が不十分であること。 |
| いっとうりょうだん | 一刀両断 | 一太刀で物を真っ二つに切ること。ためらわず、すばやく物事を解決すること。 |
| いっぱいとち | 一敗塗地 | 勝負に完全に負けること。 |
| いみしんちょう | 意味深長 | 人の言動などが奥深い意味を持っていること。裏に別の意味が隠されていること。 |
| いんがおうほう | 因果応報 | 過去における善悪の業に応じて現在における幸不幸の果報を生ずること。 |
| **う** | | |
| ういてんぺん | 有為転変 | この世は常に移り変わっていること。「転変」は「てんぺん」「てんでん」とも読む。 |
| うんさんむしょう | 雲散霧消 | 雲や霧が風や太陽の光にあたって消え失せるように、あとかたもなく消えること。 |
| **え** | | |
| えいこせいすい | 栄枯盛衰 | 人や家が栄えたり衰えたりすること。類語に「栄枯浮沈」がある。 |
| えてかって | 得手勝手 | わがまま放題に振る舞うさま。 |
| えんかくそうさ | 遠隔操作 | 離れた場所にある機器類を、間接的に操作すること。 |
| えんこうきんこう | 遠交近攻 | 遠くの国と仲良くし、近くの国をはさみ撃ちして攻める策。 |
| えんてんかつだつ | 円転滑脱 | なめらかでよく変化し自由自在なこと。物事がすらすらと運んで滞らないこと。 |
| **お** | | |
| おうきゅうしょち | 応急処置 | 急病人やけが人に、とりあえずその場でしておく処置。 |
| おうきゅうそち | 応急措置 | 「措置」は「処置」と同じ。急場の間に合わせにする仮の処置。 |

| 読み | 四字熟語 | 意味 |
|---|---|---|
| おくじょうかおく | 屋上架屋 | 無意味なことを繰り返すことのたとえ。 |
| おんこうとくじつ | 温厚篤実 | 穏やかで優しく、情に厚いこと。 |
| おんこちしん | 温故知新 | 古いものをたずね求めて新たな事柄の意味を知ること。「温」はたずね求める意。 |
| おんとろうろう | 音吐朗朗 | 声などが豊かではっきりしているさま。 |
| **か** | | |
| がいかくだんたい | 外郭団体 | 国や地方の公共機関の外部にあるが、公共機関と連携しながら支援する団体のこと。 |
| かいきにっしょく | 皆既日食 | 地球からみた太陽が月によって覆われる日食と呼ばれる現象の一種。 |
| がいこうじれい | 外交辞令 | 口先だけのお世辞。うわべだけのお愛想のこと。 |
| かいだいむそう | 海内無双 | この世で並ぶ者がいないほど優れていること。 |
| かいりきらんしん | 怪力乱神 | 人知の及ばないふしぎな現象や、超自然的な物事の存在のたとえ。 |
| かくせいいでん | 隔世遺伝 | 先祖にあった遺伝上の形質がその子孫に突然現れること。 |
| かちょうふうげつ | 花鳥風月 | 自然の美しい景色や風流な遊びのこと。 |
| かっさつじざい | 活殺自在 | 他人を自分の思いどおりに扱うこと。 |
| がでんいんすい | 我田引水 | 自分の田へ水を引くこと。自分の都合のよいように言ったり、したりすること。 |
| かろとうせん | 夏炉冬扇 | 夏の火ばちと冬の扇の意。時節に合わず、役に立たないもの。 |
| かんがいむりょう | 感慨無量 | 言葉では言い表せないほど、胸いっぱいにしみじみと感じ入ること。 |

漢字をチェック!

| 読み | | 意味 |
|---|---|---|
| か かんきゅうじざい | 緩急自在 | 速度などをゆるめたり、引き締めたり、思いのままにすること。 |
| かんたんそうしょう | 肝胆相照 | 互いに心の奥底までわかり合って深くつきあうこと。 |
| き きえんばんじょう | 気炎万丈 | 大いに意気を上げること。 |
| ききいっぱつ | 危機一髪 | 髪の毛一本ほどのほんのわずかな違いで、非常に危険な状態になりそうな瞬間、状況。 |
| ききゅうそんぼう | 危急存亡 | 危険が迫っていて、生き残るかほろびるかのせとぎわのこと。 |
| きしかいせい | 起死回生 | 今にも死にそうな病人を生き返らせること。崩壊寸前の状態から好転させること。 |
| きしょくまんめん | 喜色満面 | うれしそうな表情が顔いっぱいにあふれているようす。「色」は表情やようすの意。 |
| ぎしんあんき | 疑心暗鬼 | 疑う心があると、なんでもないことまで怪しく感じられるようになること。 |
| きせいかんわ | 規制緩和 | 政府が産業や経済に関するさまざまな規制を廃止したり緩めたりすること。 |
| きそうてんがい | 奇想天外 | 普通の人には思いつかないような、きわめて奇抜な考え。 |
| きっかいせんばん | 奇怪千万 | たいそう怪しいこと。また、けしからぬこと。「奇怪」は「きかい」とも読む。 |
| きどあいらく | 喜怒哀楽 | 喜び、怒り、哀しみ、楽しみのこと。 |
| きゅうたいいぜん | 旧態依然 | 昔からの状態がそのまま続き、少しも変化しないさま。類語に「十年一日」がある。 |
| きゅうてんちょっか | 急転直下 | 事態や情勢が急に変化し、物事が解決し決着に向かうこと。 |
| ぎゅうほせんじゅつ | 牛歩戦術 | 議会などで、審議を引き延ばすために投票の際にのろのろと歩くこと。 |

| 読み | | 意味 |
|---|---|---|
| きょうてんどうち | 驚天動地 | 天を驚かし、地を動かす意で、世間を大いに驚かすこと。 |
| きようびんぼう | 器用貧乏 | 器用なためにあれこれと手を出して一事に徹底できず、大成しないこと。 |
| ぎょくせきこんこう | 玉石混交 | すぐれたものと劣ったものが入り混じっていること。 |
| きょそどうさ | 挙措動作 | 身のこなし、立ち居振る舞いのこと。 |
| ぎろんひゃくしゅつ | 議論百出 | 多くの意見が議論されること。 |
| きんかぎょくじょう | 金科玉条 | 金や玉のように大切な法律。一番大切な法律。一番重要な規則。 |
| きんきゅうじたい | 緊急事態 | すみやかな対応が求められる重大な事態。 |
| きんじょうてっぺき | 金城鉄壁 | 金や鉄で造ったような城壁を持つ堅固な城。物事が非常に堅固であることのたとえ。 |
| く くうぜんぜつご | 空前絶後 | 過去に例がなく、この先も起こりそうにない非常にめずらしいさま。 |
| くうちゅうのろうかく | 空中楼閣 | 空中に築いた建物の意で、本来は「しんきろう」のこと。現実性のないことのたとえ。 |
| ぐしゃのいっとく | 愚者一得 | 愚かな人物であってもたまには名案を出すということ。 |
| け げいいんばしょく | 鯨飲馬食 | 鯨のように多くの酒を飲み、馬のように多く食べるさま。類語に「牛飲馬食」がある。 |
| けいこうぎゅうご | 鶏口牛後 | 大きな組織の末端より小さな組織で上の立場に立つほうがよいということ。 |
| げんこういっち | 言行一致 | 言葉と行動が食い違わないこと。「言行」は言うことと行うこと。 |
| けんぼうじゅっすう | 権謀術数 | 人をあざむくたくらみやはかりごと。 |

## こ

| | | |
|---|---|---|
| こううんりゅうすい | 行雲流水 | 空を行く雲と流れ行く水。物事にとらわれず自然のままに身をゆだねて生きること。 |
| こうきとうらい | 好機到来 | ちょうどよい機会がくること。絶好の機会に恵まれること。 |
| こうげんれいしょく | 巧言令色 | 言葉を飾って口先だけの言葉を言ったり顔色をつくろったりして相手にへつらうこと。 |
| こうしこんどう | 公私混同 | 仕事など公的にかかわっていることと、プライベートなことを区別しないこと。 |
| こうじたま | 好事多魔 | よい出来事が起こっている際には邪魔が入ることが多いこと。 |
| こうじょりょうぞく | 公序良俗 | 公共の秩《ちつ》序と、善良な風俗。 |
| こうせいめいすい | 功成名遂 | 大きな功績を上げて世間の評価が上がること。 |
| こうへいむし | 公平無私 | すべての判断、行動などがかたよらず、個人的な感情や利益などを一切加えないさま。 |
| こうろんたくせつ | 高論卓説 | すぐれた意見、論説のこと。「卓」は抜きんでている意。 |
| ごくあくひどう | 極悪非道 | 非常に悪く道理に外れていること。 |
| ここんとうざい | 古今東西 | いつでも、どこでも。「古今」はいつでも、「東西」はどこでもの意。 |
| ここんむそう | 古今無双 | 昔から今に至るまで、他に比するものがないこと。 |
| こじょうらくじつ | 孤城落日 | 孤立無縁の城に沈む夕日がさし込んでいる光景。勢力も傾き助けもこない心細いさま。 |
| こじらいれき | 故事来歴 | 古くから伝わる物事由来や歴史。「故事」は昔から伝わる話。「古事」とも書く。 |
| こっきふくれい | 克己復礼 | 自分の欲や情に打ち勝ち、社会の規範に沿った動きをすること。 |
| こっくべんれい | 刻苦勉励 | 非常に苦労して、勉学や仕事につとめはげむこと。類語に「刻苦精励」がある。 |
| こていかんねん | 固定観念 | 心中にこり固まっていて、その人の思考や行動をしばるような考え。 |
| こんくけつぼう | 困苦欠乏 | 生活に必要なものが足りないほど困窮《きゅう》すること。 |
| ごんごどうだん | 言語道断 | あまりのひどさにあきれて言葉も出ない、言葉にならないこと。 |

## さ

| | | |
|---|---|---|
| さいしかじん | 才子佳人 | 才能のある男性と美しい女性のこと。 |
| さいしょくけんび | 才色兼備 | 才知と美ぼうを兼ね備えている女性。「才色」は「さいしき」「さいそく」とも読む。 |
| さじょうのろうかく | 砂上楼閣 | 見かけ倒しであること。また実現不可能であること。 |
| さんかんしおん | 三寒四温 | 冬から初春にかけて寒い日が三日続いたのち暖かい日が四日続きこれを繰り返すこと。 |

## し

| | | |
|---|---|---|
| しかいけいてい | 四海兄弟 | 世界中の人々は兄弟のように仲良くすべきだということ。 |
| しかいどうほう | 四海同胞 | 世の中の人は全て同胞であるということ。 |
| じがじさん | 自画自賛 | 自分で自分のことをほめること。 |
| しこうさくご | 試行錯誤 | 試みと失敗をくりかえしながら適切な方法を見つけること。 |
| じごしょうだく | 事後承諾 | 承諾を要する事項において、事がすんだあとで、それについての承諾をすること。 |
| じこむじゅん | 自己矛盾 | 自分の中で行動や考えが食い違うこと。 |
| じじこくこく | 時時刻刻 | 時間のその時その時。物事が引き続いて起こる様子。 |

し

漢字をチェック!

| 読み | | 意味 |
|---|---|---|
| じじつむこん | 事実無根 | 根も葉もないこと。でたらめ。 |
| じじょうじばく | 自縄自縛 | 自分自身の行動で自分が規制されて自由に動けず、結局は進退きわまってしまうこと。 |
| しそうけんご | 志操堅固 | 正しいと信じる主義や志がしっかりと定まっていて、容易にはくずれないこと。 |
| じだいさくご | 時代錯誤 | 時代の流れにそぐわない、昔ながらの考え方。 |
| したさきさんずん | 舌先三寸 | 口先でうまいことを言って誠実さに欠け、中身がないこと。 |
| しっそけんやく | 質素倹約 | 質素な暮らしであること。 |
| じっちゅうはっく | 十中八九 | おおかた。ほとんど。 |
| しつぼうらくたん | 失望落胆 | 希望を失って、非常にがっかりすること。 |
| しふくゆうひ | 雌伏雄飛 | 活躍の機会をじっと待ち、その機会が訪れたら活躍すること。 |
| しぶんごれつ | 四分五裂 | ばらばらに分裂していること。秩《ちつ》序がなく、乱れている様子。 |
| じぼうじき | 自暴自棄 | 失敗や不満などがあって将来に希望が持てず自分自身を粗末にしすてばちになること。 |
| じゅうおうむじん | 縦横無尽 | 自由自在で、思う存分にふるまうこと。類語に「自由自在」「縦横自在」がある。 |
| しゅうぎいっけつ | 衆議一決 | 多くの人の相談や議論の結果、意見が一致して結論が出ること。 |
| しゅうしいっかん | 終始一貫 | 主張や態度、行動が始めから終わりまで変わらないこと。類語に「首尾一貫」がある。 |
| しゅうじんかんし | 衆人環視 | 多くの人が取り巻いて見ていること。物事が白日の下にさらされること。 |

| | | |
|---|---|---|
| しゅかくてんとう | 主客転倒 | 「主客」とは、主人と客人の意。転じて、物事の立場や順序が逆転してしまうこと。 |
| じゅくりょだんこう | 熟慮断行 | じっくり考えた上で思い切って実行すること。 |
| しゅしゃせんたく | 取捨選択 | 必要なものを取り、不必要なものを捨てて選び取ること。 |
| しゅびいっかん | 首尾一貫 | 一つの方針や態度を貫き通し、始めと終わりで矛盾しないさま。 |
| じゅんぷうまんぱん | 順風満帆 | 帆に追い風を一杯受けて、船が快調に進むこと。物事がすべて順調に進むこと。 |
| じょういかたつ | 上意下達 | 上の者の命令や意志を、下の者によく徹底させること。 |
| じょうけんはんしゃ | 条件反射 | ある条件を与えられると起こる反射運動のこと。 |
| しょうこうじょうたい | 小康状態 | 病状などが一度悪化していたものがやや回復し、落ち着いている状態のこと。 |
| しょうしせんばん | 笑止千万 | 非常にばかばかしいこと。「千万」はこの上なくひどいこと。 |
| しょうしんよくよく | 小心翼翼 | 気が小さくて、いつもびくびく恐れているさま。 |
| しょうねつじごく | 焦熱地獄 | 仏教の地獄の一つで、生前に殺人や盗み、飲酒などの罪を犯したものが落とされる。 |
| しょぎょうむじょう | 諸行無常 | すべての物事は変化し、はかないものであること。 |
| しょせつふんぷん | 諸説紛紛 | 様々な説やうわさが入り乱れ、真相が明らかでないこと。 |
| しょっけんらんよう | 職権濫用 | 職務上認められている権限を、不当または違法に適用すること。「濫」は「乱」とも書く。 |
| しょめいうんどう | 署名運動 | 署名を集め、意思決定に影響を与えようとすること。 |

## す

| | | |
|---|---|---|
| しりめつれつ | 支離滅裂 | ばらばらで、まとまりがないこと。一貫性がないこと。類語に「四分五裂」がある。 |
| しりょふんべつ | 思慮分別 | 物事を慎重に考えて判断すること。類語に「熟慮断行」がある。 |
| じんかいせんじゅつ | 人海戦術 | 多数の人員を投じて仕事を完成させること。 |
| しんきいってん | 心機一転 | あることを契機にして、気持ちをすっかり入れ替えて出直すこと。 |
| しんざんゆうこく | 深山幽谷 | 人里を離れた奥深い山々や、物の形がはっきりしないほど深い谷。 |
| じんしゃふゆう | 仁者不憂 | 仁徳を持つ人は、常に正しい行いをするため悩まないということ。 |
| しんしゅかかん | 進取果敢 | 自ら物事に取り組み、決断力があるさま。 |
| しんしゅくじざい | 伸縮自在 | 伸ばすことも縮めることも自由自在であること。 |
| しんしゅつきぼつ | 神出鬼没 | すばやく、自由自在に、現れたり隠れたりすること。所在が容易につかめないさま。 |
| しんしょうひつばつ | 信賞必罰 | 賞罰を厳正にすること。功労のある者には必ず賞を与え、罪を犯した者は必ず罰する。 |
| しんしょうぼうだい | 針小棒大 | 針のように小さなことを、棒ほどもあるように大きくいう。 |
| しんしんきえい | 新進気鋭 | 新たに参加したてで非常に意気込み、勢いが盛んなこと。また、その人。 |
| じんちくむがい | 人畜無害 | 人や他のものに害を与えないこと。 |
| しんちょうしんぎ | 慎重審議 | 注意深く物事を検討してそのよしあしを決めること。 |
| すいせいむし | 酔生夢死 | 酒に酔い夢心地で一生を過ごす意から、何もせずにぼんやりとむだに一生を送ること。 |

## せ

| | | |
|---|---|---|
| せいこううどく | 晴耕雨読 | 晴れた日は田畑の仕事、雨が降れば家で読書という、気の向くままの生活のこと。 |
| せいさつよだつ | 生殺与奪 | 生かすも殺すも、奪うも与えるも思いのままであること。「生殺与奪の権」と用いる。 |
| せいとうぼうえい | 正当防衛 | 不当な暴行から自身や他人の身を守る権利。 |
| せいれんけっぱく | 清廉潔白 | 心が清く不正をするような後ろめたいところがないさま。類語に「青天白日」がある。 |
| せきにんかいひ | 責任回避 | 自分が負うべき責任を避けようとする言動。 |
| せっかんせいじ | 摂関政治 | 平安時代に藤原氏が摂政や関白といった高い地位をしめて行った政治のこと。 |
| ぜひきょくちょく | 是非曲直 | 物事の善悪。正と不正。 |
| せんがくひさい | 浅学非才 | 学識が浅く未熟であること。対語に「博学多才」がある。 |
| せんきゃくばんらい | 千客万来 | 「千客」は「せんかく」とも読む。多くの客が絶え間なく訪れること。 |
| ぜんごふかく | 前後不覚 | 物事の後先の判断がつかなくなるほど正気を失うこと。類語に「人事不省」がある。 |
| せんざいいしき | 潜在意識 | 心の奥底にひそみかくれている、自覚されない意識。 |
| せんざいいちぐう | 千載一遇 | またとないよい機会のこと。「載」は年の意で「千載」は千年の意。 |
| せんさばんべつ | 千差万別 | いろいろなものそれぞれに相違や差異があること。「万別」は「まんべつ」とも読む。 |
| ぜんじんみとう | 前人未到 | 今までだれも到達していないこと。「未到」は「未踏」とも書く。 |
| せんせいこうげき | 先制攻撃 | 先手を取って相手を攻めること。類語に「先手必勝」がある。 |

| | 読み | 漢字をチェック！ | 意味 |
|---|---|---|---|
| せ | ぜんとゆうぼう | 前途有望 | 将来成功する見込みが大きいこと。類語に「前途洋洋」がある。 |
| | せんぺんばんか | 千変万化 | さまざまに変化すること。「千変」は「せんぺん」とも読む。 |
| | せんゆうこうらく | 先憂後楽 | 先に心配事・苦痛に思うことをかたづけ、楽しみは後回しにすること。 |
| | せんりょのいっしつ | 千慮一失 | 知者がどんなに入念に考えたことでも、一つぐらいは失敗や間違いがあるということ。 |
| そ | そういくふう | 創意工夫 | ものを新たに考え出し、いろいろな手段をめぐらすこと。 |
| | そうじょうこうか | 相乗効果 | 複数の原因が重なり、個々に得られる以上の結果を生じること。 |
| | そくてんきょし | 則天去私 | 自然の道理に従い、私心を捨てて崇高に生きること。 |
| | そせいらんぞう | 粗製濫造 | 質の悪い品をやたらに多く作ること。「濫造」は「乱造」とも書く。 |
| | そっせんすいはん | 率先垂範 | 先頭に立って行動し模範を示すこと。「率先」は先立って行動する、「垂範」は手本。 |
| た | たいあんきちじつ | 大安吉日 | とても縁起のいい日のこと。 |
| | たいきばんせい | 大器晩成 | 偉大な人物は、若いころは目立たず、徐々に実力を養い、晩年に大成するということ。 |
| | たいぎめいぶん | 大義名分 | ある行為をするための根拠となる正当な理由。 |
| | たいざんめいどう | 大山鳴動 | 騒ぎは非常に大きいが結果は小さいことのたとえ。「大山鳴動して鼠《ねずみ》一匹」ともいう。 |
| | だいじだいひ | 大慈大悲 | 全てのものを救おうとする仏の広大な慈悲の心のこと。 |
| | だいたんふてき | 大胆不敵 | 度胸がすわっていて敵をまったく恐れないさま。 |

| | 読み | 漢字 | 意味 |
|---|---|---|---|
| | だいどうしょうい | 大同小異 | 多少の違いはあるが、ほぼ同じであること。似たり寄ったりであること。 |
| | だいどうだんけつ | 大同団結 | 共通の目標に向かって小さな意見の違いは無視してまとまること。 |
| | たきぼうよう | 多岐亡羊 | 方針が多すぎてどうしたらよいのか迷うこと。「多岐」はたくさんの分かれ道の意。 |
| | たじょうたかん | 多情多感 | 感情豊かで物事に感じやすいこと。 |
| | たじょうたこん | 多情多恨 | 感受性が強いため、恨んだり悔いたりする気持ちが多いこと。 |
| | たりきほんがん | 他力本願 | 仏の他者を救う願いによって救われること。他人任せにすること。 |
| | だんいほうしょく | 暖衣飽食 | 暖かい服を着て、十分に食べること。なんの不足もない恵まれた生活。 |
| | たんじゅんめいかい | 単純明快 | はっきりして、わかりやすいこと。筋道が通っていて内容がよくわかること。 |
| | たんしんふにん | 単身赴任 | 家族を残して、本人だけが任地へ赴くこと。 |
| | たんだいしんしょう | 胆大心小 | 大胆に行動しつつも、細心の注意を払うこと。 |
| | たんとうちょくにゅう | 単刀直入 | たった一本の刀で敵の中に切り込むことから、前置きなしにいきなり要点に入ること。 |
| ち | ちがいほうけん | 治外法権 | 外国にいる人が滞在している国の法律（とくに裁判権）に服さない権利。 |
| | ちくりんしちけん | 竹林七賢 | 竹林で清談を交わした七人の賢者のこと。「清談」は趣味や学問の話のこと。 |
| | ちゅうやけんこう | 昼夜兼行 | 昼も夜も休まずに進むこと。転じて、物事を続けて行うこと。 |
| | ちょくじょうけいこう | 直情径行 | 感情の赴くままに行動に移すこと。「直」も「径」もまっすぐの意。 |

| 読み | 四字熟語 | 意味 |
|---|---|---|
| ちらんこうぼう | 治乱興亡 | 世の中がよく治まることと、乱れて亡びること。 |
| **て** | | |
| てきしゃせいぞん | 適者生存 | 環境に適した者が生き残り、適さない者は滅びること。 |
| てんいむほう | 天衣無縫 | 詩文などで技巧の跡がなく、ごく自然に見えながら完成度の高いこと。 |
| でんこうせっか | 電光石火 | 稲妻の光と火打ち石を打って出る火花。非常に短い時間。動作がきわめて速いこと。 |
| てんぺんちい | 天変地異 | 雷、暴風、地震など、自然界に起こる異変。類語に「天災地変」がある。 |
| **と** | | |
| とういそくみょう | 当意即妙 | その場にふさわしいタイミングで即座の機転をきかすこと。 |
| どうこういきょく | 同工異曲 | 手際や技巧は同じだが趣や味わいが違う。見かけは違うようでも同じ手法であること。 |
| どうしょういむ | 同床異夢 | いっしょに暮らしてはいるが、別々のことを考えている状態。 |
| とうだいずいいち | 当代随一 | 今の時代で、数多くある中の第一位。一番。 |
| どうぶんどうき | 同文同軌 | 天下を統一すること。天下が統一されていること。 |
| とくいまんめん | 得意満面 | 顔いっぱいに、誇らしい気持ちが表れること。 |
| どくだんせんこう | 独断専行 | 他の人に相談しないで自分一人で判断し、自分の思うまま勝手に実行すること。 |
| **な** | | |
| なんこうふらく | 難攻不落 | 守りが固く攻め落としにくい。相手がなかなかこちらの思い通りにならないこと。 |
| **に** | | |
| にしゃたくいつ | 二者択一 | 二つの中から一つを選ぶこと。類語に「二者選一」がある。 |
| にそくさんもん | 二束三文 | 二束でわずか三文の意。多く捨て売りの場合の値段をいう。 |
| にちじょうさはん | 日常茶飯 | 普段の食事。転じて、ありふれた平凡な物事。 |
| にっしんげっぽ | 日進月歩 | 絶えず進歩すること。とどまることなく急速に進歩すること。 |
| にんきぜっちょう | 人気絶頂 | 人気がもっともある状態。 |
| **ね** | | |
| ねんこうじょれつ | 年功序列 | 勤続年数や年齢が増すにつれて賃金や地位が上がること。 |
| **は** | | |
| はがんいっしょう | 破顔一笑 | 顔をほころばせて笑うこと。 |
| はきゅうこうか | 波及効果 | 波が広がるように伝わっていく物事の影響。 |
| はくがくたさい | 博学多才 | 広く学問に通じ多方面に優れた才能を持っていること。対義語に「浅学非才」がある。 |
| はくさせいしょう | 白砂青松 | 白い砂と青い松からなる美しい海岸線のたとえ。「白砂」は「はくしゃ」とも読む。 |
| はくしじゃっこう | 薄志弱行 | 意志が弱くて実行力が足りないこと。類語に「意志薄弱」「優柔不断」がある。 |
| はくらんきょうき | 博覧強記 | ひろく書物を読み、そのことを記憶していること。「強記」は記憶力が優れている意。 |
| ばじとうふう | 馬耳東風 | 他人からの意見や批判に無関心で注意を払わないこと。「東風」は心地よい春風。 |
| はらんばんじょう | 波瀾万丈 | 物事の変化がきわめて激しいこと。 |
| はんしんはんぎ | 半信半疑 | 本当かどうか判断に迷うこと。 |
| **ひ** | | |
| ひがんたっせい | 悲願達成 | 長期間、強く願っていたことが実現すること。 |
| びじれいく | 美辞麗句 | 美しく飾ったたくみな言葉。主にお世辞を言うための言葉や言いまわし。 |

| 読み | 漢字をチェック! | 意味 |
|---|---|---|
| **ひ** | | |
| びじん はくめい | 美人薄命 | 美人には不幸な人や短命な人が多いこと。 |
| ひそう せんぱく | 皮相浅薄 | 物事のうわべだけしか知らず、考えが浅く不十分な様子のこと。 |
| ひゃっか そうめい | 百家争鳴 | 多くの学者が自由に論争すること。 |
| ひゃっき やこう | 百鬼夜行 | 悪人どもが自分勝手なふるまいをすること。「夜行」は「やぎょう」とも読む。 |
| ひよく れんり | 比翼連理 | 男女・夫婦の愛情がきわめて深い様子。 |
| ひんこう ほうせい | 品行方正 | 行い、行状がきちんとして正しいこと。類語に「聖人君子」がある。 |
| **ふ** | | |
| ふくごう おせん | 複合汚染 | 複数の有害物質が複合することで、より毒性が強まった汚染。 |
| ふくざつ かいき | 複雑怪奇 | いろいろなことが込み入って混乱しているため、全体として怪しく不思議なようす。 |
| ぶたい そうち | 舞台装置 | 舞台芸術で、雰囲気を出すため舞台上に設けられた照明や大道具・小道具などの装置。 |
| ぶつじょう そうぜん | 物情騒然 | 世間、世人が穏やかでなく物騒な状態。 |
| ふろう ちょうじゅ | 不老長寿 | いつまでも年をとらず、長生きすること。類語に「長生不死」「不老不死」がある。 |
| ふろう ふし | 不老不死 | いつまでも老いず、死なないこと。 |
| ぶんめい かいか | 文明開化 | 人知が開け、世の中が進歩して文化の水準が高くなること。 |
| ふんれい どりょく | 奮励努力 | 目標を立てて一心に当たる心構え。 |
| **へ** | | |
| へいおん ぶじ | 平穏無事 | 穏やかで、これといったこともなく安らかなこと。類語に「無事息災」がある。 |
| へいしん ていとう | 平身低頭 | 頭を下げて、恐れ入ること。ひたすら謝ること。 |
| へんげん じざい | 変幻自在 | 出没や変化が自由自在であること、またそのようす。類語に「千変万化」がある。 |
| へんげん せきく | 片言隻句 | わずかな言葉。ちょっとした短い言葉。類語に「片言隻語」「一言半句」がある。 |
| へんげん せきご | 片言隻語 | わずかな言葉。「片言隻句」に同じ。 |
| **ほ** | | |
| ぼうぎゃく ひどう | 暴虐非道 | 人の道を外れた残虐で乱暴な行いのこと。 |
| ほうねん まんさく | 豊年満作 | 作物がよく実り、収穫が多いこと。 |
| ほんまつ てんとう | 本末転倒 | 根本的で重要な事柄と小さくつまらない事柄を取り違えること。 |
| **ま** | | |
| まんげん ほうご | 漫言放語 | 勝手なことを言い散らすこと。言いたい放題。 |
| **む** | | |
| むい としょく | 無為徒食 | なんの仕事もせず遊び暮らすこと。「無為」は何もしない、「徒食」は働かない。 |
| むい むかん | 無位無冠 | 社会的な地位がないこと。 |
| むい むさく | 無為無策 | 何の対策や解決法もとれずにいること。 |
| むが むちゅう | 無我夢中 | 物事に熱中して自分を忘れ、他のことを顧みないこと。 |
| むけん じごく | 無間地獄 | 地獄の最下層に位置する殺生。 |
| むびょう そくさい | 無病息災 | 病気をせず健康で、また災害がなく無事。「息災」は仏の力で災いを止めること。 |
| むみ かんそう | 無味乾燥 | 少しもおもしろみや味わいのないこと。「無味」は趣がない意。 |

| | 読み | 四字熟語 | 意味 |
|---|---|---|---|
| め | めいきょう しすい | 明鏡止水 | くもりのない鏡と静かな水面。転じて、心にくもりがなく静かに落ち着いているさま。 |
| | めいじつ いったい | 名実一体 | 表向きの評判と内容が一致していること。 |
| | めいてつ ほしん | 明哲保身 | 賢い人は危険を避けて身を安全に保つこと。 |
| | めいろう かいかつ | 明朗快活 | 明るく元気で、ほがらかであるさま。 |
| | めいろん たくせつ | 名論卓説 | 格調高い議論ととりわけすぐれた意見。類語に「高論卓説」「高論名説」がある。 |
| | めいわく せんばん | 迷惑千万 | たいへん迷惑なこと。類語に「迷惑至極」がある。 |
| | めっし ほうこう | 滅私奉公 | 私心を抑えて公に尽くすこと。 |
| | めんきょ かいでん | 免許皆伝 | 師匠が弟子に技を全て伝授した証のこと。 |
| | めんもく やくじょ | 面目躍如 | 「面目」は「めんぼく」とも読む。世間の評価にふさわしい活躍をするさま。 |
| も | もんこ かいほう | 門戸開放 | 制限をなくして自由にすること。 |
| ゆ | ゆうじゅう ふだん | 優柔不断 | 気が弱く、ぐずぐずとして決断力にとぼしいこと。類語に「意志薄弱」がある。 |
| | ゆうめい むじつ | 有名無実 | 名ばかりで、実質が伴わないこと。評判と実際とが違っていること。 |
| | ゆうもう かかん | 勇猛果敢 | 勇ましくて決断力が強く、屈しないこと。類語に「進取果敢」がある。 |
| | ゆだん たいてき | 油断大敵 | 注意を怠れば必ず失敗を招くから警戒せよという戒め。類語に「油断強敵」がある。 |
| よ | ようい しゅうとう | 用意周到 | 心づかいがゆきとどいて手抜かりのないこと。 |
| | ようし たんれい | 容姿端麗 | 姿、形がきちんと整っていて美しいこと。 |
| ら | らんせん もよう | 乱戦模様 | 敵味方入り混じって争っているようす。 |
| り | りがい とくしつ | 利害得失 | 利益になることと、損害になること。「利害」「得失」は、ほぼ同じ意味。 |
| | りきせん ふんとう | 力戦奮闘 | 力いっぱい努力すること。 |
| | りごう しゅうさん | 離合集散 | 離れたり集まったりする。また、そのくりかえし。 |
| | りっしん しゅっせ | 立身出世 | 社会的な地位を確立して名をあげること。 |
| | りゅうげん ひご | 流言飛語 | 世間で言いふらされている、根拠のないうわさ話。 |
| | りょうさい けんぼ | 良妻賢母 | よき妻でありよき母であること。かつての理想の婦人像。 |
| | りろ せいぜん | 理路整然 | 話や意見、物事の筋道がきちんとしている。対語に「支離滅裂」がある。 |
| | りんき おうへん | 臨機応変 | その場に臨み変化に応じて最も適当な手段をほどこすこと。そのさま。 |
| れ | れいかん さんと | 冷汗三斗 | 非常に恐ろしい思いをしたり、恥ずかしい思いをして冷や汗が出る様子。 |
| ろ | ろうせい えんじゅく | 老成円熟 | 経験が豊富で、人格、知識、技能などが十分に熟練して豊かな内容を持っていること。 |
| | ろへん だんわ | 炉辺談話 | いろりのそばで、くつろいでする、よもやま話。 |
| わ | わけい せいじゃく | 和敬清寂 | 茶道の精神を表す言葉。「和敬」は主人と客の心の持ち方の心得の意。 |
| | わこん ようさい | 和魂洋才 | 日本固有の精神を持ちながら西洋の学問をそなえ持つこと。 |

本書記載の情報は制作時点のものです。受検をお考えの方は、必ずご自身で下記の公益財団法人 日本漢字能力検定協会の発表する最新情報をご確認ください。

公益財団法人 日本漢字能力検定協会
【ホームページ】 https://www.kanken.or.jp/
<本部> 京都市東山区祇園町南側 551 番地
TEL：(075)757－8600 FAX：(075)532－1110
ホームページにある「よくある質問」を読んで該当する質問がみつからなければメールフォームでお問合せください。電話でのお問合せ窓口は0120－509－315（無料）です。

**◆「漢検」「漢字検定」は公益財団法人 日本漢字能力検定協会の登録商標です。**

**本書に関する正誤等の最新情報は、下記のアドレスでご確認ください。**
**https://www.seibidoshuppan.co.jp/info/kakikomi-kanken3-2305**

◉ 上記アドレスに掲載されていない箇所で、正誤についてお気づきの場合は、書名・質問事項・氏名・住所（または FAX 番号）を明記の上、**成美堂出版**まで**郵送**または **FAX** でお問い合わせください。**お電話でのお問い合わせはお受けできません。**
◉ 内容によってはご質問をいただいてから回答を発送するまでお時間をいただくこともございます。
◉ 本書の内容を超える質問等にはお答えできませんので、あらかじめご了承ください。

よくあるお問い合わせ

**Q 持っている辞書に掲載されている部首と、本書に掲載されている部首が違いますが、どちらが正解でしょうか？**

**A** 辞書によっては、部首としているものが異なることがあります。**漢検の採点基準では、「漢検要覧2～10級対応 改訂版」（日本漢字能力検定協会発行）で示しているものを正解としています**ので、本書もこの基準に従っています。そのためお持ちの辞書と部首が異なることがあります。


書き込み式 漢字検定３級問題集

編　著　成美堂出版編集部
発行者　深見公子
発行所　成美堂出版
〒162-8445 東京都新宿区新小川町1-7
電話(03)5206-8151 FAX(03)5206-8159
印　刷　大盛印刷株式会社



ISBN978-4-415-23271-3
落丁·乱丁などの不良本はお取り替えします
定価はカバーに表示してあります

# 別冊

# 解答・解説



本冊P.10からはじまる練習問題の解答・解説



本冊P.60からの本試験型テストの解答・解説

- 解答は、常用漢字および常用漢字音訓表の読みで答えてください。それ以外の漢字・読みで答えると、正答とは認められません。
- 部首は、辞書や参考書によって多少違いがあります。本書では『漢検要覧2～10級対応 改訂版』(日本漢字能力検定協会発行)によります。
- 解答が複数ある場合は、どれか1つを書けば正解になります。

矢印の方向に引くと別冊が外れます

書き込み式 漢字検定3級問題集

成美堂出版

コピーして使える答案用紙

一 読み (30)

| 1 | 2 | 3 | 4 | 5 | 6 | 7 | 8 | 9 | 10 | 11 | 12 | 13 | 14 |
|---|---|---|---|---|---|---|---|---|---|---|---|---|---|
| | | | | | | | | | | | | | |

二 同音・同訓異字 (30)

| 1 | 2 | 3 | 4 | 5 | 6 | 7 | 8 | 9 | 10 |
|---|---|---|---|---|---|---|---|---|---|
| | | | | | | | | | |

四 熟語の構成 (20)

| 1 | 2 | 3 | 4 | 5 | 6 | 7 | 8 | 9 | 10 |
|---|---|---|---|---|---|---|---|---|---|
| | | | | | | | | | |

六 対義語・類義語 (20)

| 1 | 2 | 3 | 4 | 5 |
|---|---|---|---|---|
| | | | | |

| 6 | 7 | 8 | 9 | 10 |
|---|---|---|---|---|
| | | | | |

七 漢字と送りがな (10)

| 1 | 2 |
|---|---|
| | |

九 誤字訂正 (10)

| | 1 | 2 | 3 | 4 | 5 |
|---|---|---|---|---|---|
| 誤 | | | | | |
| 正 | | | | | |

十 書き取り (40)

| 1 |
|---|
| |

| 11 |
|---|
| |

学習日 月 日

／200

| 30 | 29 | 28 | 27 | 26 | 25 | 24 | 23 | 22 | 21 | 20 | 19 | 18 | 17 | 16 | 15 |
|---|---|---|---|---|---|---|---|---|---|---|---|---|---|---|---|
| | | | | | | | | | | | | | | | |

| 15 | 14 | 13 | 12 | 11 |
|---|---|---|---|---|
| | | | | |

## 三 漢字識別 (10)

| 5 | 4 | 3 | 2 | 1 |
|---|---|---|---|---|
| | | | | |

## 五 部首 (10)

| 10 | 9 | 8 | 7 | 6 | 5 | 4 | 3 | 2 | 1 |
|---|---|---|---|---|---|---|---|---|---|
| | | | | | | | | | |

| 5 | 4 | 3 |
|---|---|---|
| | | |

## 八 四字熟語 (20)

| 5 | 4 | 3 | 2 | 1 |
|---|---|---|---|---|
| | | | | |

| 10 | 9 | 8 | 7 | 6 |
|---|---|---|---|---|
| | | | | |

| 10 | 9 | 8 | 7 | 6 | 5 | 4 | 3 | 2 |
|---|---|---|---|---|---|---|---|---|
| | | | | | | | | |

| 20 | 19 | 18 | 17 | 16 | 15 | 14 | 13 | 12 |
|---|---|---|---|---|---|---|---|---|
| | | | | | | | | |

 第２章「本試験型テスト」の答案用紙です。くり返し学習したい人は、このページをコピーして使ってください。

# 学習ドリル 1 すぐにチェック!! 練習問題【解答・解説】

問題は本冊P10~12

## 練習問題 ① 読み

グレーの部分は解答の補足です。

1 あいちょう
2 いろう
3 えいしょう
4 きえつ
5 えつらん
6 えんてんかか
7 えんかい
8 おうべい
9 よこなぐり
10 甲《こう》おつ
11 おろして
12 おんけん
13 かきょう
14 かくう
15 かどう
16 よめいり
17 がし
18 かいき
19 こうかい
20 きんかい
21 かんがい
22 がいとう
23 がいりゃく
24 じょうかく
25 かんかく
26 しゅうかく
27 あわれむ
28 かたまり
29 くやむ

5「閲覧《えつらん》」は、新聞や書物などを調べながら読むこと。

10「甲乙《こうおつ》」は、第一と第二。二つのものの優劣。「甲《こう》乙《おつ》つけがたい」は、優劣がつけられないこと。

13「佳境《かきょう》」は、話や物語の興味深い場面。面白いところ。

18「複雑怪奇《ふくざつかいき》」は、込み入っていてわかりにくいこと。不思議なこと。

## 練習問題 ② 書き取り

グレーの部分は解答の補足です。

1 哀《あわ》れんだ
2 慰《なぐさ》める
3 朗詠《ろうえい》
4 満悦《まんえつ》
5 校閲《こうえつ》
6 炎《ほのお》
7 宴席《えんせき》
8 渡欧《とおう》
9 殴《なぐ》られた
10 乙《おつ》
11 卸値《おろしね》
12 安穏《あんのん》
13 佳作《かさく》
14 架《か》かった
15 華《はな》
16 嫁《とつ》ぐ
17 餓鬼《がき》
18 怪物《かいぶつ》
19 悔《く》い
20 塊《かたまり》
21 憤慨《ふんがい》
22 該博《がいはく》
23 気概《きがい》
24 外郭《がいかく》
25 隔世《かくせい》
26 穏《おだ》やか
27 怪《あや》しげ
28 隔《へだ》たり
29 収穫《しゅうかく》

3「朗詠《ろうえい》」は、詩歌などを高らかにうたうこと。

5「校閲《こうえつ》」は、文書などの内容を調べ、誤りや不備な点を修正すること。

12「安穏《あんのん》」は、心静かに落ち着いている様子のこと。

22「該博《がいはく》」は、物事に広く通じていること。学識などの広いこと。また、そのさま。

## 練習問題 ③ 同音・同訓異字

グレーの部分は解答の補足です。

1 ウ 慨
2 エ 概
3 ア 害
4 ア 架
5 イ 化
6 エ 過
7 エ 押
8 オ 往
9 ア 欧

## 練習問題 ④ 部首

グレーの部分は解答の補足です。

1 ウ 口 くち
2 エ 心 こころ
3 イ 宀 うかんむり
4 ウ 殳 るまた ほこづくり
5 ア 卩 わりふ ふしづくり
6 エ 飠 しょくへん
7 ア 阝 おおざと
8 ウ 禾 のぎへん
9 イ 門 もんがまえ
10 ア 禾 のぎへん
11 エ 忄 りっしんべん
12 ウ 木 きへん

# 学習ドリル 2 すぐにチェック!! 練習問題【解答・解説】

問題は本冊P14~16

## 練習問題 ① 読み

グレーの部分は解答の補足です。

1 がくふ
2 かけ
3 かっそうろ
4 かんじん
5 かんすい
6 かんあん
7 つらぬく
8 かんき
9 こうかん
10 ゆうかん
11 ゆるむ
12 きかく
13 いっしゅうき
14 きどう
15 きしかん
16 きし
17 ほうき
18 きへい
19 あざむく
20 ぎ 牲《せい》
21 きく
22 きっきょう
23 まんきつ
24 ぎゃくたい
25 きょせい
26 かいきょう
27 きょうい
28 きもだめし
29 いっかん

1「岳父《がくふ》」は、妻の父親のこと。

6「勘案《かんあん》」は、あれこれ考えること。

8「喚起《かんき》」は、注意や世論などを呼び起こすこと。

15「既視感《きしかん》」は、一度も体験したことがないにもかかわらず、既に体験したことがあるように感じること。

25「虚勢《きょせい》」は、威勢があるように見せかけること。

## 練習問題 ② 書き取り

グレーの部分は解答の補足です。

1 岳《だけ》
2 掛《か》け
3 滑《すべ》り
4 肝《きも》
5 冠《かんむり》
6 勘弁《かんべん》
7 貫《つらぬ》く
8 喚問《かんもん》
9 換《か》える
10 果敢《かかん》
11 緩和《かんわ》
12 企画《きかく》
13 忌引《きび》き
14 常軌《じょうき》
15 既知《きち》
16 将棋《しょうぎ》
17 投棄《とうき》
18 騎手《きしゅ》
19 詐欺《さぎ》
20 犠打《ぎだ》
21 野菊《のぎく》
22 不吉《ふきつ》
23 喫茶《きっさ》
24 自虐《じぎゃく》
25 虚栄《きょえい》
26 海峡《かいきょう》
27 脅《おど》し
28 滑《なめ》らか
29 企《くわだ》てる

4「肝《きも》を冷《ひ》やす」は、驚き恐れてひやりとすること。

8「証人喚問《しょうにんかんもん》」は、国会や地方議会において、事実を追求するために証人を呼び出すこと。

11「緩和《かんわ》」は、激しさなどの程度を和らげること。

14「常軌《じょうき》を逸《いっ》した」は、常識では考えられないようなこと。

## 練習問題 ③ 同音・同訓異字

グレーの部分は解答の補足です。

1 オ 喚
2 ウ 換
3 イ 貫
4 オ 敢
5 ウ 緩
6 エ 寒
7 イ 企
8 ウ 軌
9 エ 奇

## 練習問題 ④ 部首

グレーの部分は解答の補足です。

1 ウ 山 やま
2 ウ 扌 てへん
3 エ 冖 わかんむり
4 ウ 人 ひとやね
5 イ 木 き
6 エ 口 くちへん
7 ア 艹 くさかんむり
8 イ 口 くちへん
9 ウ 扌 てへん
10 ア 心 こころ
11 エ 牛 うしへん
12 エ 虍 とらがしら とらかんむり

# 学習ドリル 3

# すぐにチェック!! 練習問題【解答・解説】

問題は本冊P18〜20

## 練習問題1 読み

グレーの部分は解答の補足です。

1 ぎょうし
2 いっきん
3 きんきゅう
4 おろか
5 ぐうぜん
6 ふぐう
7 けいむかん
8 けいき
9 けいはつ
10 かかげて
11 けいさい
12 けいたい
13 きゅうけい
14 にわとり
15 くじら
16 けんやく
17 かしこい
18 まぼろし
19 こどく
20 こ
21 やとう
22 かいこ
23 ごらく
24 かくご
25 さとる
26 きこう
27 たくみ
28 こう乙《おつ》
29 けんじゃ

6「不遇《ふぐう》」は、才能や人物にふさわしい待遇を受けていないこと。

9「啓発《けいはつ》」は、人が気づいていないようなことについて教え導くこと。

22「回顧《かいこ》」は、過去を思い起こすこと。

26「気孔《きこう》」は、植物の葉にある空気の出入り口のこと。

## 練習問題2 書き取り

グレーの部分は解答の補足です。

1 凝縮《ぎょうしゅく》
2 斤量《きんりょう》
3 緊張《きんちょう》
4 愚問《ぐもん》
5 偶発《ぐうはつ》
6 待遇《たいぐう》
7 刑罰《けいばつ》
8 契約《けいやく》
9 啓示《けいじ》
10 掲示《けいじ》
11 携行《けいこう》
12 憩《いこ》い
13 鶏舎《けいしゃ》
14 捕鯨《ほげい》
15 勤倹《きんけん》
16 賢明《けんめい》
17 幻想《げんそう》
18 孤島《ことう》
19 弧《こ》
20 雇用《こよう》
21 顧《かえり》みる
22 娯楽《ごらく》
23 悟《さと》り
24 孔子《こうし》
25 精巧《せいこう》
26 甲高《かんだか》い
27 凝《こ》らす
28 携《たずさ》わって
29 雇《やと》う

2「斤量《きんりょう》」は、はかりめ。目方。また、競馬において競走馬が負担しなければならない重量のこと。

15「勤倹《きんけん》」は、よく働き倹約すること。

17「幻想《げんそう》」は、現実のことのように心に思い描くこと。

18「孤島《ことう》」は、周囲に陸地がなく海の上に孤立している島のこと。

## 練習問題3 同音・同訓異字

グレーの部分は解答の補足です。

1 オ 斤
2 ア 緊
3 ウ 筋
4 ウ 携
5 エ 憩
6 オ 掲
7 ア 孤
8 エ 顧
9 イ 雇

## 練習問題4 部首

グレーの部分は解答の補足です。

1 ウ 糸 いと
2 イ 鳥 とり
3 ア 弓 ゆみへん
4 ア 隹 ふるとり
5 ウ 頁 おおがい
6 ウ 冫 にすい
7 ウ 心 こころ
8 ア 亻 にんべん
9 ア 扌 てへん
10 イ 心 こころ
11 エ 魚 うおへん
12 イ 貝 かい こがい

# 学習ドリル 4

## すぐにチェック!! 練習問題【解答・解説】

問題は本冊P22～24

### 練習問題 1 読み

グレーの部分は解答の補足です。

1 たんこう
2 こうそく
3 きんこう
4 ひかえた
5 あわてて
6 かたい
7 しぼる
8 つなひき
9 はっこう
10 こくふく
11 とうごく
12 いこん
13 こんいろ
14 しょうこん
15 こんでん
16 ふさい
17 かいさい
18 さくげん
19 しぼる
20 さくらん
21 さつえい
22 すり
23 ざんてい
24 ふくし
25 じっし
26 しゅさい
27 しもん
28 ほどこした
29 はかる

9「発酵《はっこう》」は、酵素の働きによってある物質が特定の別の物質へ作り変えられること。

10「克服《こくふく》」は、努力して困難を乗り越えること。

12「遺恨《いこん》」は、長く忘れられない恨みのこと。

23「暫定《ざんてい》」は、確定するまでの、仮の一時的な取り決めのこと。

### 練習問題 2 書き取り

グレーの部分は解答の補足です。

1 坑道《こうどう》
2 拘置所《こうちしょ》
3 郊外《こうがい》
4 控《ひか》えめ
5 慌《あわ》ただしく
6 硬式《こうしき》
7 絞《し》める
8 綱渡《つなわた》り
9 酵素《こうそ》
10 克己心《こっきしん》
11 地獄《じごく》
12 逆恨《さかうら》み
13 濃紺《のうこん》
14 魂《たましい》
15 開墾《かいこん》
16 国債《こくさい》
17 開催《かいさい》
18 削《けず》り
19 搾取《さくしゅ》
20 錯覚《さっかく》
21 撮影《さつえい》
22 擦過傷《さっかしょう》
23 暫時《ざんじ》
24 福祉《ふくし》
25 施設《しせつ》
26 諮問《しもん》
27 綱紀《こうき》
28 催《もよお》される
29 撮《と》る

10「克己心《こっきしん》」は、自分の欲望を押さえつける力のこと。

20「錯覚《さっかく》」は、目や耳などの感覚器に異常がないにもかかわらず、物事を実物の通りに感知できないこと。また、勘違い。気のせい。

26「諮問《しもん》」は、ある機関や有識者に、意見を尋ね求めること。

### 練習問題 3 同音・同訓異字

グレーの部分は解答の補足です。

1 ア 抗
2 オ 拘
3 エ 郊
4 オ 恨
5 ア 紺
6 ウ 墾
7 オ 債
8 イ 催
9 エ 再

### 練習問題 4 部首

グレーの部分は解答の補足です。

1 イ 阝 おおざと
2 イ 糸 いとへん
3 ア 酉 とりへん
4 エ 儿 ひとあし にんにょう
5 エ 犭 けものへん
6 ア 扌 てへん
7 イ 扌 てへん
8 ア 扌 てへん
9 ア 忄 りっしんべん
10 エ 糸 いとへん
11 ア 鬼 おに
12 エ 土 つち

# まとめテスト 1

## すぐにチェック!! 練習問題【解答・解説】

問題は本冊P25～26

### 練習問題 1 漢字と送りがな

1 哀《あわ》れ
2 慰《なぐさ》める
3 穏《おだ》やか
4 怪《あや》しい
5 滑《なめ》らか
6 緩《ゆる》やか
7 脅《おど》かし
8 携《たずさ》わって
9 慌《あわ》ただしく
10 施《ほどこ》し

### 練習問題 2 対義語・類義語

グレーの部分は解答の補足です。

1 閲歴《えつれき》
2 安穏《あんのん》
3 佳日《かじつ》
4 架空《かくう》
5 感慨《かんがい》
6 円滑《えんかつ》
7 肝要《かんよう》
8 既知《きち》
9 放棄《ほうき》
10 吉日《きちじつ》
11 凝縮《ぎょうしゅく》
12 緊急《きんきゅう》
13 賢者《けんじゃ》
14 削減《さくげん》

### 練習問題 3 誤字訂正

グレーの部分は誤字・正字を含む熟語です。

| | 【誤】 | | 【正】 |
|---|---|---|---|
| 1 | 佳美 | ↓ | 華美 |
| 2 | 気慨 | ↓ | 気概 |
| 3 | 喚気 | ↓ | 換気 |
| 4 | 起道 | ↓ | 軌道 |
| 5 | 掲示 | ↓ | 啓示 |
| 6 | 添錯 | ↓ | 添削 |

### 練習問題 4 四字熟語

グレーの部分は解答の補足です。

1 喜怒哀楽《きどあいらく》
2 気炎万丈《きえんばんじょう》
3 平穏無事《へいおんぶじ》
4 怪力乱神《かいりきらんしん》
5 終始一貫《しゅうしいっかん》
6 勇猛果敢《ゆうもうかかん》
7 緩急自在《かんきゅうじざい》
8 自暴自棄《じぼうじき》
9 一騎当千《いっきとうせん》
10 大安吉日《たいあんきちじつ》
11 愚者一得《ぐしゃのいっとく》
12 質素倹約《しっそけんやく》
13 克己復礼《こっきふくれい》
14 和魂洋才《わこんようさい》

人間が持っているさまざまな感情のこと。

大いに意気を上げること。

おだやかで、特に何事もなく安らかなこと。またその様子。

理屈では説明できない不思議な存在や現象のこと。「怪力」は「かいりょく」とも読む。

最初から最後まで、態度などが変わらないこと。

勇ましく力強く、決断力があること。思いきりがよく屈しないこと。

速度などを状況などに応じて早くしたり遅くしたり、自由自在に操ること。

失敗や失望のために投げやりになり、自分を粗末にすること。

一人で多くの敵を相手にできるほど強いこと。

とても縁起のいい日のこと。

愚かな人物であってもたまには名案を出すということ。

質素な暮らしであること。

自分の欲や情に打ち勝ち、社会の規範に沿った動きをすること。

日本古来の精神を大切にしつつ、西洋の優れた知識を取り入れること。

# 学習ドリル 5 すぐにチェック!! 練習問題【解答・解説】

問題は本冊P28～30

## 練習問題① 読み

グレーの部分は解答の補足です。

1 じじゅう
2 じぜん
3 きじく
4 しっそう
5 しっぷ
6 おんしゃ
7 じゃすい
8 とくしゅ
9 ちょうじゅ
10 じゅんたく
11 じゅんぼう
12 けつじょ
13 じょこう
14 ししょう
15 じょうしょう
16 しゃしょう
17 けっしょう
18 しょうてん
19 しょうどう
20 しょう楼《ろう》
21 じょうだん
22 れいじょう
23 じょうざい
24 じょうほ
25 しょくぼう
26 しめって
27 のぼる
28 こがし
29 かね

6「恩赦《おんしゃ》」は、行政権によって刑罰の一部または全部を消滅させること。

10「潤沢《じゅんたく》」は、物や資金が豊富にあること。

20「鐘楼《しょうろう》」は、寺院内にある、鐘をつるす建物。

24「譲歩《じょうほ》」は、自分の考えを引っ込めて相手の考えと折り合いをつけること。

## 練習問題② 書き取り

グレーの部分は解答の補足です。

1 侍《さむらい》
2 慈愛《じあい》
3 主軸《しゅじく》
4 疾風《しっぷう》
5 湿原《しつげん》
6 容赦《ようしゃ》
7 無邪気《むじゃき》
8 殊勝《しゅしょう》
9 喜寿《きじゅ》
10 潤《うるお》う
11 遵守《じゅんしゅ》
12 如才《じょさい》
13 徐徐《じょじょ》 徐々《じょじょ》
14 巨匠《きょしょう》
15 昇格《しょうかく》
16 掌握《しょうあく》
17 液晶《えきしょう》
18 焦燥感《しょうそうかん》
19 衝突《しょうとつ》
20 早鐘《はやがね》
21 冗長《じょうちょう》
22 愛嬢《あいじょう》
23 手錠《てじょう》
24 譲《ゆず》る
25 嘱託《しょくたく》
26 湿《しめ》り
27 殊更《ことさら》
28 寿《ことぶき》
29 焦《こ》げる

2「慈愛《じあい》」は、親が子を思うような慈しむ愛情。

8「殊勝《しゅしょう》」は、けなげなさま。神妙。

9「喜寿《きじゅ》」は、77歳を迎えたお祝いのこと。

12「如才《じょさい》」は礼儀を知らず、不作法なこと。「如才ない」は相手の立場や気持ちを察し、その場をうまく処理する様子のこと。

## 練習問題③ 同音・同訓異字

グレーの部分は解答の補足です。

1 イ 疾
2 ア 湿
3 エ 執
4 ウ 序
5 オ 徐
6 ア 如
7 ア 掌
8 ウ 晶
9 イ 衝

## 練習問題④ 部首

グレーの部分は解答の補足です。

1 イ 赤 あか
2 エ 歹 かばねへん いちたへん がつへん
3 ウ 寸 すん
4 ア 手 て
5 イ 行 ぎょうがまえ ゆきがまえ
6 ウ 金 かねへん
7 イ 亻 にんべん
8 エ 氵 さんずい
9 エ 辶 しんにょう しんにゅう
10 ウ 金 かねへん
11 ウ 女 おんなへん
12 エ 言 ごんべん

学習ドリル 6

# すぐにチェック!! 練習問題【解答・解説】

問題は本冊P32～34

## 練習問題① 読み

グレーの部分は解答の補足です。

1 くつじょく
2 しんしゅく
3 しんしょう
4 しんぱん
5 すいじ
6 ばっすい
7 おとろえ
8 陶《とう》すい
9 すいこう
10 いなほ
11 ついずい
12 こつずい
13 あさせ
14 ぎせい
15 はなむこ
16 ようせい
17 せっこう
18 いっせき
19 おしむ
20 しょせき
21 せつり
22 せんざい
23 しゅうぜん
24 そし
25 そち
26 そあく
27 からい
28 いき
29 したうけ

3「辛勝《しんしょう》」は、相手にかろうじて勝つこと。

6「抜粋《ばっすい》」は、必要な部分やよい部分を抜き出すこと。

8「陶酔《とうすい》」は、気持ちよく酔うこと。酔いしれること。

22「潜在《せんざい》」は、外には現れていないが内に潜んで存在していること。

26「粗悪《そあく》」は、出来や品質が悪いこと。

## 練習問題② 書き取り

グレーの部分は解答の補足です。

1 雪辱《せつじょく》
2 伸《の》びて
3 辛抱《しんぼう》
4 審議《しんぎ》
5 雑炊《ぞうすい》
6 純粋《じゅんすい》
7 衰退《すいたい》
8 車酔《くるまよ》い
9 遂《と》げた
10 穂《ほ》
11 随時《ずいじ》
12 神髄《しんずい》 真髄《しんずい》
13 瀬《せ》戸《と》物《もの》
14 犠牲《ぎせい》
15 娘婿《むすめむこ》
16 申請《しんせい》
17 排斥《はいせき》
18 数隻《すうせき》
19 惜敗《せきはい》
20 惜《お》しく
21 移籍《いせき》
22 摂取《せっしゅ》
23 潜伏《せんぷく》
24 繕《つくろ》う
25 阻害《そがい》
26 措辞《そじ》
27 粗《あら》い
28 炊《た》く
29 素潜《すもぐ》り

1「雪辱《せつじょく》」は、恥をすすぐこと。競技で前に負けた相手に勝つこと。

11「随時《ずいじ》」は、好きな時にはいつでもの意味。

17「排斥《はいせき》」は、受け入れられずに退けること。

26「措辞《そじ》」は、言葉の使い方のこと。文章や詩歌において言い回しが上手であること。

## 練習問題③ 同音・同訓異字

グレーの部分は解答の補足です。

1 オ 伸
2 ウ 辛
3 エ 審
4 ア 炊
5 エ 衰
6 ウ 遂
7 ウ 責
8 エ 惜
9 イ 隻

## 練習問題④ 部首

グレーの部分は解答の補足です。

1 イ 辰 しんのたつ
2 エ 宀 うかんむり
3 イ 衣 ころも
4 ア 酉 とりへん
5 ア 骨 ほねへん
6 ア 米 こめへん
7 イ 禾 のぎへん
8 ア 阝 こざとへん
9 イ 女 おんなへん
10 エ ⺮ たけかんむり
11 エ 氵 さんずい
12 ウ 扌 てへん

# 学習ドリル 7 すぐにチェック!! 練習問題【解答・解説】

問題は本冊P36~38

## 練習問題 1 読み

グレーの部分は解答の補足です。

1 そせき
2 そうがんきょう
3 くわ
4 そうじ
5 そうぎ
6 そうなん
7 あいぞう
8 そくしん
9 かいぞく
10 たいまん
11 たいどう
12 てぶくろ
13 たいほ
14 ちたい
15 たき
16 さいたく
17 たっきゅう
18 くったく
19 しょうだく
20 だっかい
21 だいたん
22 たん錬《れん》
23 かだん
24 ちぎょ
25 ちくさん
26 ふたご
27 おこたった
28 とどこおって
29 うばわれ

1「礎石《そせき》」は、建物の基礎。いしずえ。
8「促進《そくしん》」は、促して物事を早く進めようとすること。
9「海賊《かいぞく》」は、海上で金銭や荷物などを略奪する無法者のこと。
10「怠慢《たいまん》」は、なまけておこたること。
18「屈託《くったく》のない」は、心配事がないこと。

## 練習問題 2 書き取り

グレーの部分は解答の補足です。

1 基礎《きそ》
2 双葉《ふたば》
3 桑畑《くわばたけ》
4 一掃《いっそう》
5 葬式《そうしき》
6 遭《あ》う
7 憎《にく》まれ
8 催促《さいそく》
9 盗賊《とうぞく》
10 怠《おこた》った
11 胎児《たいじ》
12 寝袋《ねぶくろ》
13 逮捕《たいほ》
14 停滞《ていたい》
15 滝《たき》
16 選択《せんたく》
17 卓越《たくえつ》
18 託児《たくじ》
19 快諾《かいだく》
20 争奪《そうだつ》
21 落胆《らくたん》
22 鍛《きた》える
23 文壇《ぶんだん》
24 幼稚《ようち》
25 人畜《じんちく》
26 掃《は》いて
27 促《うなが》す
28 怠《なま》けて
29 奪《うば》われた

14「停滞《ていたい》」は、物事がその場にとどまって滞ること。
17「卓越《たくえつ》」は、ほかよりも群を抜いて優れていること。
19「快諾《かいだく》」は、快く承知すること。
21「落胆《らくたん》」は、希望どおり事が運ばずに落ち込むこと。
23「文壇《ぶんだん》」は、作家や評論家、出版関係者で作られる社会のこと。

## 練習問題 3 同音・同訓異字

グレーの部分は解答の補足です。

1 イ 双
2 ア 掃
3 ウ 遭
4 エ 逮
5 オ 滞
6 ウ 怠
7 ウ 択
8 オ 卓
9 イ 託

## 練習問題 4 部首

グレーの部分は解答の補足です。

1 ア 石 いしへん
2 イ 貝 かいへん
3 エ 心 こころ
4 エ 衣 ころも
5 エ 十 じゅう
6 エ 大 だい
7 イ 土 つちへん
8 ウ 田 た
9 エ 扌 てへん
10 ア 艹 くさかんむり
11 イ 辶 しんにょう しんにゅう
12 イ 金 かねへん

# 学習ドリル 8 すぐにチェック!! 練習問題【解答・解説】

問題は本冊P40〜42

## 練習問題1 読み

グレーの部分は解答の補足です。

1 ちっそ
2 ちゅうしゅつ
3 ちゅうぞう
4 じょうちゅう
5 ちょうこく家《か》
6 こえて
7 しちょう
8 ちんれつ
9 ちんか
10 ついらく
11 ていこく
12 ていせい
13 ていけつ
14 てつがく
15 ほくと
16 とそう
17 れいとう
18 とうじき
19 てんねんとう
20 ひとく
21 きとく
22 ようとん
23 にょうどう
24 ねんえき
25 ろうばしん
26 はいえん
27 きぼり
28 ぬる
29 ねばり

19「天然痘《てんねんとう》」は、悪性の伝染病のこと。高熱やほっしんが見られる特徴をもつ。

20「秘匿《ひとく》」は、秘密にして隠しておくこと。

21「危篤《きとく》」は、病気が重く、死が迫っていること。

25「老婆心《ろうばしん》」は、自分の気づかいを、おせっかいかもしれませんが、とへりくだっていう語。

## 練習問題2 書き取り

グレーの部分は解答の補足です。

1 窒息《ちっそく》
2 抽象的《ちゅうしょうてき》
3 鋳物《いもの》
4 駐車《ちゅうしゃ》
5 彫《ほ》る
6 超過《ちょうか》
7 視聴《しちょう》
8 陳謝《ちんしゃ》
9 鎮圧《ちんあつ》
10 撃墜《げきつい》
11 皇帝《こうてい》
12 改訂《かいてい》
13 戸締《とじ》まり
14 変哲《へんてつ》
15 漏斗《ろうと》
16 塗《ぬ》り
17 凍《こお》って
18 陶酔《とうすい》
19 種痘《しゅとう》
20 匿名《とくめい》
21 篤志家《とくしか》
22 子豚《こぶた》
23 尿意《にょうい》
24 粘《ねば》って
25 産婆《さんば》
26 排水《はいすい》
27 超越《ちょうえつ》
28 聴《き》く　聞《き》く
29 凍《こご》える

2「抽象《ちゅうしょう》」は、さまざまな物事からある要素や性質だけを抜き出して把握《はあく》すること。

8「陳謝《ちんしゃ》」は、事情を説明してわびること。

14「何の変哲《へんてつ》もない」は、何も変わったところがないこと。

27「超越《ちょうえつ》」は、考えられる程度をはるかにこえること。

## 練習問題3 同音・同訓異字

グレーの部分は解答の補足です。

1 オ 抽
2 エ 鋳
3 イ 駐
4 ア 帝
5 イ 訂
6 エ 締
7 オ 匿
8 イ 篤
9 ア 特

## 練習問題4 部首

グレーの部分は解答の補足です。

1 ウ 走 そうにょう
2 ウ 土 つち
3 ウ 糸 いとへん
4 ア 口 くち
5 ウ 阝 こざとへん
6 イ 女 おんな
7 ウ 金 かねへん
8 エ 耳 みみへん
9 エ 金 かねへん
10 イ 土 つち
11 エ 匚 かくしがまえ
12 ア 冫 にすい

# まとめテスト 2

## すぐにチェック!! 練習問題【解答・解説】

問題は本冊P43〜44

### 練習問題 1 漢字と送りがな

1 潤《うるお》った
2 衰《おとろ》えて
3 潜《ひそ》んで
4 怠《なま》け
5 滞《とどこお》って
6 鍛《きた》える
7 憎《にく》まれ
8 凍《こお》って
9 湿《しめ》った
10 繕《つくろ》う

### 練習問題 2 対義語・類義語

グレーの部分は解答の補足です。

1 長寿《ちょうじゅ》
2 湿潤《しつじゅん》
3 昇格《しょうかく》
4 焦点《しょうてん》
5 辛勝《しんしょう》
6 純粋《じゅんすい》
7 心酔《しんすい》
8 基礎《きそ》
9 怠慢《たいまん》
10 大胆《だいたん》
11 承諾《しょうだく》
12 超越《ちょうえつ》
13 訂正《ていせい》
14 篤志《とくし》

### 練習問題 3 誤字訂正

グレーの部分は誤字・正字を含む熟語です。

| | 【誤】 | | 【正】 |
|---|---|---|---|
| 1 | 捨（恩捨） | → | 赦（恩赦） |
| 2 | 順（順沢） | → | 潤（潤沢） |
| 3 | 上（上談） | → | 冗（冗談） |
| 4 | 推（推退） | → | 衰（衰退） |
| 5 | 責（責敗） | → | 惜（惜敗） |
| 6 | 択（択越） | → | 卓（卓越） |

### 練習問題 4 四字熟語

グレーの部分は解答の補足です。

1 大慈大悲《だいじだいひ》
全てのものを救おうとする仏の広大な慈悲の心のこと。

2 意気衝天《いきしょうてん》
意気が天をつくほどである意から、非常に意気込みが盛んなこと。

3 伸縮自在《しんしゅくじざい》
伸ばすことも縮めることも自由自在であること。

4 栄枯盛衰《えいこせいすい》
人や家などが栄えたり衰えたりすること。

5 功成名遂《こうせいめいすい》
大きな功績を上げて世間の評価が上がること。

6 応急措置《おうきゅうそち》
その場をしのぐために行う対応のこと。

7 粗製濫造《そせいらんぞう》
質の悪い品をやたらに多く作ること。「濫造」は「乱造」とも書く。

8 二者択一《にしゃたくいつ》
二つのうちから一つを選ぶこと。

9 胆大心小《たんだいしんしょう》
大胆に行動しつつも、細心の注意を払うこと。

10 人畜無害《じんちくむがい》
人や他のものに害を与えないこと。

11 明哲保身《めいてつほしん》
賢い人は危険を避けて身を安全に保つこと。

12 冷汗三斗《れいかんさんと》
恥ずかしい思いをして体中から汗が噴き出る様子。

13 一敗塗地《いっぱいとち》
勝負に完全に負けること。

14 温厚篤実《おんこうとくじつ》
穏やかで優しく、情に厚いこと。

# すぐにチェック!! 練習問題【解答・解説】

問題は本冊P46〜48

## 練習問題 1 読み

グレーの部分は解答の補足です。

1 ばいせき
2 そくばく
3 ばっさい
4 はんせん
5 ばんそう
6 こはん
7 はんしゅ
8 ばんこう
9 ひげ
10 せきひ
11 ぶんぴつ
12 うたひめ
13 ひょうはく
14 なえぎ
15 ふにん
16 きっぷ
17 ふうさ
18 きふく
19 てんぷく
20 ふんしつ
21 ふんぼ
22 けっぺき
23 こうぼ
24 けいぼ
25 ぼき
26 ほばしら
27 ともなって
28 くせ
29 したう

1「陪席《ばいせき》」は、身分が高い人と同席すること。

8「蛮行《ばんこう》」は、乱暴で野蛮な行いのこと。

9「卑下《ひげ》」は、自分を劣ったものとしていやしめること。

17「封鎖《ふうさ》」は、出入りができないよう封じ込めること。

24「敬慕《けいぼ》」は、尊敬して敬うこと。

## 練習問題 2 書き取り

グレーの部分は解答の補足です。

1 陪審員《ばいしんいん》
2 金縛《かなしば》り
3 間伐材《かんばつざい》
4 帆走《はんそう》
5 伴《とも》わない
6 河畔《かはん》
7 藩校《はんこう》
8 野蛮《やばん》
9 卑屈《ひくつ》
10 記念碑《きねんひ》
11 分泌《ぶんぴつ・ぶんぴ》
12 姫君《ひめぎみ》
13 漂《ただよ》う
14 苗《なえ》
15 赴《おもむ》く
16 音符《おんぷ》
17 封建《ほうけん》
18 潜伏《せんぷく》
19 覆《おお》って
20 紛《まぎ》らわす
21 古墳《こふん》
22 癖《くせ》
23 募集《ぼしゅう》
24 慕《した》われ
25 名簿《めいぼ》
26 苗代《なわしろ》
27 伏《ふ》せた
28 募金《ぼきん》
29 家計簿《かけいぼ》

3「間伐材《かんばつざい》」は、植林した森は木が密集しすぎて光が入らないため、余計な木を若いうちに伐採すること。

7「藩校《はんこう》」は、江戸《えど》時代に全国の藩に建てられた学校のこと。

17「封建《ほうけん》」は、君主が自らの土地を家臣に領地として分け与え、それらの領地を治めさせること。

## 練習問題 3 同音・同訓異字

グレーの部分は解答の補足です。

1 ア 帆
2 エ 畔
3 イ 犯
4 オ 簿
5 ウ 模
6 エ 募
7 オ 赴
8 イ 符
9 ア 婦

## 練習問題 4 部首

グレーの部分は解答の補足です。

1 ウ 亻 にんべん
2 ウ 艹 くさかんむり
3 エ 虫 むし
4 ア 十 じゅう
5 ア 氵 さんずい
6 エ ⺮ たけかんむり
7 ウ 疒 やまいだれ
8 ア 力 ちから
9 ウ ⺗ したごころ
10 イ 糸 いとへん
11 エ 石 いしへん
12 ア 襾 おおいかんむり

# 学習ドリル 10

## すぐにチェック!! 練習問題【解答・解説】

問題は本冊P50〜52

### 練習問題 1 読み

グレーの部分は解答の補足です。

1 ほうこう
2 ほうがく
3 ほうのう
4 ほうし
5 もほう
6 ほうかい
7 ほうしょく
8 ほうごう
9 けつぼう
10 ぼうがい
11 だんぼう
12 ぼうこく
13 ぼうちょう
14 むぼう
15 ぼくしゅ
16 しゅつぼつ
17 ほんい
18 びょうま
19 まいせつ
20 かくまく
21 またぎき
22 みりょく
23 ふめつ
24 めんじょう
25 ゆうへい
26 ゆうどう
27 ぶぎょう
28 くずれ
29 あきる

1「芳香《ほうこう》」は、よい香りのこと。

3「奉納《ほうのう》」は、神仏を喜ばせるために、物品を供えたり、芸能や競技などを演じたりすること。

7「飽食《ほうしょく》」は、飽きるほど食べること。食べたいだけ食べられ、食物に不自由しないこと。

17「翻意《ほんい》」は、決心をひるがえすこと。

### 練習問題 2 書き取り

グレーの部分は解答の補足です。

1 芳名帳《ほうめいちょう》
2 友邦《ゆうほう》
3 奉仕《ほうし》
4 細胞《さいぼう》
5 模倣《もほう》
6 崩御《ほうぎょ》
7 飽和《ほうわ》
8 縫《ぬ》って
9 乏《とぼ》しく
10 妨《さまた》げ
11 工房《こうぼう》
12 某所《ぼうしょ》
13 膨大《ぼうだい》
14 謀略《ぼうりゃく》
15 墨《すみ》
16 没頭《ぼっとう》
17 翻訳《ほんやく》
18 魔法《まほう》
19 穴埋《あなう》め
20 鼓膜《こまく》
21 又貸《またが》し
22 魅惑《みわく》
23 滅《ほろ》ぶ
24 免除《めんじょ》
25 幽玄《ゆうげん》
26 誘《さそ》って
27 一房《ひとふさ》
28 膨《ふく》らむ
29 免許《めんきょ》

1「芳名《ほうめい》」は、名前に対する尊敬語。また、よい評判。

2「友邦《ゆうほう》」は、友好関係にある国家のこと。

3「奉仕《ほうし》」は、利害を考えず、社会などのために尽くすこと。

6「崩御《ほうぎょ》」は、天皇や皇后、王や皇帝が亡くなること。

16「没頭《ぼっとう》」は、わき目も振らず集中すること。

### 練習問題 3 同音・同訓異字

グレーの部分は解答の補足です。

1 エ 邦
2 オ 崩
3 ウ 飽
4 イ 乏
5 ウ 妨
6 ア 膨
7 オ 枚
8 ア 埋
9 エ 毎

### 練習問題 4 部首

グレーの部分は解答の補足です。

1 イ 大 だい
2 ウ 戸 とだれ とかんむり
3 エ 木 き
4 ア 月 にくづき
5 ア 土 つち
6 イ 鬼 おに
7 エ 月 にくづき
8 ウ 鬼 きにょう
9 エ 氵 さんずい
10 ア 羽 はね
11 ウ 氵 さんずい
12 エ 言 ごんべん

# 学習ドリル 11 すぐにチェック!! 練習問題【解答・解説】

問題は本冊P54〜56

## 練習問題 1 読み

グレーの部分は解答の補足です。

1 ゆうこく
2 よくよう
3 どうよう
4 ようご
5 よくせい
6 せきらら
7 らんどく
8 かんり
9 りゅうせい
10 りょうかい
11 りょうし
12 りょうぼ
13 しょくりょう
14 くりん
15 げきれい
16 れいか
17 れいほう
18 ぶんれつ
19 れんか
20 せいれん
21 だんろ
22 はろう
23 ろうか
24 ろうかく
25 ろうすい
26 わんきょく
27 ゆれる
28 おさえる
29 はだか

2「抑揚《よくよう》」は、文章などを読む際に声の調子を上げ下げすること。

6「赤裸裸《せきらら》」は、体に何も着けていないこと。隠し事などがなく全て。

8「官吏《かんり》」は、役人。国家公務員のこと。

14「九分九厘《くぶくりん》」は、ほとんど。ほぼ全て。

## 練習問題 2 書き取り

グレーの部分は解答の補足です。

1 憂《うれ》い
2 水揚《みずあ》げ
3 動揺《どうよう》
4 擁立《ようりつ》
5 抑圧《よくあつ》
6 裸子《らし》
7 濫獲《らんかく》 乱獲《らんかく》
8 吏員《りいん》
9 隆起《りゅうき》
10 終了《しゅうりょう》
11 禁猟《きんりょう》
12 丘陵《きゅうりょう》
13 食糧《しょくりょう》
14 八厘《はちりん》
15 励《はげ》む
16 零点《れいてん》
17 幽霊《ゆうれい》
18 裂《さ》いた
19 清廉《せいれん》
20 錬金術《れんきんじゅつ》
21 炉端《ろばた》
22 浪費《ろうひ》
23 画廊《がろう》
24 楼門《ろうもん》
25 漏電《ろうでん》
26 湾内《わんない》
27 揺《ゆ》らぐ
28 了見《りょうけん》
29 漏《も》れて

8「吏員《りいん》」は、地方公務員のこと。

19「清廉《せいれん》」は、心が清らかで私欲がないこと。「清廉《せいれん》潔白《けっぱく》」は、私利私欲がなく、やましいところがない様子。

24「楼門《ろうもん》」は、二階に屋根のついた二階建ての門のこと。

## 練習問題 3 同音・同訓異字

グレーの部分は解答の補足です。

1 ウ 揚
2 オ 要
3 ア 擁

4 オ 了
5 エ 漁
6 イ 猟

7 エ 廊
8 イ 漏
9 ウ 浪

## 練習問題 4 部首

グレーの部分は解答の補足です。

1 ウ 心 こころ
2 ウ 衤 ころもへん
3 エ 口 くち
4 エ 阝 こざとへん
5 イ 衣 ころも
6 エ 广 まだれ
7 ア 扌 てへん
8 イ 阝 こざとへん
9 エ 力 ちから
10 イ 金 かねへん
11 エ 广 まだれ
12 ウ 木 きへん

# まとめテスト 3 すぐにチェック!! 練習問題【解答・解説】

問題は本冊P57～58

## 練習問題 1 漢字と送りがな

1 乏《とぼ》しい
2 赴《おもむ》い
3 紛《まぎ》らわしい
4 崩《くず》さ
5 膨《ふく》らん
6 滅《ほろ》ぼし
7 励《はげ》まし
8 揺《ゆ》らい
9 漂《ただよ》って
10 妨《さまた》げ

## 練習問題 2 対義語・類義語

グレーの部分は解答の補足です。

1 漂泊《ひょうはく》
2 屈伏《くっぷく》
3 模倣《もほう》
4 欠乏《けつぼう》
5 膨張《ぼうちょう》
6 没頭《ぼっとう》
7 滅亡《めつぼう》
8 放免《ほうめん》
9 抑制《よくせい》
10 魅了《みりょう》
11 激励《げきれい》
12 分裂《ぶんれつ》
13 廉価《れんか》
14 浪費《ろうひ》

## 練習問題 3 誤字訂正

グレーの部分は誤字・正字を含む熟語です。

［誤］ ［正］
1 陪増 → 倍増
2 間抜 → 間伐
3 古噴 → 古墳
4 防害 → 妨害
5 未力 → 魅力
6 回郎 → 回廊

## 練習問題 4 四字熟語

グレーの部分は解答の補足です。

1 順風満帆《じゅんぷうまんぱん》 物事が順調に、思い通りに進むこと。
2 雌伏雄飛《しふくゆうひ》 活躍の機会をじっと待ち、その機会が訪れたら活躍すること。
3 滅私奉公《めっしほうこう》 私心を抑えて公に尽くすこと。
4 四海同胞《しかいどうほう》 世の中の人は全て同胞であるということ。
5 暖衣飽食《だんいほうしょく》 とても恵まれた生活のこと。
6 天衣無縫《てんいむほう》 詩文などが自然で美しいこと。人柄などが無邪気で飾り気がないこと。
7 神出鬼没《しんしゅつきぼつ》 どこにでもすばやく現れたり、見えなくなったりすること。
8 免許皆伝《めんきょかいでん》 師匠が弟子に技を全て伝授したあかしのこと。
9 深山幽谷《しんざんゆうこく》 人が足を踏み入れていない奥深い自然のこと。
10 一喜一憂《いっきいちゆう》 物事の状況が変わるたびに、喜んだり心配したりすること。
11 奮励努力《ふんれいどりょく》 気力を奮い起こし、目標に向かって励むこと。
12 四分五裂《しぶんごれつ》 てんでんばらばらになること。
13 清廉潔白《せいれんけっぱく》 私利私欲がなく、やましいところがない様子。
14 砂上楼閣《さじょうのろうかく》 見かけ倒しであること。また実現不可能であること。

問題は本冊P60～65

## 一 読み

各1点 計30点

グレーの部分は解答の補足です。

1 ほうか
2 らんよう
3 しょうろう
4 えんてん
5 いっきん
6 けいじ
7 こうりょう
8 きこう
9 けっしょう
10 ほげい
11 きっか
12 こうこつ
13 どうほう
14 こくさい
15 れいさい
16 れいじょう
17 きへい
18 りょうし
19 さっかしょう
20 わんがん
21 おもむく
22 しめた
23 ねばり
24 たき
25 さむらい
26 しめ
27 いもの
28 くわばたけ
29 やとう
30 しぼる

2「職権濫用《しょっけんらんよう》」は、職務上の権利を不当に使うこと。特に、公務員についていわれる。

3「鐘楼《しょうろう》」は、寺院の中の鐘をつくお堂。

6「啓示《けいじ》」は、さとし示すこと。特に人間ではわからないことを神が教え示すこと。

7「綱領《こうりょう》」は、政党や団体などの基本的な考え方や方針などを要約した文書のこと。

12「硬骨《こうこつ》の士《し》」は、権力などに屈せず、自分の信念を決して曲げない人や性格のこと。

## 二 同音・同訓異字

各2点 計30点

解答の下は選択肢の漢字を含んだ熟語です。

1 エ 抱擁《ほうよう》
2 イ 舞踊《ぶよう》
3 オ 様子《ようす》
4 ウ 引責《いんせき》
5 ア 惜別《せきべつ》
6 エ 追跡《ついせき》
7 ア 葬儀《そうぎ》
8 ウ 双生児《そうせいじ》
9 イ 乾燥《かんそう》
10 イ 大胆《だいたん》
11 オ 鍛錬《たんれん》
12 ア 淡白《たんぱく》
13 エ 跳《は》ねる
14 ウ 吐《は》き
15 オ 掃《は》く

1「抱擁《ほうよう》」は、親愛の気持ちを持って抱きかかえること。抱きしめて、かわいがること。

4「引責《いんせき》」は、責任を自分の身に引き受けること。

5「惜別《せきべつ》」は、別れをおしむこと。

10「大胆《だいたん》」は、思いきりがいい行動。ずうずうしいこと。

12「淡白《たんぱく》」は、色や味などがあっさりしていること。また、欲がなくさっぱりしていること。

## 三 漢字識別

各2点 計10点

□の中は共通する漢字です。

1 キ 学籍《がくせき》・国籍《こくせき》・本籍《ほんせき》
2 エ 凍死《とうし》・冷凍《れいとう》・凍土《とうど》
3 イ 恋慕《れんぼ》・慕情《ぼじょう》・敬慕《けいぼ》
4 コ 幽霊《ゆうれい》・幽玄《ゆうげん》・幽谷《ゆうこく》
5 カ 巧妙《こうみょう》・巧遅《こうち》・巧言《こうげん》

## 四 熟語の構成

各2点 計20点

1 イ 取捨《しゅしゃ》 取(る)⇔捨(てる)
2 ウ 予知《よち》 予(あらかじめ)↓知(る)
3 オ 無冠《むかん》 無(否定)+冠(栄誉)。「栄誉がない」
4 オ 未熟《みじゅく》 未(否定)+熟(十分に育つ)。「育っていない」
5 ア 棄却《ききゃく》 どちらも「しりぞける」の意味。
6 エ 昇天《しょうてん》 昇(る)↑天(に)
7 イ 縦横《じゅうおう》 縦(たて)⇔横(よこ)
8 ア 倹約《けんやく》 どちらも「つづまやか」の意味。
9 ウ 悪役《あくやく》 悪(い)↓役
10 エ 減税《げんぜい》 減(らす)↑税(を)

## 五 部首

各1点 計10点

グレーの部分は部首の名前です。

1 ウ 月 にくづき
2 エ 疒 やまいだれ
3 ウ 皿 さら
4 ア 貝 かいへん
5 イ 土 つち
6 ウ 宀 うかんむり
7 ア 赤 あか
8 イ 月 にくづき
9 ウ 口 くちへん
10 ア 土 つち

## 六 対義語・類義語

各2点 計20点

グレーの部分は問題の熟語です。

1 歓喜《かんき》 — 悲哀《ひあい》
2 付加《ふか》 — 削除《さくじょ》
3 開放《かいほう》 — 閉鎖《へいさ》
4 慢性《まんせい》 — 急性《きゅうせい》
5 廉価《れんか》 — 高価《こうか》
6 許諾《きょだく》 — 承知《しょうち》
7 有数《ゆうすう》 — 屈指《くっし》
8 思慮《しりょ》 — 分別《ふんべつ》
9 道楽《どうらく》 — 趣味《しゅみ》
10 外見《がいけん》 — 体裁《ていさい》

## 七 漢字と送りがな

各2点 計10点

1 結《ゆ》わえる
2 報《むく》いる
3 納《おさ》める
4 和《やわ》らげる
5 災《わざわ》い

## 八 四字熟語

各2点 計20点

グレーの部分は解答の補足です。

1 容姿端麗《ようしたんれい》
2 衆議一決《しゅうぎいっけつ》
3 単刀直入《たんとうちょくにゅう》
4 面目躍如《めんもくやくじょ》
5 順風満帆《じゅんぷうまんぱん》
6 昼夜兼行《ちゅうやけんこう》
7 大器晩成《たいきばんせい》
8 得意満面《とくいまんめん》
9 半信半疑《はんしんはんぎ》
10 立身出世《りっしんしゅっせ》

顔や形が整っていて美しいこと。
多くの人の相談や議論の結果、意見が一致して結論が出ること。
前置き抜きに、直接本題に入ること。
世の中の評価に値する活躍をし、生き生きとするさま。名誉を高めるさま。
物事が順調に、思い通りに進むこと。
昼も夜も区別なく続けて物事を行うこと。
大人物は時間をかけて実力を養い、大成するということ。
誇らしい気持ちが顔いっぱいにあふれること。
真偽がわかりかねること。
社会的に高い地位を得て、世に認められること。

## 九 誤字訂正

各2点 計10点

グレーの部分は誤字・正字を含む熟語です。

［誤］ ［正］
1 細現 → 再現
2 激薬 → 劇薬
3 操置 → 装置
4 現証 → 現象
5 寄念 → 記念

## 十 書き取り

各2点 計40点

グレーの部分は解答の補足です。

1 膨満《ぼうまん》
2 秘匿《ひとく》
3 投票《とうひょう》
4 郵便《ゆうびん》
5 班《はん》
6 養蚕《ようさん》
7 純真《じゅんしん》
8 幾何《きか》
9 一貫《いっかん》
10 該当《がいとう》
11 器《うつわ》
12 胸《むね》
13 誠《まこと》
14 延《の》びた
15 裏《うら》
16 背中《せなか》
17 炊《た》く
18 訪《たず》ねた
19 稲刈《いねか》り
20 岳《だけ》

1「膨満《ぼうまん》」は、いっぱいに膨れ上がること。
2「秘匿《ひとく》」は、人に知られないように隠しておくこと。
6「養蚕《ようさん》」は、絹の原料となる蚕の繭《まゆ》をとるために、蚕を育てること。
7「純真《じゅんしん》」は、心にけがれがなく、清らかなことやその様子。
10「該当《がいとう》」は、ある一定の条件や資格に当てはまること。
12「胸《むね》の内《うち》」は、他者には明らかにされていない気持ちや思いのこと。

## 一 読み
各1点 計30点

グレーの部分は解答の補足です。

1 ほうぎょ
2 しんく
3 どしゃ
4 なっとう
5 ほばく
6 たくえつ
7 さいみん
8 ようりつ
9 赤《せき》らら
10 ていと
11 とうこう
12 もほう
13 そうぎょう
14 へいふく
15 そうそう
16 そくしん
17 しゅうぜん
18 しゅこう
19 かんしゃめん
20 とくめい
21 ひかえ
22 さいて
23 たつ
24 しずく
25 うらめし
26 なごんだ
27 まぼろし
28 あおいだ
29 なぐられた
30 いちじるしく

1「崩御《ほうぎょ》」は、天皇や皇后、皇帝、国王などが死亡することの尊敬語。

8「擁立《ようりつ》」は、人をもり立てて、ある地位につかせようとすること。

11「陶工《とうこう》」は、陶器を作る職人のこと。陶芸家とも呼ぶ。

28「天《てん》を仰《あお》ぐ」は、空を仰ぎ見ること。また、自分の行動やその結果を嘆く様子のこと。

30「著《いちじる》しい」は、めざましいこと。はっきりと目立つこと。

## 二 同音・同訓異字
各2点 計30点

解答の下は選択肢の漢字を含んだ熟語です。

1 ウ 既製《きせい》
2 ア 禁忌《きんき》
3 オ 奇術《きじゅつ》
4 オ 慰問《いもん》
5 イ 北緯《ほくい》
6 ウ 権威《けんい》
7 オ 金塊《きんかい》
8 エ 介護《かいご》
9 ア 倒壊《とうかい》
10 イ 師匠《ししょう》
11 エ 掌中《しょうちゅう》
12 ウ 詳細《しょうさい》
13 ア 朽《く》ちた
14 エ 暮《く》れる
15 イ 悔《く》やむ

1「既製品《きせいひん》」は、注文して作ってもらうのでなく、すでに出来上がっている品物のこと。

2「禁忌《きんき》」は、してはいけないこと。習俗として嫌《きら》って避けること。

3「奇術《きじゅつ》」は、手品・マジックのこと。

6「権威《けんい》」は、他者を威圧して従わせる力のこと。また、ある分野において最高の人物と一般に認められている人のこと。

11「掌中《しょうちゅう》」は、手の中のこと。物事を手に入れること。

## 三 漢字識別
各2点 計10点

□の中は共通する漢字です。

1 エ 衝突《しょうとつ》・折衝《せっしょう》・衝撃《しょうげき》
2 キ 偶数《ぐうすう》・偶像《ぐうぞう》・偶発《ぐうはつ》
3 イ 篤学《とくがく》・篤実《とくじつ》・篤志《とくし》
4 コ 誘惑《ゆうわく》・勧誘《かんゆう》・誘発《ゆうはつ》
5 カ 応募《おうぼ》・募集《ぼしゅう》・募金《ぼきん》

## 四 熟語の構成
各2点 計20点

1 オ 不遇《ふぐう》 不（否定）＋遇（めぐりあう）。「良いことにめぐりあわない」
2 ア 清潔《せいけつ》 どちらも「きれい」の意味。
3 イ 賞罰《しょうばつ》 賞（ほうび）⇔罰（刑罰）
4 エ 尽力《じんりょく》 尽（くす）↑力（を）
5 イ 愛憎《あいぞう》 愛（する）⇔憎（む）
6 ウ 暖流《だんりゅう》 暖（かい）↓流（れ）
7 ア 霊魂《れいこん》 どちらも「たましい」の意味。
8 エ 遭難《そうなん》 遭（う）↑難（災難に）
9 ウ 激突《げきとつ》 激（しく）↓突（ぶつかる）
10 オ 無粋《ぶすい》 無（否定）＋粋（いき）。「いきでない」

## 五 部首

各1点 計10点

グレーの部分は部首の名前です。

1 ウ 儿 ひとあし にんにょう
2 ア 鬼 おに
3 ア 女 おんな
4 ウ 虫 むし
5 ア 糸 いとへん
6 イ 弓 ゆみへん
7 ウ 心 こころ
8 イ 艹 くさかんむり
9 イ 彳 ぎょうにんべん
10 エ 隶 れいづくり

## 六 対義語・類義語

各2点 計20点

グレーの部分は問題の熟語です。

1 邪道《じゃどう》―正道《せいどう》
2 冷静《れいせい》―錯乱《さくらん》
3 鋭角《えいかく》―鈍角《どんかく》
4 恒星《こうせい》―遊星《ゆうせい》
5 低俗《ていぞく》―高雅《こうが》
6 休憩《きゅうけい》―休息《きゅうそく》
7 横着《おうちゃく》―不精《ぶしょう》
8 皆無《かいむ》―絶無《ぜつむ》
9 勇猛《ゆうもう》―果敢《かかん》
10 落胆《らくたん》―失望《しつぼう》

## 七 漢字と送りがな

各2点 計10点

1 訪《おとず》れる
2 試《ため》す
3 謝《あやま》り
4 厳《きび》しい
5 省《かえり》みる 顧《かえり》みる

## 八 四字熟語

各2点 計20点

グレーの部分は解答の補足です。

1 急転直下《きゅうてんちょっか》
2 美辞麗句《びじれいく》
3 極悪非道《ごくあくひどう》
4 意気消沈《いきしょうちん》
5 自己矛盾《じこむじゅん》
6 感慨無量《かんがいむりょう》
7 一騎当千《いっきとうせん》
8 故事来歴《こじらいれき》
9 流言飛語《りゅうげんひご》
10 衣冠束帯《いかんそくたい》

1 事態や情勢が突然変化して、物事が解決や結末に向かうこと。
2 美しく飾り立てた言葉。うわべだけ飾った内容のない言葉。
3 非常に悪く道理に外れていること。
4 意気込みがすっかり衰えること。元気をなくすこと。
5 自分の中で行動や考えが食い違うこと。
6 はかり知れないほど大きな感慨があること。
7 一人で多くの敵を相手にできるほど強いこと。
8 物事の由来や経歴のこと。
9 口づてに言いふらされる、根拠のない情報やうわさ。
10 天皇や公家《くげ》の正装のこと。

## 九 誤字訂正

各2点 計10点

グレーの部分は誤字・正字を含む熟語です。

［誤］［正］
1 周位 → 周囲
2 手断 → 手段
3 混難 → 困難
4 忌険 → 危険
5 可脳性 → 可能性

## 十 書き取り

各2点 計40点

グレーの部分は解答の補足です。

1 改善《かいぜん》
2 乱暴《らんぼう》
3 一覧《いちらん》
4 推理《すいり》
5 延期《えんき》
6 枚挙《まいきょ》
7 信仰《しんこう》
8 騎士道《きしどう》
9 啓示《けいじ》
10 娯楽《ごらく》
11 裁《さば》く
12 承《うけたまわ》り
13 閉《と》じた
14 蚕《かいこ》
15 海沿《うみぞ》い
16 要《い》る
17 秘《ひ》め
18 片時《かたとき》
19 酒蔵《さかぐら》
20 肩車《かたぐるま》

6「枚挙《まいきょ》にいとまがない」は、非常にたくさんあること。数えられないほどたくさんあること。「枚挙」は数え上げること。

8「騎士道《きしどう》」は、西洋の騎士がすべき行動の規範のこと。「武士道《ぶしどう》」は、侍がすべき行動の規範のこと。

17「秘め事《ごと》」は、隠して他人には知らせないこと。異性に対する親愛の情など他人に知られたくないことを隠しておくこと。

18「片時《かたとき》」は、少しの間。ほんのしばらくの間。

**問題は本冊P72～77**

## 一 読み

各1点 計30点

グレーの部分は解答の補足です。

1 あいがん
2 かいこん
3 すいたい
4 ちゅうざい
5 はいげき
6 ぶんぴつ
7 けいやく
8 つうせき
9 ぎょうけつ
10 そほうか
11 にょう
12 じょうだん
13 はんせん
14 きょむ
15 せっしゅ
16 とうき
17 しつじゅん
18 かんぼう
19 ちじょく
20 かつらく
21 からく
22 たましい
23 おさえて
24 くわだてる
25 なぐさめる
26 はき
27 ほどこす
28 ほのお
29 かえりみよ
30 うける

1「哀願《あいがん》」は、相手の同情心に訴え、心からお願いして頼むこと。

5「排撃《はいげき》」は、他者や物事を退けようと攻撃すること。

10「素封家《そほうか》」は、お金持ちのこと。「封」は、社会的な地位や土地のこと。

15「摂取《せっしゅ》」は、取り入れて自分のものにすること。また、栄養物などを体内に取り入れること。

29「顧《かえり》みる」は、過ぎ去ったことを思い起こすこと。他人や物事を心にとどめ気を配ること。

## 二 同音・同訓異字

各2点 計30点

解答の下は選択肢の漢字を含んだ熟語です。

1 ウ 浪費《ろうひ》
2 エ 回廊《かいろう》
3 イ 漏電《ろうでん》
4 ア 符合《ふごう》
5 オ 恐怖《きょうふ》
6 ウ 赴任《ふにん》
7 イ 到達《とうたつ》
8 エ 転倒《てんとう》
9 ア 雑踏《ざっとう》
10 ウ 矛盾《むじゅん》
11 イ 準備《じゅんび》
12 オ 遵守《じゅんしゅ》
13 オ 埋《う》めた
14 ア 下請《したう》け
15 エ 熟《う》れた

2「回廊《かいろう》」は、神社や寺院、城、宮殿の中庭や建物を取り囲むように造られた廊下のこと。

3「漏電《ろうでん》」は、本来電気が供給されるべきところ以外に電気が流れてしまうこと。

9「雑踏《ざっとう》」は、大勢の人で込み合っていること。

10「矛盾《むじゅん》」は、二つの理論が食い違ってつじつまが合わないこと。

12「遵守《じゅんしゅ》」は、法律や決まりなどをとてもよく守ること。

## 三 漢字識別

各2点 計10点

□の中は共通する漢字です。

1 キ 孤児《こじ》・孤独《こどく》・孤立《こりつ》
2 エ 盗聴《とうちょう》・聴覚《ちょうかく》・聴衆《ちょうしゅう》
3 コ 伐採《ばっさい》・殺伐《さつばつ》・討伐《とうばつ》
4 ア 慕情《ぼじょう》・思慕《しぼ》・追慕《ついぼ》
5 オ 裸眼《らがん》・裸馬《はだかうま》・裸身《らしん》

## 四 熟語の構成

各2点 計20点

1 ア 巧妙《こうみょう》 どちらも「すぐれている」の意味。
2 ウ 疾走《しっそう》 疾(はやく)↓走(る)
3 オ 未遂《みすい》 未(否定)+遂(げる)。「まだとげていない」
4 イ 点滅《てんめつ》 点(つく)⇕滅(消える)
5 オ 非才《ひさい》 非(否定)+才(能)。「才能がない」
6 イ 乾湿《かんしつ》 乾(く)⇕湿(る)
7 ウ 鶏卵《けいらん》 鶏(の)↓卵
8 ア 携帯《けいたい》 どちらも「たずさえる」の意味。
9 エ 渡欧《とおう》 渡(る)↑欧(ヨーロッパに)
10 エ 登壇《とうだん》 登(る)↑壇(一段高い場所に)

## 五 部首

グレーの部分は部首の名前です。

各1点 計10点

1 ウ 冖 わかんむり
2 イ 酉 とりへん
3 ア 木 き
4 イ 阝 おおざと
5 イ 穴 あなかんむり
6 エ 殳 るまた ほこづくり
7 エ 阝 こざとへん
8 エ 走 そうにょう
9 エ 禾 のぎへん
10 イ 卩 わりふ ふしづくり

## 六 対義語・類義語

グレーの部分は問題の熟語です。

各2点 計20点

1 沈下《ちんか》 ― 隆起《りゅうき》
2 損失《そんしつ》 ― 利益《りえき》
3 敏腕《びんわん》 ― 無能《むのう》
4 丁重《ていちょう》 ― 粗略《そりゃく》
5 怠慢《たいまん》 ― 勤勉《きんべん》
6 結末《けつまつ》 ― 終幕《しゅうまく》
7 期待《きたい》 ― 嘱望《しょくぼう》
8 無比《むひ》 ― 抜群《ばつぐん》
9 近隣《きんりん》 ― 隣接《りんせつ》
10 安値《やすね》 ― 廉価《れんか》

## 七 漢字と送りがな

各2点 計10点

1 蒸《む》らす
2 難《むずか》しい
3 鍛《きた》える
4 暖《あたた》かい
5 痛《いた》める

## 八 四字熟語

グレーの部分は解答の補足です。

各2点 計20点

1 旧態依然《きゅうたいいぜん》
2 豊年満作《ほうねんまんさく》
3 多情多感《たじょうたかん》
4 竹林七賢《ちくりんしちけん》
5 皮相浅薄《ひそうせんぱく》
6 胆大心小《たんだいしんしょう》
7 漫言放語《まんげんほうご》
8 臨機応変《りんきおうへん》
9 自縄自縛《じじょうじばく》
10 平身低頭《へいしんていとう》

1 古いままで何の変化もないさま。
2 作物がよく実り、収穫が多いこと。
3 感情豊かで物事に感じやすいこと。
4 竹林で清談を交わした七人の賢者のこと。「清談」は趣味や学問の話のこと。
5 物事のうわべだけしか知らず、考えが浅く不十分な様子のこと。
6 大胆でありながら、細心の注意を払うこと。
7 口から出まかせに、言いたい放題に言い散らすこと。
8 その場の状況に応じた適切な行動をとること。
9 自分の心がけや行動によって、動きがとれなくなり、苦しむこと。
10 ひれ伏して頭を下げること。恐縮すること。

## 九 誤字訂正

グレーの部分は誤字・正字を含む熟語です。

各2点 計10点

| | ［誤］ | | ［正］ |
|---|---|---|---|
| 1 | 礼（礼嬢） | → | 令（令嬢） |
| 2 | 係（家係） | → | 系（家系） |
| 3 | 課（課去） | → | 過（過去） |
| 4 | 侵（侵夜） | → | 深（深夜） |
| 5 | 練（練携） | → | 連（連携） |

## 十 書き取り

グレーの部分は解答の補足です。

各2点 計40点

1 模造《もぞう》
2 酸性《さんせい》
3 復興《ふっこう》
4 疑念《ぎねん》
5 尊大《そんだい》
6 玄関《げんかん》
7 鼓笛隊《こてきたい》
8 切符《きっぷ》
9 邦人《ほうじん》
10 模倣《もほう》
11 繕《つくろ》う
12 腰《こし》
13 行方《ゆくえ》
14 雪崩《なだれ》
15 紅色《べにいろ》
16 済《す》む
17 授《さず》かる
18 傷《きず》
19 垂《た》れて
20 割《わ》り

1「模造品《もぞうひん》」は、ある別の物に似せて作った物のこと。レプリカ。
5「尊大《そんだい》」は、いばって、偉そうな態度をとること。
7「鼓笛隊《こてきたい》」は、笛や太鼓を中心として構成された行進用の音楽隊のこと。
9「邦人《ほうじん》」は、自国の国民のこと。主に他国に在住する自国民のことを指す。
13「行方《ゆくえ》」は、行くべき方向や、行った方向のこと。また、今後のなりゆきのこと。

# 3級 本試験型テスト 第4回 解答・解説

問題は本冊P78〜83

## 一 読み

各1点 計30点

グレーの部分は解答の補足です。

1 くうきょ
2 ちっそ
3 たんれん
4 ようご
5 すいかん
6 しせい
7 さくご
8 こっき
9 けんやく
10 しんさん
11 そうどう
12 ちゅうぞう
13 たいほ
14 ほくと
15 せんてい
16 にりん
17 らんばつ
18 ひぶん
19 はいげき
20 ほうし
21 なわしろ
22 むこ
23 たより
24 うながした
25 ゆらいだ
26 もとうけ
27 しばった
28 つくろった
29 しめして
30 こらした

5「酔漢《すいかん》」は、酔っぱらった男のこと。

10「辛酸《しんさん》をなめる」は、苦しくてつらい思いをすること。

11「双胴船《そうどうせん》」は、二つの船体を結合させた船。

17「濫伐《らんばつ》」は、無計画に森林の木を伐採すること。

21「苗代《なわしろ》」は、稲の種もみをまいて発芽させ、一定の大きさの苗になるまで育てるための苗床のこと。

30「趣向《しゅこう》を凝《こ》らす」は、より楽しく、より面白くなるよう工夫を行うこと。

## 二 同音・同訓異字

各2点 計30点

解答の下は選択肢の漢字を含んだ熟語です。

1 イ 凍土《とうど》
2 オ 陶芸《とうげい》
3 ウ 水痘《すいとう》
4 エ 緩和《かんわ》
5 ア 喚問《かんもん》
6 ウ 換気《かんき》
7 エ 猟師《りょうし》
8 ア 食糧《しょくりょう》
9 イ 療養《りょうよう》
10 オ 硬質《こうしつ》
11 イ 精巧《せいこう》
12 エ 大綱《たいこう》
13 オ 負《お》い
14 ウ 惜《お》しむ
15 ア 生《お》い

1「永久凍土《えいきゅうとうど》」は、少なくとも2年間以上連続して凍結している地面のこと。

3「水痘《すいとう》」は、水痘・帯状ほうしんウイルスの感染による感染症の一つ。感染力が非常に強い感染症。一般には「水ぼうそう」として知られる。

5「証人喚問《しょうにんかんもん》」は、国会や地方議会において、事件の当事者や関係者を呼び出し証言を行わせること。

12「大綱《たいこう》」は、物事の基本となること。おおまかな内容。

## 三 漢字識別

各2点 計10点

□の中は共通する漢字です。

1 ク 哲人《てつじん》・先哲《せんてつ》・哲学《てつがく》
2 ウ 塗装《とそう》・塗炭《とたん》・塗料《とりょう》
3 キ 自炊《じすい》・炊事《すいじ》・炊飯《すいはん》
4 オ 埋葬《まいそう》・埋蔵《まいぞう》・埋設《まいせつ》
5 エ 没落《ぼつらく》・沈没《ちんぼつ》・死没《しぼつ》

## 四 熟語の構成

各2点 計20点

1 ア
2 オ
3 エ
4 オ
5 イ
6 ウ
7 ウ
8 イ
9 エ
10 ア

潜伏《せんぷく》 どちらも「ひそむ」の意味。
無謀《むぼう》 無（否定）＋謀（事前に考えた計画）。「考えなしの行動」
棄権《きけん》 棄（すてる）↑権（利を）
未遂《みすい》 未（否定）＋遂（げる）。「まだ行っていない」
昇降《しょうこう》 昇（る）⇔降（りる）
粘液《ねんえき》 粘（りのある）↓液（体）
伴奏《ばんそう》 伴（いっしょに）↓奏（かなでる）
伸縮《しんしゅく》 伸（びる）⇔縮（む）
冠水《かんすい》 冠（かぶる）↑水（を）
選択《せんたく》 どちらも「えらぶ」の意味。

## 五 部首

グレーの部分は部首の名前です。

各1点 計10点

1 イ 石 いしへん
2 ウ 貝 かいへん
3 ア 土 つちへん
4 エ 土 つち
5 イ 力 ちから
6 イ 氵 さんずい
7 エ 山 やま
8 エ 艹 くさかんむり
9 イ 土 つち
10 ウ 穴 あなかんむり

## 六 対義語・類義語

グレーの部分は問題の熟語です。

各2点 計20点

1 辞退《じたい》—承諾《しょうだく》
2 増補《ぞうほ》—削除《さくじょ》
3 過激《かげき》—穏健《おんけん》
4 収縮《しゅうしゅく》—膨張《ぼうちょう》
5 平和《へいわ》—騒乱《そうらん》
6 談判《だんぱん》—折衝《せっしょう》
7 華美《かび》—派手《はで》
8 脱落《だつらく》—遺漏《いろう》
9 重態《じゅうたい》—危篤《きとく》
10 達成《たっせい》—完遂《かんすい》

## 七 漢字と送りがな

各2点 計10点

1 損《そこ》なう
2 優《やさ》しい
3 朗《ほが》らかな
4 肥《こ》やし
5 認《みと》める

## 八 四字熟語

グレーの部分は解答の補足です。

各2点 計20点

1 晴耕雨読《せいこううどく》
2 仁者不憂《じんしゃふゆう》
3 白砂青松《はくしゃせいしょう》
4 困苦欠乏《こんくけつぼう》
5 高論卓説《こうろんたくせつ》
6 和魂洋才《わこんようさい》
7 他力本願《たりきほんがん》
8 大慈大悲《だいじだいひ》
9 無間地獄《むけんじごく》
10 無為無策《むいむさく》

1 悠悠《ゆうゆう》自適の暮らしをすること。
2 仁徳を持つ人は、常に正しい行いをするため悩まないということ。
3 白い砂と青い松からなる美しい海岸線。「白砂」は「はくさ」とも読む。
4 生活に必要なものが足りないほど困窮《きゅう》すること。
5 見識の高い優れた意見や議論のこと。
6 日本固有の精神を持ちながら西洋伝来の学問を消化し活用すべきであること。
7 仏の他者を救う願いによって救われること。他人任せにすること。
8 衆生に楽を与え、苦を取り除くこと。大きくて限りのない仏の慈悲のこと。
9 殺生など大悪を犯した者が落ちる最も苦しみの大きい地獄。
10 何の対策や解決法もとれずにいること。

## 九 誤字訂正

グレーの部分は誤字・正字を含む熟語です。

各2点 計10点

| | [誤] | | [正] |
|---|---|---|---|
| 1 | 端生 | ↓ | 誕生 |
| 2 | 伝線 | ↓ | 伝染 |
| 3 | 幻装 | ↓ | 幻想 |
| 4 | 均止 | ↓ | 禁止 |
| 5 | 絞まり | ↓ | 締まり |

## 十 書き取り

グレーの部分は解答の補足です。

各2点 計40点

1 忘年《ぼうねん》
2 無我《むが》
3 次第《しだい》
4 税関吏《ぜいかんり》
5 常勝《じょうしょう》
6 項目《こうもく》
7 斜面《しゃめん》
8 窒素《ちっそ》
9 篤志家《とくしか》
10 帆船《はんせん》
11 舞《まい》
12 拝《おが》む
13 縫《ぬ》った
14 暮《く》らし
15 設《もう》けた
16 欲《ほ》しく
17 背筋《せすじ》
18 災《わざわ》い
19 潮《しお》
20 供《とも》

2「無我夢中《むがむちゅう》」は、ひとつのことに熱中して、自分を忘れること。
3「次第《しだい》」は、だんだんと。順次。
4「税関吏《ぜいかんり》」は、税金の徴収や密輸の取り締まりなどを行う機関で働く役人のこと。
8「窒素《ちっそ》」は、空気中に78%含まれる元素のこと。
18「災《わざわ》いを招《まね》く」は、災害や困難などのよくないことを呼び寄せること。
19「引《ひ》き潮《しお》」は、海面が低くなること。

問題は本冊P84～89

## 一 読み（各1点 計30点）

グレーの部分は解答の補足です。

1 はろう
2 かいご
3 けいらん
4 かいてんじく
5 さいそく
6 しゅうぜん
7 ほうらく
8 れいげん・れいけん
9 ましょう
10 ふくすい
11 ろうば
12 こはん
13 ちくさん
14 せいがん
15 すいこう
16 じょうと
17 ふしん
18 しつじゅん
19 ざんてい
20 ちぎょ
21 あがる
22 たき
23 くわ
24 しぼり
25 おどし
26 おさえた
27 すでに
28 おろす
29 かたまり
30 なぐさめ

2「悔悟《かいご》」は、今までの行動を悪かったと悟り悔いること。

8「霊験《れいげん》」は、神仏のご利益《りやく》のこと。

9「魔性《ましょう》」は、魔物が持っているような人を惑わす性質のこと。

10「覆水盆《ふくすいぼん》に返《かえ》らず」は、一度行われてしまったことは元《もと》に戻らないこと。

24「搾《しぼ》り染《そ》め」は、布の一部を縛ることで模様を作る染め方のこと。

## 二 同音・同訓異字（各2点 計30点）

解答の下は選択肢の漢字を含んだ熟語です。

1 オ 宴会《えんかい》
2 イ 炎上《えんじょう》
3 ア 援助《えんじょ》
4 イ 該当《がいとう》
5 ア 概略《がいりゃく》
6 ウ 感慨《かんがい》
7 ウ 免罪符《めんざいふ》
8 エ 賦役《ふえき》
9 イ 恐怖《きょうふ》
10 ウ 掃除《そうじ》
11 オ 遭難《そうなん》
12 エ 乾燥《かんそう》
13 ア 載《の》せる
14 エ 乗《の》る
15 オ 伸《の》びる

5「概略《がいりゃく》」は、物事のおおよその内容。あらまし。

6「感慨《かんがい》」は、心に深く感じること。しみじみと思うこと。

7「免罪符《めんざいふ》」は、教会が発行した金銭と引き換えに罰を免除する証明書のこと。また、罪の許しを与えるものやこと。

8「賦役《ふえき》」は、農民などに課せられた労働のこと。

11「遭難《そうなん》」は、災害など生命に関わるような危険に遭遇すること。

## 三 漢字識別（各2点 計10点）

□の中は共通する漢字です。

1 ク 険《けん》阻《そ》・阻《そ》止《し》・阻《そ》害《がい》
2 コ 誘《ゆう》導《どう》・誘《ゆう》発《はつ》・誘《ゆう》致《ち》
3 ア 追《つい》随《ずい》・付《ふ》随《ずい》・随《ずい》行《こう》
4 キ 大《たい》赦《しゃ》・恩《おん》赦《しゃ》・容《よう》赦《しゃ》
5 イ 騎《き》上《じょう》・騎《き》馬《ば》・騎《き》兵《へい》

## 四 熟語の構成（各2点 計20点）

1 ア
2 ウ
3 イ
4 オ
5 イ
6 ア
7 ウ
8 エ
9 オ
10 エ

膨張《ぼうちょう》 どちらも「ふくれる」の意味。
辛勝《しんしょう》 辛（くも）↓勝（つ）
諾否《だくひ》 諾（受け入れる）⇕否（拒否《きょ》する）
無双《むそう》 無（否定）＋双（対の）。「比べるものがない」
粗密《そみつ》 粗（い）⇕密（こまかい）
野蛮《やばん》 どちらも「文明的でない」の意味。
廉売《れんばい》 廉（やすく）↓売（る）
炊飯《すいはん》 炊（く）↑飯（お米を）
無謀《むぼう》 無（否定）＋謀（事前に考えた計画）。「かんがえなしの行動」
憂国《ゆうこく》 憂（う）↑国（を）

## 五 部首

グレーの部分は部首の名前です。

各1点 計10点

1 ア 衣 ころも
2 エ 戸 とだれ とかんむり
3 ウ 大 だい
4 ア 辰 しんのたつ
5 エ 小 したごころ
6 イ 走 そうにょう
7 イ 扌 てへん
8 ウ 木 き
9 イ 隹 ふるとり
10 ア 扌 てへん

## 六 対義語・類義語

グレーの部分は問題の熟語です。

各2点 計20点

1 沈降《ちんこう》―隆起《りゅうき》
2 小心《しょうしん》―大胆《だいたん》
3 縫合《ほうごう》―切開《せっかい》
4 逮捕《たいほ》―釈放《しゃくほう》
5 豪華《ごうか》―質素《しっそ》
6 手腕《しゅわん》―技量《ぎりょう》
7 陳列《ちんれつ》―展示《てんじ》
8 吉報《きっぽう》―朗報《ろうほう》
9 征伐《せいばつ》―退治《たいじ》
10 巨木《きょぼく》―大樹《たいじゅ》

## 七 漢字と送りがな

各2点 計10点

1 群《む》れる
2 縮《ちぢ》める
3 費《つい》やす
4 著《いちじる》しい
5 再《ふたた》び

## 八 四字熟語

グレーの部分は解答の補足です。

各2点 計20点

1 自暴自棄《じぼうじき》
2 雲散霧消《うんさんむしょう》
3 美人薄命《びじんはくめい》
4 馬耳東風《ばじとうふう》
5 電光石火《でんこうせっか》
6 怪力乱神《かいりきらんしん》
7 前後不覚《ぜんごふかく》
8 空前絶後《くうぜんぜつご》
9 諸行無常《しょぎょうむじょう》
10 危急存亡《ききゅうそんぼう》

失敗や失望のために投げやりになり、自分を粗末にすること。
物事が消えてなくなること。
美人には不幸な人や短命な人が多いこと。
人の忠告などを心にとめないこと。
きわめて短い時間のたとえ。動作がとてもすばやいこと。
理屈では説明のつかないような不思議な現象や物事のたとえ。
物事のあとさきも区別できないくらいに正体を失うこと。
過去に例がなく、今後も起こりそうもないと思われること。
すべての物事は変化し、はかないものであること。
危機が迫っていて、生き残るか死ぬかの瀬戸ぎわ。

## 九 誤字訂正

グレーの部分は誤字・正字を含む熟語です。

各2点 計10点

［誤］ ［正］
1 成積 → 成績
2 勘錠 → 勘定
3 改繕 → 改善
4 世替 → 世帯
5 複痛 → 腹痛

## 十 書き取り

グレーの部分は解答の補足です。

各2点 計40点

1 優待《ゆうたい》
2 簡便《かんべん》
3 脳波《のうは》
4 毒舌《どくぜつ》
5 収集《しゅうしゅう》
6 郵送《ゆうそう》
7 召集《しょうしゅう》
8 養殖《ようしょく》
9 神髄《しんずい》真髄《しんずい》
10 海賊《かいぞく》
11 埋《う》める
12 閉《と》じて
13 務《つと》めた
14 城《しろ》
15 効《き》く
16 経《へ》て
17 眼《まなこ》
18 危《あや》ぶんだ
19 灰色《はいいろ》
20 繕《つくろ》う

2「簡便《かんべん》」は、簡単で便利な方法のこと。
4「毒舌《どくぜつ》」は、他者に対するしんらつな言葉や悪口のこと。
8「養殖《ようしょく》」は、ある生物を人工的に繁殖させて育てること。
9「神髄《しんずい》」「真髄《しんずい》」は、物事の最も大切なところ。本質。奥義。
20「繕《つくろ》う」は、服などが破れたりほつれたりしているところを直すこと。

問題は本冊P90〜95

## 一 読み

各1点 計30点

グレーの部分は解答の補足です。

1 ようりつ
2 そくばく
3 ばんこう
4 ねんちゃく
5 ろうすい
6 わんない
7 せっしょく
8 ふさい
9 しもん
10 しゃめん
11 とうば
12 はんせん
13 とくめい
14 かいてい
15 たいどう
16 はいせき
17 ちゅうりゅう
18 あいぞう
19 じゅんしゅ
20 しょうどう
21 こと
22 ひよりみ
23 こい
24 おろか
25 なごり
26 あざむく
27 つらぬく
28 とついで
29 いくじ
30 さまたげ

3「蛮行《ばんこう》」は、野蛮で乱暴な行動のこと。

9「諮問《しもん》」は、ある機関や有識者に、意見を尋ね求めること。

10「赦免《しゃめん》」は、犯した罪などを許すこと。

11「塔婆《とうば》」は、死者を供養するためにお墓に立てる細い木の板。「卒塔婆《そとば》」とも言う。

13「匿名《とくめい》」は、自分の名前を知らせないこと。

29「意気地《いくじ》がない」は、他人に対して負けないという気持ちがないこと。

## 二 同音・同訓異字

各2点 計30点

解答の下は選択肢の漢字を含んだ熟語です。

1 ウ 虚《きょ》
2 オ 居《きょ》
3 ア 挙《きょ》
4 ウ 某《ぼう》
5 イ 冷房《れいぼう》
6 エ 謀略《ぼうりゃく》
7 ウ 奇妙《きみょう》
8 オ 棄権《きけん》
9 イ 幾何学《きかがく》
10 イ 雑炊《ぞうすい》
11 ア 吹奏《すいそう》
12 エ 粋《すい》
13 ア 欠《か》けて
14 オ 駆《か》けて
15 エ 掛《か》けて

1「虚《きょ》をつかれる」は、思ってもいないことが起こる様子。

2「居《きょ》を移《うつ》す」は、住み場所を変えること。

3「挙《きょ》に出《で》る」は、行動を起こすこと。

6「謀略《ぼうりゃく》」は、他人をおとし入れるためのはかりごと。たくらみのこと。

9「幾何学《きかがく》」は、図形を考察する数学の一分野。

12「粋《すい》を集《あつ》める」は、技術などの中で優れているものを集めること。

## 三 漢字識別

各2点 計10点

□の中は共通する漢字です。

1 ケ 城郭《じょうかく》・輪郭《りんかく》・外郭《がいかく》
2 ウ 肝胆《かんたん》・肝要《かんよう》・肝臓《かんぞう》
3 オ 甲板《かんぱん》・鉄甲《てっこう》・甲州《こうしゅう》
4 イ 激励《げきれい》・励行《れいこう》・精励《せいれい》
5 カ 酵素《こうそ》・発酵《はっこう》・酵母《こうぼ》

## 四 熟語の構成

各2点 計20点

1 ア 概嘆《がいたん》 どちらも「なげく」の意味。
2 エ 換金《かんきん》 換(える)↑金(に)
3 ア 墜落《ついらく》 どちらも「おちる」の意味。
4 ウ 魅力《みりょく》 魅(了する)↓力
5 オ 無双《むそう》 無(否定)+双(対の)。「比べるものがない」
6 イ 浮沈《ふちん》 浮(く)⇔沈(む)
7 イ 吉凶《きっきょう》 吉(よいこと)⇔凶(悪いこと)
8 ア 封鎖《ふうさ》 どちらも「とざす」の意味。
9 ウ 凍土《とうど》 凍(った)↓土
10 エ 喫茶《きっさ》 喫(飲む)↑茶(を)

## 五 部首

各1点 計10点

グレーの部分は部首の名前です。

1 イ 骨 ほねへん
2 ウ 飠 しょくへん
3 イ 月 つき
4 ウ 十 じゅう
5 エ 血 ち
6 ウ 示 しめす
7 エ 頁 おおがい
8 ア 欠 あくび かける
9 ウ 女 おんな
10 ア 灬 れんが れっか

## 六 対義語・類義語

各2点 計20点

グレーの部分は問題の熟語です。

1 冷遇《れいぐう》—優遇《ゆうぐう》
2 発展《はってん》—衰退《すいたい》
3 率先《そっせん》—追従《ついじゅう》
4 具体《ぐたい》—抽象《ちゅうしょう》
5 過激《かげき》—穏健《おんけん》
6 辛苦《しんく》—難儀《なんぎ》
7 潤沢《じゅんたく》—豊富《ほうふ》
8 克明《こくめい》—丹念《たんねん》
9 具申《ぐしん》—陳述《ちんじゅつ》
10 持参《じさん》—携帯《けいたい》

## 七 漢字と送りがな

各2点 計10点

1 自《みずか》ら
2 激《はげ》しい
3 探《さぐ》る
4 供《そな》える
5 勤《つと》める

## 八 四字熟語

各2点 計20点

グレーの部分は解答の補足です。

1 取捨《しゅしゃ》選択《せんたく》
2 不老《ふろう》長寿《ちょうじゅ》
3 温厚《おんこう》篤実《とくじつ》
4 試行《しこう》錯誤《さくご》
5 諸説《しょせつ》紛紛《ふんぷん》
6 器用《きよう》貧乏《びんぼう》
7 無病《むびょう》息災《そくさい》
8 大器《たいき》晩成《ばんせい》
9 巧言《こうげん》令色《れいしょく》
10 言語《ごんご》道断《どうだん》

良いもの、必要なものを選び取り、不要なものは捨てること。
老いることなく長生きすること。
人柄が穏やかでやさしく、誠実で親切なこと。
さまざまな方法を試み、失敗を繰り返して解決策を追求すること。
さまざまな説やうわさが入り乱れ、真相が明らかでないこと。
何でも一応うまくこなすため一事に集中できず、かえって大成しないこと。
病気をせず、健康であること。
大人物は時間をかけて実力を養い、大成するということ。
相手が気に入るように言葉を飾り、顔つきをつくろってこびへつらうこと。
言葉に表せないくらいひどいこと。もってのほか。とんでもないこと。

## 九 誤字訂正

各2点 計10点

グレーの部分は誤字・正字を含む熟語です。

［誤］ ［正］
1 毒絶 → 毒舌
2 上げる → 挙げる
3 署罰 → 処罰
4 以外 → 意外
5 突前 → 突然

## 十 書き取り

各2点 計40点

グレーの部分は解答の補足です。

1 燃料《ねんりょう》
2 塊《かたまり》
3 糖分《とうぶん》
4 模造《もぞう》
5 仮病《けびょう》
6 拡張《かくちょう》
7 拍車《はくしゃ》
8 欧米《おうべい》
9 葬儀《そうぎ》
10 冗談《じょうだん》
11 骨《ほね》
12 手提《てさ》げ
13 胸騒《むなさわ》ぎ
14 背中《せなか》
15 逆《さか》らって
16 口紅《くちべに》
17 搾《しぼ》った
18 困《こま》る
19 済《す》ませた
20 滝《たき》

4「模造品《もぞうひん》」とは、まねをして作った品物。
5「仮病《けびょう》」は、病気ではないのに病気であると偽《いつわ》り他人をだますこと。
7「拍車《はくしゃ》をかける」は、物事の進行をより一層早めること。
10「冗談《じょうだん》」は、ふざけて遊びで言う言葉。またそのような言動のこと。
13「胸騒《むなさわ》ぎ」は、心配事やよくないことが起こる予感のために落ち着かないこと。

問題は本冊P96～101

## 一 読み

各1点 計30点

グレーの部分は解答の補足です。

1 けいじょう
2 やくじょ
3 こうどう
4 えつらん
5 らんかく
6 きせき
7 おつ
8 したく
9 すいとう
10 せいぼ
11 きし
12 ちんじゅ
13 はんこう
14 かん
15 ぼくしゅ
16 ごらく
17 がいさん
18 ちっそ
19 まく
20 せいこう
21 はな
22 あった
23 もれた
24 あらい
25 こす
26 はく
27 すれて
28 ふぶき
29 さみだれ
30 かわせ

3「坑道《こうどう》」は、鉱山などで掘られる地下に造られた道のこと。

5「濫獲《らんかく》」は、野生の生き物などを前後の見境なくとること。

9「出納《すいとう》」は、金銭などの出し入れのこと。収入と支出。

13「藩校《はんこう》」は、江戸《えど》時代の藩に作られた学校のこと。

30「為替《かわせ》」は、小切手・手形・証書などにより決済する方法。

## 二 同音・同訓異字

各2点 計30点

解答の下は選択肢の漢字を含んだ熟語です。

1 エ 仲介《ちゅうかい》
2 ウ 金塊《きんかい》
3 ア 皆無《かいむ》
4 ウ 赴任《ふにん》
5 イ 腐食《ふしょく》
6 エ 皮膚《ひふ》
7 ウ 奴隷《どれい》
8 オ 零細《れいさい》
9 イ 端麗《たんれい》
10 ア 被告《ひこく》
11 エ 記念碑《きねんひ》
12 オ 避難《ひなん》
13 オ 駆《か》け
14 ア 掛《か》ける
15 イ 換《か》える

1「仲介《ちゅうかい》」は、両者の間をとりもつこと。両者の間に立って便宜《べんぎ》をはかること。

3「皆無《かいむ》」は、全く存在しないこと。

4「赴任《ふにん》」は、異動などで新しい職場や部署に赴くこと。

5「腐食《ふしょく》」は、金属などが科学的・生物的な作用によって外見や機能がそこなわれること。

8「零細《れいさい》」は、とても規模が小さく細かい様子。

9「端麗《たんれい》」は、容姿が非常に整っていて美しいこと。

## 三 漢字識別

各2点 計10点

□の中は共通する漢字です。

1 キ 漂泊《ひょうはく》・漂着《ひょうちゃく》・漂流《ひょうりゅう》
2 ア 名簿《めいぼ》・帳簿《ちょうぼ》・簿記《ぼき》
3 ケ 聴衆《ちょうしゅう》・聴覚《ちょうかく》・視聴《しちょう》
4 エ 啓発《けいはつ》・拝啓《はいけい》・啓示《けいじ》
5 コ 覆面《ふくめん》・覆水《ふくすい》・転覆《てんぷく》

## 四 熟語の構成

各2点 計20点

1 ウ 蛮行《ばんこう》 蛮（野蛮な）→行（動）
2 ア 乾燥《かんそう》 どちらも「かわく」の意味。
3 エ 翻意《ほんい》 翻《ひるがえ》（す）←意（見を）
4 イ 伸縮《しんしゅく》 伸（びる）⇔縮（む）
5 オ 無冠《むかん》 無（否定）＋冠（栄誉）。「栄誉がない」
6 ア 膨張《ぼうちょう》 どちらも「ふくれる」の意味。
7 エ 喫茶《きっさ》 喫（飲む）←茶（を）
8 イ 盛衰《せいすい》 盛（んになる）⇔衰（える）
9 オ 未遂《みすい》 未（否定）＋遂（行う）。「まだ行われていない」
10 ウ 裸眼《らがん》 裸（の）→眼

## 五 部首 各1点 計10点

グレーの部分は部首の名前です。

1 エ 寸 すん
2 エ 月 にくづき
3 ウ ⺮ たけかんむり
4 エ 田 た
5 イ 酉 とりへん
6 ア 扌 てへん
7 ウ 犭 けものへん
8 イ 八 はち
9 エ 髟 かみがしら
10 ウ 麦 むぎ

## 六 対義語・類義語 各2点 計20点

グレーの部分は問題の熟語です。

1 分裂《ぶんれつ》―統一《とういつ》
2 徴収《ちょうしゅう》―納入《のうにゅう》
3 衰亡《すいぼう》―興隆《こうりゅう》
4 即位《そくい》―退位《たいい》
5 違反《いはん》―遵守《じゅんしゅ》
6 守備《しゅび》―防御《ぼうぎょ》
7 敢闘《かんとう》―奮戦《ふんせん》
8 没頭《ぼっとう》―熱中《ねっちゅう》
9 困苦《こんく》―辛酸《しんさん》
10 未熟《みじゅく》―幼稚《ようち》

## 七 漢字と送りがな 各2点 計10点

1 操《あやつ》る
2 疑《うたが》う
3 危《あや》うい
4 蒸《む》らす
5 厳《きび》しい

## 八 四字熟語 各2点 計20点

グレーの部分は解答の補足です。

1 屋上《おくじょう》架屋《かおく》
2 縦横《じゅうおう》無尽《むじん》
3 天衣《てんい》無縫《むほう》
4 前人《ぜんじん》未到《みとう》
5 同文《どうぶん》同軌《どうき》
6 変幻《へんげん》自在《じざい》
7 一日《いちじつ》千秋《せんしゅう》
8 奇想《きそう》天外《てんがい》
9 奮励《ふんれい》努力《どりょく》
10 単刀《たんとう》直入《ちょくにゅう》

無意味なことを繰り返すことのたとえ。

自由自在に物事を行うさま。思う存分に振る舞うさま。

詩文などが自然で美しいこと。人柄などが無邪気で飾り気がないこと。

だれも足を踏み入れていないこと。まだだれも到達していないこと。

天下を統一すること。天下が統一されていること。

現れたり消えたり、思いのまま変化すること。

非常に長く感じられること。待ち遠しい気持ちが強いこと。

普通では思いもよらない奇抜なこと。

気力を奮い起こし、目標に向かって励むこと。

前置き抜きに、直接本題に入ること。

## 九 誤字訂正 各2点 計10点

グレーの部分は誤字・正字を含む熟語です。

［誤］　［正］
1 虚動 ↓ 挙動
2 万天 ↓ 満天
3 お共 ↓ お供
4 通架 ↓ 通過
5 専問 ↓ 専門

## 十 書き取り 各2点 計40点

グレーの部分は解答の補足です。

1 難関《なんかん》
2 貿易《ぼうえき》
3 看護《かんご》
4 樹液《じゅえき》
5 縮小《しゅくしょう》
6 舞踊《ぶよう》
7 砲撃《ほうげき》
8 発酵《はっこう》
9 暫時《ざんじ》
10 捕鯨《ほげい》
11 誘《さそ》い
12 鋳物《いもの》
13 帆《ほ》
14 割《わ》って
15 忘《わす》れて
16 補《おぎな》う
17 探《さが》す
18 誤《あやま》る
19 映《うつ》る
20 沿《そ》って

3「看護《かんご》」は、病人やけが人などを介抱し世話をすること。

4「樹液《じゅえき》」は、樹皮から分泌される液体のこと。昆虫《こんちゅう》などが集まる。

8「発酵《はっこう》」は、細菌《きん》や酵母が食品などに含まれる有機物を分解し、アルコールなどに変換すること。

9「暫時《ざんじ》」は、しばらくの間。

12「鋳物《いもの》」は、鉄などの金属を溶かして、砂などで出来た型に流し込んで作られた物のこと。

問題は本冊P102~107

## 一 読み

各1点 計30点

グレーの部分は解答の補足です。

1 かきょう
2 とくじつ
3 よくよう
4 ぼうちょう
5 きょうこく
6 ほうじん
7 はいしゅつ
8 しゅとう
9 おうぶん
10 たくばつ
11 ごえいか
12 さいけん
13 かんごく
14 てんぷく
15 ぎょうしゅく
16 がいとう
17 かんさん
18 ていけつ
19 かんぬし
20 けいだい
21 あわれみ
22 ただよって
23 ひかえる
24 ほのお
25 さそわれる
26 しばった
27 いて
28 にわとり
29 うなばら
30 たび

1「佳境《かきょう》」は、話や物語の興味深い場面。面白いところ。

2「篤実《とくじつ》」は、誠実で情が深いこと。

6「邦人《ほうじん》」は、自国の国民のこと。主に他国に在住する自国民のことを指す。

10「卓抜《たくばつ》」は、技術などが抜き出ていること。他よりも非常に優れていること。

18「締結《ていけつ》」は、条約などを結ぶこと。

29「海原《うなばら》」は、広々とした海のこと。

## 二 同音・同訓異字

各2点 計30点

解答の下は選択肢の漢字を含んだ熟語です。

1 ア 激励《げきれい》
2 ウ 隷属《れいぞく》
3 オ 礼節《れいせつ》
4 イ 逮捕《たいほ》
5 エ 代替《だいたい》
6 ア 胎児《たいじ》
7 オ 車掌《しゃしょう》
8 イ 名称《めいしょう》
9 ウ 上昇《じょうしょう》
10 エ 扇風機《せんぷうき》
11 ア 占星術《せんせいじゅつ》
12 オ 潜水士《せんすいし》
13 ウ 富《と》んだ
14 エ 撮《と》る
15 イ 溶《と》かして

1「激励《げきれい》」は、大いに励ますこと。

2「隷属《れいぞく》」は、他者の支配を受けており、その言いなりになること。付き従っていること。

3「礼節《れいせつ》」は、礼儀と節度のこと。

5「代替《だいたい》」は、従来のものに見合うものに代えること。

11「占星術《せんせいじゅつ》」は、太陽系の惑星や衛星、その他天体を使った占いのこと。

12「潜水士《せんすいし》」は、水中に潜って何らかの作業をする人のこと。

## 三 漢字識別

各2点 計10点

□の中は共通する漢字です。

1 キ 出帆《しゅっぱん》・帆走《はんそう》・帆船《はんせん》
2 エ 掃除《そうじ》・清掃《せいそう》・一掃《いっそう》
3 コ 催眠《さいみん》・開催《かいさい》・主催《しゅさい》
4 オ 陶器《とうき》・陶芸《とうげい》・陶工《とうこう》
5 ウ 紛失《ふんしつ》・内紛《ないふん》・紛争《ふんそう》

## 四 熟語の構成

各2点 計20点

1 イ 正邪《せいじゃ》 正(しい)↔邪(よこしま)
2 ア 遭遇《そうぐう》 どちらも「思いがけずであう」の意味
3 イ 濃淡《のうたん》 濃(い)↔淡(うすい)
4 エ 換気《かんき》 換(入れかえる)←気(空気を)
5 ウ 惜敗《せきはい》 惜(しくも)→敗(れる)
6 エ 鎮火《ちんか》 鎮(しずめる)←火(を)
7 ア 承諾《しょうだく》 どちらも「うけたまわる」の意味。
8 ウ 珍味《ちんみ》 珍(しい)→味
9 イ 尊卑《そんぴ》 尊(い)↔卑(いやしい)
10 オ 無冠《むかん》 無(否定)+冠(栄誉)。「栄誉がない」

## 五 部首

各1点 計10点

グレーの部分は部首の名前です。

1 ウ 月 にくづき
2 エ 鬼 きにょう
3 ウ 立 たつ
4 エ 衤 ころもへん
5 エ イ にんべん
6 ウ 口 くち
7 ア 心 こころ
8 エ イ にんべん
9 ウ 肉 にく
10 イ 虫 むし

## 六 対義語・類義語

各2点 計20点

グレーの部分は問題の熟語です。

1 質素《しっそ》―華美《かび》
2 是認《ぜにん》―否認《ひにん》
3 虐待《ぎゃくたい》―愛護《あいご》
4 相違《そうい》―一致《いっち》
5 豪華《ごうか》―簡素《かんそ》
6 基盤《きばん》―根底《こんてい》
7 激賞《げきしょう》―絶賛《ぜっさん》
8 加入《かにゅう》―加盟《かめい》
9 倹約《けんやく》―節約《せつやく》
10 敢闘《かんとう》―奮戦《ふんせん》

## 七 漢字と送りがな

各2点 計10点

1 養《やしな》う
2 情《なさ》けない
3 誤《あやま》り
4 険《けわ》しい
5 試《ため》す

## 八 四字熟語

各2点 計20点

グレーの部分は解答の補足です。

1 終始一貫《しゅうしいっかん》
2 神出鬼没《しんしゅつきぼつ》
3 複雑怪奇《ふくざつかいき》
4 大同団結《だいどうだんけつ》
5 無位無冠《むいむかん》
6 緩急自在《かんきゅうじざい》
7 危機一髪《ききいっぱつ》
8 鯨飲馬食《げいいんばしょく》
9 意気消沈《いきしょうちん》
10 肝胆相照《かんたんそうしょう》

1 最初から最後まで、態度などが変わらないこと。
2 どこにでもすばやく現れたり、見えなくなったりすること。
3 込み入っていてわかりにくいこと。不思議なこと。
4 共通の目標に向かって小さな意見の違いは無視してまとまること。
5 社会的な地位がないこと。
6 速度などを状況などに応じて上げたり下げたり、自由自在に操ること。
7 髪の毛一本ほどのわずかな差で、危機的な状況になりそうな瀬戸ぎわ。
8 一度にたくさんのものを飲み食いすること。
9 意気込みがすっかり衰えること。元気をなくすこと。
10 互いに心の奥底までわかり合っている友人のこと。

## 九 誤字訂正

各2点 計10点

グレーの部分は誤字・正字を含む熟語です。

| | ［誤］ | | ［正］ |
|---|---|---|---|
| 1 | 周移 | → | 周囲 |
| 2 | 尊啓 | → | 尊敬 |
| 3 | 測料 | → | 測量 |
| 4 | 違民族 | → | 異民族 |
| 5 | 製度 | → | 制度 |

## 十 書き取り

各2点 計40点

グレーの部分は解答の補足です。

1 冷蔵《れいぞう》
2 呼吸《こきゅう》
3 朗読《ろうどく》
4 演奏《えんそう》
5 貯蔵《ちょぞう》
6 視界《しかい》
7 冬眠《とうみん》
8 帽子《ぼうし》
9 勘定《かんじょう》
10 換気《かんき》
11 探《さぐ》り
12 慰《なぐさ》める
13 訪《たず》ねて
14 秘《ひ》めて
15 値打《ねう》ち
16 幼《おさな》い
17 従《したが》わない
18 訳《わけ》
19 こめ俵《だわら》
20 嫁《とつ》ぐ

3「朗読《ろうどく》」は、文章を声に出しながら読むこと。

7「冬眠《とうみん》」は、食料が少なく活動するのが大変な冬を過ごすため、生物が体温を低下させてやり過ごすこと。

9「勘定《かんじょう》」は、お金を支払うこと。計算すること。

10「換気《かんき》」は、室内の空気を外部の空気と入れかえること。

14「胸《むね》に秘《ひ》める」は、外部に知られることがないように秘密にすること。

問題は本冊P108～113

## 一 読み
各1点 計30点

グレーの部分は解答の補足です。

1 きえつ
2 さんがく
3 さくげん
4 ぞくし
5 かたく
6 ひとく
7 じぼ
8 かはん
9 ざんじ
10 きちゅう
11 こうち
12 すいかん
13 はん
14 きっすい
15 さいほう
16 せいがん
17 ぐうはつ
18 じょうと
19 ばくろ
20 げし
21 しない
22 まいご
23 くわだて
24 からい
25 きも
26 とどこおり
27 なぐって
28 きたえ
29 まぎれて
30 こらして

1「喜悦《きえつ》」は、心から喜ぶこと。

4「乱臣賊子《らんしんぞくし》」は、国を乱す家臣と、親を害する子のこと。

5「仮託《かたく》」は、他の物事にかこつけて言うこと。

9「暫時《ざんじ》」は、しばらくの間。

20「夏至《げし》」は、太陽が最も高く昇る日のこと。北半球においては最も昼間が長い日。

25「肝《きも》が据《す》わる」は、度胸があること。落ち着いていて、ささいなことでは驚かないこと。

## 二 同音・同訓異字
各2点 計30点

解答の下は選択肢の漢字を含んだ熟語です。

1 ア 排出《はいしゅつ》
2 オ 優勝杯《ゆうしょうはい》
3 イ 輩出《はいしゅつ》
4 エ 療養《りょうよう》
5 オ 食糧《しょくりょう》
6 ウ 猟師《りょうし》
7 ウ 芳香《ほうこう》
8 オ 大砲《たいほう》
9 イ 奉納《ほうのう》
10 ア 踏査《とうさ》
11 ウ 到達《とうたつ》
12 エ 種痘《しゅとう》
13 ア 避《さ》けて
14 エ 裂《さ》けた
15 イ 咲《さ》かせる

3「輩出《はいしゅつ》」は、人材などが続いて多く出ること。優れた人材が世に出ること。

7「芳香《ほうこう》」は、とてもよい香りのこと。

9「奉納《ほうのう》」は、神仏を喜ばせるために、物品を供えたり、芸能や競技などを演じたりすること。

10「踏査《とうさ》」は、実際にその地へ足を運ぶなどして調査すること。

12「種痘《しゅとう》」は、天然痘を予防するために行われるワクチンの接種のこと。

## 三 漢字識別
各2点 計10点

□の中は共通する漢字です。

1 オ 手錠《てじょう》・錠前《じょうまえ》・錠剤《じょうざい》
2 ア 惜別《せきべつ》・惜敗《せきはい》・痛惜《つうせき》
3 ク 配慮《はいりょ》・苦慮《くりょ》・思慮《しりょ》
4 エ 追随《ついずい》・随行《ずいこう》・不随《ふずい》
5 カ 軌道《きどう》・軌跡《きせき》・常軌《じょうき》

## 四 熟語の構成
各2点 計20点

1 イ
2 エ
3 ア
4 オ
5 ウ
6 イ
7 オ
8 エ
9 ウ
10 ア

乾湿《かんしつ》 乾(いている)⇔湿(っている)
潜水《せんすい》 潜(る)↑水(に)
丘陵《きゅうりょう》 どちらも「小高い場所」の意味。
未遂《みすい》 未(否定)+遂(げる)。「とげていない」
鶏舎《けいしゃ》 鶏の↓舎(建物)
賢愚《けんぐ》 賢(い)⇔愚(か)
不吉《ふきつ》 不(否定)+吉(よいこと)。「よくないこと」
捕鯨《ほげい》 捕(まえる)↑鯨(を)
怪力《かいりき》 怪(しい)↓力
抑制《よくせい》 どちらも「おさえる」の意味。

## 五 部首

各1点 計10点

グレーの部分は部首の名前です。

1 ウ 歹 かばねへん いちたへん がつへん
2 イ 扌 てへん
3 イ 手 て
4 ア 衣 ころも
5 ア 鳥 とり
6 イ 木 き
7 ウ 心 こころ
8 ア 宀 うかんむり
9 イ 月 にくづき
10 イ 十 じゅう

## 六 対義語・類義語

各2点 計20点

グレーの部分は問題の熟語です。

1 模倣《もほう》 ― 創造《そうぞう》
2 早婚《そうこん》 ― 晩婚《ばんこん》
3 帰路《きろ》 ― 往路《おうろ》
4 父兄《ふけい》 ― 子弟《してい》
5 違反《いはん》 ― 遵守《じゅんしゅ》
6 困難《こんなん》 ― 辛苦《しんく》
7 屈服《くっぷく》 ― 降服《こうふく》
8 厚遇《こうぐう》 ― 優遇《ゆうぐう》
9 腕前《うでまえ》 ― 手並《てなみ》
10 即刻《そっこく》 ― 早速《さっそく》

## 七 漢字と送りがな

各2点 計10点

1 幼《おさな》い
2 膨《ふく》らむ
3 耕《たがや》す
4 敬《うやま》う
5 告《つ》げる

## 八 四字熟語

各2点 計20点

グレーの部分は解答の補足です。

1 意気《いき》衝天《しょうてん》
2 大義《たいぎ》名分《めいぶん》
3 好事《こうじ》多魔《たま》
4 海内《かいだい》無双《むそう》
5 一敗《いっぱい》塗地《とち》
6 平穏《へいおん》無事《ぶじ》
7 和魂《わこん》洋才《ようさい》
8 多情《たじょう》多恨《たこん》
9 奇怪《きっかい》千万《せんばん》
10 同床《どうしょう》異夢《いむ》

意気が天をつくほどである意味から、非常に意気込みが盛んなこと。

事を行う際の正当な理由。人として守るべき道義。

よい出来事が起こっている際には邪魔が入ることが多いこと。

この世で並ぶ者がいないほど優れていること。

争いなどで完全に負けること。二度と立ち上がれないくらい負けること。

おだやかで、特に何事もなく安らかなこと。またその様子。

日本固有の精神を持ちながら西洋伝来の学問を消化し活用すべきであること。

感受性が強いため、恨んだり悔いたりする気持ちが多いこと。

たいそう怪しいこと。また、けしからぬこと。「奇怪」は「きかい」とも読む。

いっしょに仕事をする仲間でも、考え方や意見が一致しないこと。

## 九 誤字訂正

各2点 計10点

グレーの部分は誤字・正字を含む熟語です。

| | ［誤］ | | ［正］ |
|---|---|---|---|
| 1 | 改顧 | ↓ | 回顧 |
| 2 | 適軍 | ↓ | 敵軍 |
| 3 | 仏造 | ↓ | 仏像 |
| 4 | 気篤 | ↓ | 危篤 |
| 5 | 団気 | ↓ | 暖気 |

## 十 書き取り

各2点 計40点

グレーの部分は解答の補足です。

1 善良《ぜんりょう》
2 臨時《りんじ》
3 通訳《つうやく》
4 展覧《てんらん》
5 郵便局《ゆうびんきょく》
6 産卵《さんらん》
7 脅威《きょうい》
8 縁日《えんにち》
9 犠牲《ぎせい》
10 虐殺《ぎゃくさつ》
11 腕《うで》
12 乱《みだ》れた
13 誤《あやま》った
14 暮《く》らし
15 認《みと》める
16 潮《しお》
17 砂《すな》
18 縦《たて》
19 縮《ちぢ》んだ
20 届《とど》ける

1「善良《ぜんりょう》」は、性格がよいこと。おだやかなさま。
3「通訳《つうやく》」は、言葉の異なる相手同士の意思疎通《そ》のため、おたがいの言葉を相手の言葉にかえて伝えること。
7「脅威《きょうい》」は、威力によるおどしのこと。また、威力によりおびやかされること。
8「縁日《えんにち》」は、お寺や神社にゆかりのある日のこと。祭りや供養が行われる。
11「腕《うで》によりをかける」は、腕前を十分に発揮しようと意気込むこと。

問題は本冊P114～119

## 一 読み

各1点 計30点

グレーの部分は解答の補足です。

1 しゅこう
2 れいらく
3 じゅんぽう
4 とうすい
5 きょしん
6 とくしゃ
7 しょうど
8 しんび
9 せっかん
10 ほうが
11 てんぷく
12 ふくま
13 すいぼく
14 らし
15 りょうしょう
16 いっと
17 せきわん
18 らんぞう
19 もめん
20 いなか
21 おどし
22 しぼり
23 くせ
24 おもむいた
25 あかして
26 つのり
27 あげる
28 ふくれた
29 へた
30 こわいろ

2「零落《れいらく》」は、高い地位、身分から落ちぶれること。

7「焦土《しょうど》」は、焼けた土のこと。また、家や草木が焼けて何もなくなってしまった土地のこと。

9「摂関政治《せっかんせいじ》」は、摂政や関白といった地位についた貴族により行われた政治のこと。

18「濫造《らんぞう》」は、品質のことを考えずにむやみやたらと物を作ること。

30「声色《こわいろ》」は、声の調子のこと。特に役者のせりふの癖や調子のこと。

## 二 同音・同訓異字

各2点 計30点

解答の下は選択肢の漢字を含んだ熟語です。

1 ウ 締結《ていけつ》
2 オ 堤防《ていぼう》
3 ア 抵抗《ていこう》
4 イ 同伴《どうはん》
5 ア 搬入《はんにゅう》
6 オ 繁忙《はんぼう》
7 イ 謀略《ぼうりゃく》
8 オ 宿坊《しゅくぼう》
9 エ 脂肪《しぼう》
10 ウ 開墾《かいこん》
11 イ 紺色《こんいろ》
12 エ 根性《こんじょう》
13 エ 干物《ひもの》
14 ア 弾《ひ》く
15 ウ 綱引《つなひ》き

1「締結《ていけつ》」は、条約などを結ぶこと。

2「堤防《ていぼう》」は、水害を防ぐため、川の両岸や海岸に土を盛り上げて水の侵入を防ぐもの。

4「同伴《どうはん》」は、連れ立って行くこと。

6「繁忙《はんぼう》」は、用事が多くとても忙しいこと。

8「宿坊《しゅくぼう》」は、神社やお寺において、参拝者のために作られた宿泊施設のこと。

10「開墾《かいこん》」は、原野や山林を切り開いて田畑にすること。

## 三 漢字識別

各2点 計10点

□の中は共通する漢字です。

1 イ 詠嘆《えいたん》・朗詠《ろうえい》・詠歌《えいか》
2 ク 訂正《ていせい》・改訂《かいてい》・増訂《ぞうてい》
3 カ 誘導《ゆうどう》・勧誘《かんゆう》・誘惑《ゆうわく》
4 オ 陪席《ばいせき》・陪審《ばいしん》・陪臣《ばいしん》
5 ケ 帆走《はんそう》・出帆《しゅっぱん》・帆船《はんせん》

## 四 熟語の構成

各2点 計20点

1 エ
2 イ
3 ウ
4 ア
5 ウ
6 ア
7 オ
8 イ
9 エ
10 ア

撮影《さつえい》 撮(る)↑影(姿を)
吉凶《きっきょう》 吉(よい)⇕凶(わるい)
完遂《かんすい》 完(全に)↓遂(げる)
基礎《きそ》 どちらも「土台」の意味。
浅瀬《あさせ》 浅(い)↓瀬(場所)
山岳《さんがく》 どちらも「山」の意味。
無尽《むじん》 無(否定)+尽(きる)。「尽きない」
経緯《けいい》 経(たて)⇕緯(よこ)
昇天《しょうてん》 昇(る)↑天(に)
隔離《かくり》 どちらも「へだてる」の意味。

## 五 部首

グレーの部分は部首の名前です。

各1点 計10点

1 ア 大 だい
2 ア 女 おんな
3 イ 口 くち
4 エ 糸 いとへん
5 エ 人 ひとやね
6 ウ 羊 ひつじ
7 エ 儿 ひとあし にんにょう
8 エ 扌 てへん
9 ウ 青 あお
10 ア 臣 しん

## 六 対義語・類義語

グレーの部分は問題の熟語です。

各2点 計20点

1 縫合《ほうごう》—切開《せっかい》
2 怠慢《たいまん》—勤勉《きんべん》
3 追加《ついか》—削減《さくげん》
4 恥辱《ちじょく》—名誉《めいよ》
5 辛勝《しんしょう》—圧勝《あっしょう》
6 巧妙《こうみょう》—絶妙《ぜつみょう》
7 便利《べんり》—重宝《ちょうほう》
8 薄情《はくじょう》—冷淡《れいたん》
9 策謀《さくぼう》—計略《けいりゃく》
10 異様《いよう》—怪奇《かいき》

## 七 漢字と送りがな

各2点 計10点

1 危《あぶ》ない
2 察《さっ》する
3 改《あらた》める
4 慣《な》れる
5 覚《おぼ》える

## 八 四字熟語

グレーの部分は解答の補足です。

各2点 計20点

1 四分五裂《しぶんごれつ》　まとまっていたものが、ばらばらになること。
2 疑心暗鬼《ぎしんあんき》　疑いの心があると、なんでもないことでも不安や恐怖を感じること。
3 無我夢中《むがむちゅう》　一つのことに熱中して、自分を忘れること。
4 失望落胆《しつぼうらくたん》　すっかり望みを失って、がっかりすること。
5 才子佳人《さいしかじん》　才能のある男性と美しい女性のこと。
6 悪口雑言《あっこうぞうごん》　口汚くののしること。さんざん悪口を言うこと。また、その言葉。
7 応急処置《おうきゅうしょち》　けがに対してとりあえず行われる治療のこと。
8 先憂後楽《せんゆうこうらく》　先に苦労をして心配事をなくしておけば、やがて楽しむことができるということ。
9 暴虐非道《ぼうぎゃくひどう》　人の道を外れた残虐で乱暴な行いのこと。
10 一諾千金《いちだくせんきん》　信義に厚く裏切ることがないこと。

## 九 誤字訂正

グレーの部分は誤字・正字を含む熟語です。

各2点 計10点

［誤］→［正］

1 引習 → 因習
2 最心 → 細心
3 救演 → 救援
4 参杯 → 参拝
5 転開 → 展開

## 十 書き取り

グレーの部分は解答の補足です。

各2点 計40点

1 諸君《しょくん》
2 宗教《しゅうきょう》
3 演奏《えんそう》
4 磁石《じしゃく》
5 故障《こしょう》
6 距離《きょり》
7 煙幕《えんまく》
8 後悔《こうかい》
9 企業《きぎょう》
10 孤島《ことう》
11 異《こと》なる
12 砂場《すなば》
13 吸《す》い
14 刻《きざ》まれた
15 針金《はりがね》
16 済《す》ませて
17 姿《すがた》
18 蚕《かいこ》
19 背《せい》
20 暮《く》れて

7「煙幕《えんまく》」は、戦争において、敵の目から味方の状態を隠すために幕のように広く発生させる煙のこと。
8「後悔《こうかい》」は、自分の言動などをあとで悔やむこと。
9「企業《きぎょう》」は、営利の追求を目的として、継続的に生産や販売などを行う団体のこと。
10「孤島《ことう》」は、他の島や大陸から遠く離れた場所にある島のこと。
18「蚕《かいこ》」は、桑の葉を食べながら脱皮を繰り返し、絹の原料となる繭《まゆ》を作る虫のこと。

問題は本冊P120〜125

## 一 読み　各1点 計30点

グレーの部分は解答の補足です。

1 もほう
2 じゅうちん
3 はいだん
4 きよだく
5 ほうけん
6 ぼうちょう
7 まかい
8 せいれん
9 ほうよう
10 さいたく
11 さいむ
12 ざんてい
13 けんそ
14 きょえい
15 しょうかん
16 きっして
17 しょうろう
18 れんちょく
19 とうばつ
20 かいちん
21 にくしみ
22 こす
23 きたえる
24 うるんで
25 おろか
26 かかげる
27 なめらか
28 かたまり
29 なぐり
30 たき

2「重鎮《じゅうちん》」は、分野や組織などの中心になる人物。

13「倹素《けんそ》」は、余計な出費をせず質素であること。また、その様子のこと。

14「虚栄心《きょえいしん》」は、うわべだけの栄華のこと。また、そのように見せようとする心のこと。

18「廉直《れんちょく》」は、正直で私欲がなく、心がとても清らかなこと。

20「開陳《かいちん》」は、他者の前で自分の心のありのままを述べること。

## 二 同音・同訓異字　各2点 計30点

解答の下は選択肢の漢字を含んだ熟語です。

1 ア　了解《りょうかい》
2 オ　治療《ちりょう》
3 ウ　狩猟《しゅりょう》
4 エ　芳情《ほうじょう》
5 ウ　胞子《ほうし》
6 イ　奉仕《ほうし》
7 オ　彼岸《ひがん》
8 ウ　疲労《ひろう》
9 エ　記念碑《きねんひ》
10 エ　侵害《しんがい》
11 イ　香辛料《こうしんりょう》
12 ア　不振《ふしん》
13 イ　悔《く》いる
14 ア　朽《く》ちる
15 オ　繰《く》り

4「芳情《ほうじょう》」は、他者を敬って、その親切な心づかいのことを指す言葉のこと。

5「胞子《ほうし》」は、シダやコケ、キノコやカビなどが繁殖するための細胞のこと。

6「奉仕活動《ほうしかつどう》」は、他者のために尽くす活動のこと。

11「香辛料《こうしんりょう》」は、植物から採取され、料理に色や香り、辛味を加えるもののこと。

12「不振《ふしん》」は、勢いがないこと。いつもの調子が出ないこと。

## 三 漢字識別　各2点 計10点

□の中は共通する漢字です。

1 キ　帝王《ていおう》・皇帝《こうてい》・帝国《ていこく》
2 イ　携帯《けいたい》・連携《れんけい》・提携《ていけい》
3 ケ　彫刻《ちょうこく》・彫像《ちょうぞう》・木彫《もくちょう》
4 オ　傍聴《ぼうちょう》・聴衆《ちょうしゅう》・聴覚《ちょうかく》
5 エ　駐在《ちゅうざい》・駐留《ちゅうりゅう》・駐車《ちゅうしゃ》

## 四 熟語の構成　各2点 計20点

1 ア　遵守《じゅんしゅ》　どちらも「従い守る」の意味。
2 エ　炊飯《すいはん》　炊（く）↑飯（お米を）
3 イ　功罪《こうざい》　功（手柄）⇔罪（こらしめ）
4 オ　不朽《ふきゅう》　不（否定）＋朽（ちる）。「くちない」
5 イ　精粗《せいそ》　精（こまやか）⇔粗（い）
6 ウ　惨敗《ざんぱい》　惨（みじめに）↓敗（れる）
7 ア　妨害《ぼうがい》　どちらも「さまたげる」の意味。
8 エ　換気《かんき》　換（入れかえる）↑気（空気を）
9 ア　締結《ていけつ》　どちらも「むすぶ」意。
10 ウ　酔態《すいたい》　酔（っぱらった）↓態（状態）

## 五 部首

各1点 計10点

グレーの部分は部首の名前です。

1 ア 八 はち
2 ウ 广 まだれ
3 ア 虫 むし
4 イ 土 つち
5 ウ 衣 ころも
6 ア 行 ぎょうがまえ ゆきがまえ
7 エ 糸 いと
8 エ 口 くち
9 エ 金 かねへん
10 ア 骨 ほねへん

## 六 対義語・類義語

各2点 計20点

グレーの部分は問題の熟語です。

1 断念《だんねん》—執着《しゅうちゃく》
2 拘束《こうそく》—解放《かいほう》
3 繁殖《はんしょく》—絶滅《ぜつめつ》
4 郊外《こうがい》—都心《としん》
5 秘匿《ひとく》—暴露《ばくろ》
6 承知《しょうち》—了解《りょうかい》
7 利発《りはつ》—賢明《けんめい》
8 征伐《せいばつ》—退治《たいじ》
9 釈明《しゃくめい》—弁解《べんかい》
10 有数《ゆうすう》—屈指《くっし》

## 七 漢字と送りがな

各2点 計10点

1 曲《ま》がる
2 勤《つと》める
3 激《はげ》しい
4 易《やさ》しい
5 励《はげ》ます

## 八 四字熟語

各2点 計20点

グレーの部分は解答の補足です。

1 十中八九《じっちゅうはっく》
2 面目躍如《めんもくやくじょ》
3 四海兄弟《しかいけいてい》
4 得手勝手《えてかって》
5 進取果敢《しんしゅかかん》
6 鶏口牛後《けいこうぎゅうご》
7 時《じ》時《じ》刻《こく》刻《こく》 時《じ》々《じ》刻《こく》々《こく》
8 博覧強記《はくらんきょうき》
9 事実無根《じじつむこん》
10 極悪非道《ごくあくひどう》

おおかた。ほとんど。

世の中の評価に値する活躍をし、生き生きとするさま。「面目」は「めんぼく」とも読む。

世の中全ての人が兄弟であるということ。「兄弟」は「きょうだい」とも読む。

わがまま放題に振る舞うさま。

自ら物事に取り組み、決断力があるさま。

大きな組織の末端より小さな組織で上の立場に立つほうがよいということ。

時間のその時その時。物事が引き続いて起こる様子。

広く書物を読み、物知りであること。

根拠のないうそであること。

この上なく悪く、道理から外れている様子のこと。

## 九 誤字訂正

各2点 計10点

グレーの部分は誤字・正字を含む熟語です。

| | [誤] | | [正] |
|---|---|---|---|
| 1 | 成価 | → | 成果 |
| 2 | 認織 | → | 認識 |
| 3 | 有郊 | → | 有効 |
| 4 | 貴長 | → | 貴重 |
| 5 | 専性 | → | 専制 |

## 十 書き取り

各2点 計40点

グレーの部分は解答の補足です。

1 権力《けんりょく》
2 簡潔《かんけつ》
3 策略《さくりゃく》
4 食欲《しょくよく》
5 賃貸《ちんたい》
6 宇宙《うちゅう》
7 却下《きゃっか》
8 気孔《きこう》
9 克服《こくふく》
10 開墾《かいこん》
11 優《すぐ》れた
12 雇《やと》う
13 疑《うたが》わしい
14 閉《し》まった
15 干《ほ》す
16 灰皿《はいざら》
17 己《おのれ》
18 奮《ふる》って
19 拝《おが》む
20 恐《おそ》れず

2「簡潔《かんけつ》」は、表現が簡単で要領を得ていること。無《む》駄《だ》がないこと。

3「策略《さくりゃく》」は、相手をおとしめるためのはかりごと。計略。

4「食欲《しょくよく》」は、ご飯を食べたいと思う欲求のこと。

7「却下《きゃっか》」は、申請や願い事を受け付けず退けること。差し戻《もど》すこと。

8「気孔《きこう》」は、植物の葉に存在する小さな穴で、ここから気体の出し入れを行う。

# 3級 本試験型テスト 第12回 解答・解説

問題は本冊P126～131

## 一 読み

各1点 計30点

グレーの部分は解答の補足です。

1 とおう
2 ろうえい
3 きどう
4 きと
5 きょうい
6 けいき
7 しもん
8 とうへき
9 りいん
10 ひくつ
11 こぼく
12 こうきん
13 ちょうぶく
14 ごじょう
15 まんえつ
16 すいじん
17 かいこ
18 そうかい
19 しんく
20 におう
21 つらぬいた
22 世知《せち》がらい
23 こい
24 うるんだ
25 しぼり
26 つくろう
27 みやげ
28 なめらか
29 わこうど
30 さつき

2「朗詠《ろうえい》」は、詩歌などを高らかにうたうこと。
6「契機《けいき》」は、動機。きっかけ。
9「吏員《りいん》」は、公務員のこと。
11「古墨《こぼく》」は、製造されてから長い年月がたった墨のこと。
22「世知辛《せちがら》い」は、暮らしにくいこと。また、金銭に細かくけちであること。
30「五月晴《さつきば》れ」は、梅雨の時期に見られる晴れ間のこと。

## 二 同音・同訓異字

各2点 計30点

解答の下は選択肢の漢字を含んだ熟語です。

1 ウ 虚々《きょきょ》
2 エ 去来《きょらい》
3 オ 挙動《きょどう》
4 エ 連邦《れんぽう》
5 ア 鉄砲《てっぽう》
6 イ 連峰《れんぽう》
7 ウ 巨匠《きょしょう》
8 オ 昇華《しょうか》
9 イ 詳細《しょうさい》
10 ウ 官房《かんぼう》
11 オ 多忙《たぼう》
12 ア 路傍《ろぼう》
13 ウ 漏《も》れる
14 エ 模《も》して
15 ア 盛《も》り

1「虚々実々《きょきょじつじつ》」は、互いに腹を探り合い、策略の限りを尽くして戦うこと。
2「去来《きょらい》」は、行ったり来たりすること。過去と未来。
4「連邦《れんぽう》」は、自治権をもつ複数の国や地域で構成された国のこと。
6「連峰《れんぽう》」は、複数のつらなって続く山々のこと。
8「昇華《しょうか》」は、物事が一段上の高次の状態になること。進化を遂げること。
12「路傍《ろぼう》」は、道端のこと。

## 三 漢字識別

各2点 計10点

□の中は共通する漢字です。

1 キ 追伸《ついしん》・伸縮《しんしゅく》・屈伸《くっしん》
2 エ 拝啓《はいけい》・啓発《けいはつ》・啓示《けいじ》
3 ケ 紛争《ふんそう》・内紛《ないふん》・紛失《ふんしつ》
4 イ 了承《りょうしょう》・終了《しゅうりょう》・了解《りょうかい》
5 ク 鼻孔《びこう》・開孔《かいこう》・気孔《きこう》

## 四 熟語の構成

各2点 計20点

1 ア 削減《さくげん》 どちらも「へらす」の意味。
2 エ 潜水《せんすい》 潜(る)↑水(に)
3 イ 経緯《けいい》 経(たて)⇔緯(横)
4 ア 緊張《きんちょう》 どちらも「ひきしめる」の意味。
5 ウ 雄藩《ゆうはん》 雄(強い)↓藩(国)
6 オ 不穏《ふおん》 不(否定)+穏(やか)。「おだやかでない」
7 イ 抑揚《よくよう》 抑(える)⇔揚(げる)
8 ウ 硬貨《こうか》 硬(い)↓貨(お金)
9 ア 倹約《けんやく》 どちらも「つづまやか」の意味。
10 エ 募金《ぼきん》 募(る)↑金(を)

## 五 部首

各1点 計10点

グレーの部分は部首の名前です。

1 エ 心 こころ
2 ウ 阝 こざとへん
3 ウ 車 くるま
4 ア 魚 うおへん
5 ア 阝 おおざと
6 イ 工 え　たくみ
7 ア 鬼 おに
8 イ 隶 れいづくり
9 エ 衣 ころも
10 エ 禾 のぎへん

## 六 対義語・類義語

各2点 計20点

グレーの部分は問題の熟語です。

1 整理《せいり》―乱雑《らんざつ》
2 暗愚《あんぐ》―賢明《けんめい》
3 高雅《こうが》―低俗《ていぞく》
4 過失《かしつ》―故意《こい》
5 邪悪《じゃあく》―善良《ぜんりょう》
6 覆面《ふくめん》―仮面《かめん》
7 明敏《めいびん》―利発《りはつ》
8 薄情《はくじょう》―冷淡《れいたん》
9 案内《あんない》―誘導《ゆうどう》
10 了解《りょうかい》―納得《なっとく》

## 七 漢字と送りがな

各2点 計10点

1 退《しりぞ》く
2 向《む》かう
3 反《そ》らす
4 速《すみ》やかに
5 著《いちじる》しい

## 八 四字熟語

各2点 計20点

グレーの部分は解答の補足です。

1 功成名遂《こうせいめいすい》
2 悪戦苦闘《あくせんくとう》
3 心機一転《しんきいってん》
4 片言隻句《へんげんせきく》
5 良妻賢母《りょうさいけんぼ》
6 順風満帆《じゅんぷうまんぱん》
7 大胆不敵《だいたんふてき》
8 一喜一憂《いっきいちゆう》
9 一騎当千《いっきとうせん》
10 一知半解《いっちはんかい》

多大な功績を上げて世間の評価が上がること。

非常に困難な中で、苦しみながらその状況を乗り越えようと努力すること。

あることをきっかけに、よい方向に気持ちがすっかり変わること。

ほんのちょっとした言葉。わずかなひと言。

よき妻でありよき母であること。かつての理想の婦人像。

物事が順調に、思い通りに進むこと。

度胸があり、物事に動じないこと。恐れを知らず、気後れしないこと。

物事の状況が変わるたびに、喜んだり心配したりすること。

一人で多くの敵を相手にできるほど強いこと。

知識や理解が不十分であること。

## 九 誤字訂正

各2点 計10点

グレーの部分は誤字・正字を含む熟語です。

［誤］［正］
1 軒数→件数
2 検答→検討
3 以外→意外
4 発機→発揮
5 舌品→絶品

## 十 書き取り

各2点 計40点

グレーの部分は解答の補足です。

1 故郷《こきょう》
2 聖人《せいじん》
3 縮小《しゅくしょう》
4 独創《どくそう》
5 磁石《じしゃく》
6 討論《とうろん》
7 温存《おんぞん》
8 誇大《こだい》
9 栄枯《えいこ》
10 粉末《ふんまつ》
11 設《もう》ける
12 敬《うやま》う
13 射《い》る
14 優《やさ》しい
15 絹織物《きぬおりもの》
16 健《すこ》やか
17 蒸《む》し
18 洗《あら》う
19 絞《しぼ》る
20 目覚《めざ》め

2「聖人君子《せいじんくんし》」は、優れた知識や立派な徳をもつ理想的な人物のこと。

4「独創《どくそう》」は、他者のまねではなく独自の発想で作り出すこと。

6「討論《とうろん》」は、意見を言い合って議論すること。

7「温存《おんぞん》」は、大切にしまっておくこと。

8「誇大《こだい》」は、実際よりもおおげさに言うこと。

9「栄枯盛衰《えいこせいすい》」は、人や家などが栄えたり衰えたりすること。人の世のはかなさを表すこともある。

MEMO

MEMO

矢印の方向に引くと別冊が外れます